本丛书系武汉大学“985工程”项目“中国特色社会主义理论创新基地”和“211工程”项目“马克思主义基本理论及其中国化研究”成果

武汉大学马克思主义理论系列学术丛书

当代资本主义的发展与危机

刘俊奇◎著

中国社会科学出版社

图书在版编目(CIP)数据

当代资本主义的发展与危机 / 刘俊奇著 . —北京：中国社会科学出版社，2014. 12

ISBN 978 -7 -5161 -5307 -9

Ⅰ. ①当… Ⅱ. ①刘… Ⅲ. ① 资本主义 - 研究 - 现代
Ⅳ. ①D033. 3

中国版本图书馆 CIP 数据核字(2014)第 303369 号

出 版 人 赵剑英
责任编辑 田 文
特约编辑 吴连生
责任校对 许晓徐
责任印制 王 超

出 版 中国社会科学出版社
社 址 北京鼓楼西大街甲 158 号（邮编 100720）
网 址 http：//www. csspw. cn
中文域名：中国社科网 010 -64070619
发 行 部 010 -84083685
门 市 部 010 -84029450
经 销 新华书店及其他书店

印刷装订 三河市君旺印务有限公司
版 次 2014 年 12 月第 1 版
印 次 2014 年 12 月第 1 次印刷

开 本 710 × 1000 1/16
印 张 17. 5
插 页 2
字 数 296 千字
定 价 55. 00 元

总 序

顾海良

新世纪之初，马克思主义理论学科的设立，是马克思主义中国化的显著标志，也是中国化马克思主义发展的重要成果。设立马克思主义理论学科，不仅是由马克思主义理论本身的科学性决定的，也是由马克思主义作为我们党的指导思想和作为国家主流意识形态建设的需要决定的，而且还是由当代马克思主义发展的新的要求决定的。

在马克思主义理论学科建设中，武汉大学一直居于学科建设与发展的前列。武汉大学政治与公共管理学院作为学科建设和发展的主要承担者，学院的教师和研究人员为此付出了极大的辛劳，作出了极大的贡献。现在编纂出版的《武汉大学马克思主义理论系列学术丛书》就是其中的部分研究成果。

回顾马克思主义理论学科建设和发展的实际，给我们的重要启示之一就是，马克思主义理论学科的建设和发展，既要尊重学科建设和发展的普遍规律，又要遵循学科建设和发展的特殊要求，要切实提高马克思主义理论学科的影响力。希望《武汉大学马克思主义理论系列学术丛书》的出版，能为切实提升马克思主义理论学科的影响力增添新的光彩。

第一，要提高马克思主义理论学科建设的学术影响力。把提高学术影响力放在首位，是从学科建设视阈理解马克思主义理论学科建设的要求。学科建设以学术为基础。马克思主义理论作为一个整体的一级学科，在提升学科的学术性时，要按照学科建设内在的普遍的要求，使之具有明确的学科内涵、确定的学科规范和完善的学科体系。

学术影响力是学科建设的重要目标，也是学科建设水平的重要体现。马克思主义理论学科的学术影响力，不仅在于国内的学术影响力，还应该树立世界眼光，产生国际的学术影响力。在国际学术界，马克思主义理论是以学术研究为基本特征和主要导向的。注重马克思主义理论的学术研究，不仅有利于达到学科建设的基本要求，而且还有利于国际范围内的马克思主义理论研究的交流，产生国际的学术影响力。比如，一个时期以来，国际学术界对《德意志意识形态》、《共产党宣言》等文本、传播的研究，马克思经济学手稿的研究，科学考据版《马克思恩格斯全集》（MEGA2）的编辑与研究等，就是国际范围内马克思主义理论学术研究的重要课题。作为以马克思主义为指导的社会主义国家，在马克思主义理论学科建设和发展中，不但要高度关注和重视世界范围内马克思主义理论研究的重大课题，而且要参与国际范围内马克思主义理论重大课题的研究。在国际马克思主义学术论坛上，我们要有更广泛的话语权，要能够更深刻地了解别人在研究什么、研究的目的是什么、研究到什么程度、有哪些重要的理论成就、产生了哪些理论的和实践的成效等。如果一方面强调建设和发展马克思主义理论学科，另一方面却在国际马克思主义论坛上被边缘化，这肯定不是我们希望看到的学科建设的结局。

第二，要提高对中国特色社会主义理论与实践的影响力。任何学科都有其特定的应用价值。马克思主义理论学科对中国特色社会主义理论与实践的影响力，就是这一学科应用价值的重要体现，也是这一学科建设和发展的重要目标和根本使命。在实现这一影响力中，深化中国特色社会主义理论体系的研究是重点；运用中国特色社会主义理论体系于实践，以此推进和创新中国特色社会主义理论体系是根本。马克思主义理论学科对中国特色社会主义理论与实践的影响力，要体现在对什么是马克思主义、怎样对待马克思主义，什么是社会主义、怎样建设社会主义，建设什么样的党、怎样建设党，实现什么样的发展、怎样发展等重大问题的不断探索上，并对这些问题作出新的理论概括，不断增强理论的说服力和感召力，推进中国特色社会主义理论体系的发展。马克思主义理论学科的建设和发展，一定要对中国特色社会主义的经济、政治、文化、社会、生态文明建设以及党的建设的理论与实践产生重要的影响力，为中国特色社会主义道路发展中的重大理论和实践问题的解决提供基本的指导思想，充分体现学科建设的应用价值。

第三，要提高对国家主流意识形态发展和安全的影响力。马克思主义作为党和国家的指导思想，自然是中国特色社会主义的主流意识形态。要深刻理解马克思主义理论学科的特定研究对象。马克思主义是我们立党立国的根本指导思想，社会主义意识形态的旗帜，是社会主义核心价值体系的灵魂，是全党全国各族人民团结奋斗、夺取建设中国特色社会主义新胜利的共同思想基础。在学科建设中，我们要以高度的政治意识、大局意识和责任意识，进一步推进马克思主义中国化的发展和创新，进一步巩固马克思主义在思想政治理论领域的指导地位，进一步增强社会主义核心价值体系的建设成效，进一步维护和发展国家意识形态的安全。

建设马克思主义学习型政党作为新世纪党的建设重大而紧迫的战略任务，对马克思主义理论学科建设提出了新的更高的要求。建设马克思主义学习型政党的首要任务，就是要按照科学理论武装、具有世界眼光、善于把握规律、富有创新精神的要求，坚持马克思主义作为立党立国的根本指导思想，紧密结合我国国情和时代特征大力推进理论创新，在实践中检验真理、发展真理，用发展着的马克思主义指导新的实践。

第四，要提高全社会的思想理论素质，加强全社会的思想政治教育的影响力。全社会的思想理论素质是一定社会的软实力的具体体现，也是一定社会的国家综合实力的重要组成部分。特别是在青少年思想道德教育、大学生思想政治教育中，如何切实提高马克思主义理论学科的影响力，是当前马克思主义理论学科建设的最为重要和最为紧迫的任务和使命。在这一意义上，我们可以认为，马克思主义理论学科的影响力，首先就应该体现在大学生思想政治理论课程建设的全过程中。用马克思主义理论，特别是用当代发展的马克思主义理论，即中国特色社会主义理论体系教育人民、武装人民的头脑，内化为全体人民的思想观念与理论共识，是马克思主义理论学科建设的艰巨任务，特别是其中的思想政治教育学科建设和发展的重要目标。

以上提到的四个方面的影响力——学术的影响力、现实应用的影响力、意识形态的影响力和思想政治教育的影响力等，对马克思主义理论学科发展是具有战略意义的。在对四个方面影响力的理解中，既不能强调学科建设和发展的学术性而否认学科建设和发展的政治性与意识形态性；也不能只顾学科建设和发展的政治性与意识形态性而忽略学科建设和发展的学术性。要从学科建设的战略高度，全面地探索和提高马克思主义理论学科建设和发展的影响力。

我衷心地希望，《武汉大学马克思主义理论系列学术丛书》能在提高以上四个方面影响力上作出新的贡献！

目　录

导　言

本书论题是当代资本主义的发展与危机。这要求我必须以当代资本主义这一社会有机体的尽可能全面深入地研究为基础，在这个基础上叙述它的发展与危机。

乍一看来，这似乎并没有什么特别的困难，但仔细推敲，实际的情况正好相反。就当代资本主义本身来说，像其他任何社会一样，它足以给一切人文社会科学研究提供对象，为所有这些学科从各自的领域持续地研究备下了材料，提供了可能。这种客观情形，加以研究上应坚持的严格要求与追求，使本书致力的研究工作就如茫茫大海上泅渡。这一点对于那些真正的学者和研究者是很容易理解的。其次，从研究当代资本主义的现有成果来看，把发展与危机明确地统一为一体而成著作的，中国还没有，外国也没有（就诸多汉译著作说）。因此，本项研究客观具有的创新性是明显的，但实现创新的艰难也同时形成了。

为了提醒和规范我的研究与叙述，使之沿正确合理的路径较快地进展，我把必须时刻明确把握的重要方面和问题确定了下来，现在把其中一些放在这篇导言里加以论述。这样做既为作者，也为读者，即力图为读者理解和判断提供某种支点和总体思路。

一　当代资本主义界说

我把当代资本主义表述如下：具有500年历史的资本主义制度在最近70年的存在状态。这个界说包含以下几个要点：第一，它是第二次世界大战结束以来的资本主义；第二，它特指少数资本主义国家进入发达状态的资本主义；第三，它是由“中心—外围”结构而组成世界体系的资本主义；第四，是与社会主义并存竞争的资本主义。

当代资本主义在最近70年来的重大发展和各种复杂的变化，使走过了5个世纪的资本主义具有了新的面貌，发展到了最高程度。然而，所有发展变化都没有而且远不足以改变资本主义的本质和固有逻辑，反而根本上为其所规定或是其所允许的，从而表现为在资本主义轨道上的形式变换。因此，研究分析当代资本主义在科学上的基本要求，就是必须以深刻全面理解和把握资本主义及其本质为前提和基础。

资本主义，扼要地说，就是以资本剥削雇佣劳动为基础和特有本质的社会制度。在这种意义上，尤其是在经济社会制度的意义上，马克思把它称为“雇佣奴隶制”。资本主义社会制度或社会形态，是建立在资本主义生产方式这个基础上的，因而也随着这个生产方式的发展而发展。但是，在封建生产方式解体过程中逐步形成和发展起来的资本主义生产方式，它的基础是什么呢？马克思的科学详尽地考察分析证明：“资本主义生产方式——它的基础是雇佣劳动”①。因此，只要以雇佣劳动作为基础的资本主义生产方式没有根本改变，资本主义的发展和变化终归不过表现为力量的消长和形式的变换。

当代资本主义发展到目前为止，不仅未引起资本主义生产方式的质的变革，无意于根本扬弃这个生产方式。相反地，却使这个生产方式的基础即雇佣劳动在新的历史条件下复杂化、深化和精细化了，从而发展了资本主义生产方式。这种具有实质性和决定性的现实情形，足以为我们观察分析当代资本主义提供立足点和根本尺度。

此外，要深入系统地研究分析当代资本主义，从多方面对这个社会有机体作出科学准确的判断，那就必须找到并确定资本主义制度的基本特征或重要之点。没有它们，研究当代资本主义实际上就没有历史逻辑和遵循，就没有基本尺度和比较，因而对它的研究便不可能，或者是它在我们面前表现为一片乱象。

这里我把仿佛是资本主义制度的骨骼和血肉的基本点——它们既区别于封建制度又区别于社会主义制度——归纳概括如下：

第一，商品生产占社会物质生产的统治地位，劳动力也成为商品，即成为可以出卖和必须不断出卖的特殊商品。

第二，资本家或资产阶级占有社会全部生产资料，由此无偿占有雇佣工人创造的剩余价值。

---

① 《资本论》第二卷，人民出版社 1975 年版，第 381 页。

第三，使用机器和机器体系进行社会化大生产。

第四，生产过程体现为劳动过程和价值增殖过程的统一，追求剩余价值或利润是全部生产过程的决定性的动机和目的。

第五，与资本主义私有制度相一致的分配原则和制度，是按资本分配，而不论私有制度形式怎样变化。

第六，资产阶级和资产阶级意识形态，是社会统治力量。资本主义制度合乎人性，自然合理，永世长存，是整个资产阶级的真正的宗教。

第七，三权分立或分权制衡是整个政治制度赖以确立的理论精髓和基石。这铭刻着资产阶级对曾经统治他们的封建专制制度，对不受制约的权力、无限的王权以及他们所称的暴政的憎恨和恐惧，而归根结底则是资本主义私有制的要求和必然。这块基石的奠定所具有的人类历史巨大进步的意义，是不能抛开资本主义私有制而孤立和抽象地去理解的。

第八，通行两党制或多党制的议会民主政治。

第九，在资本主义私有制基础上主张自由、民主、人权、法制、有限政府和公民权利。

第十，奉行由资产阶级法学和法律所塑造的世界观即法学世界观，崇尚依法而治，通行形式上的或法律面前的人人平等。

第十一，个人主义、个性自由是整个价值体系的核心和灵魂部分，而且成为根深蒂固的文化传统和社会机体的脉流。

第十二，个人利益和追求财富成为社会发展的普遍性和根本性动力。与此并行的是商品拜物教、货币拜物教和资本拜物教。

第十三，人文社会科学方面的思想、学术和理论，总体上不以揭示本质、探求规律、追求未来为根本和目的，主导它们的是历史唯心主义。而在资产阶级取得统治权以后特别是19世纪以来一切都庸俗化了，即竭力为资本主义辩护，同时又公开和肆意地诋毁社会主义和共产主义。

第十四，科学技术一直被当作发展生产力、巩固资本主义制度的利器而发展和利用。

上述方面作为资本主义制度的主要之点，绝不是当代资本主义奠定和创立出来的，而是它的前提和基础，是它必须承袭的生命。它们对于封建制度无一不具有革命性和巨大进步意义。而对于现实的社会主义社会就不是这样了，就是说，它们或者必须根除，或者必须坚决反对和抵制，或者需要批判地继承，或者可以作为人类文明成果而借鉴。

现在，我们回到界定当代资本主义的要点上来。

首先，第二次世界大战结束以来的资本主义。学术界通行的这个界定，本身是极其简单的，只是指明了当代资本主义的时间上的起点。但是，像任何其他事物一样，必须以时间和空间为存在形式的当代资本主义，是运动和变化的；而其将近70年来的所有运动变化归结起来，就是由私人垄断资本主义转变成为国家垄断资本主义。如果着眼于跨国公司，以及与之密切相联系的生产、资本、利润等的空前国际化和全球化，那就可以认为当代资本主义进入了国际垄断资本主义阶段。由此即可明白，当代资本主义的发展变化及其对现存人类世界的影响，都是重大的。

其次，特指发达的资本主义。从我国学术界以往的通则来看，当代资本主义几乎成了发达资本主义的代名词。人们论述当代资本主义，往往以发达资本主义为对象和内容，而不发达的资本主义只是附带提及，甚至干脆撇开。这样处理的根据与合理性在于，发达资本主义的存在是一个事实，它正是资本主义世界的主导者和引领者，因而应着重予以研究。但是，如果把两者混同起来，或者以发达的代替不发达的，那就犯了违背实际的错误，而且会误导人们以为当代资本主义国家都已经发达。忽视或来不及研究不发达资本主义的情状，只是近年才有改变。

在目前，所谓发达的资本主义，可以从两方面来理解和看待：其一，社会的生产力、科学技术、物质财富和物质生活条件，已经充分发展和积累起来，达到了既往想象不到的程度和高度；其二，作为由来已久的社会制度和社会有机体，各方面已得到相当充分的发展，基本制度、各种体制、机制及其运行已经完备成熟，与之相适应的文化或文明也已成熟和定型。

再次，由“中心—外围”构成的世界体系。目前的资本主义世界体系是有史以来最为庞大、其构成也最为复杂的体系，世界上约200个国家属于这个体系。处于这个体系中的国家，无论是原生的还是继发的，资本主义社会形态使它们具有共同的经济基础、本质特征、基本矛盾、发展规律，以及与资本主义相适应的思想文化。另一方面，由于它们各自的特定历史传统、民族特性、自然环境、走上资本主义道路的时代条件等不同，因而它们的发展程度不同，民族或者国家利益存在差别乃至冲突，它们在当代世界中的地位、作用和追求不同。

当代资本主义世界体系最突出的特征，今天看来就是它的“中心—

外围”结构比既往更为分明和牢固。作为“中心”的发达资本主义国家，根据世界银行和国际货币基金组织的统计划分，共有以下22个：美国、日本、德国、法国、英国、意大利、加拿大、澳大利亚、奥地利、比利时、丹麦、芬兰、爱尔兰、荷兰、新西兰、冰岛、挪威、卢森堡、西班牙、瑞典、瑞士、葡萄牙。这些发达国家之间，在发展水平上也存在一些差距，而综合国力发达或强的只有前7个。“外围”资本主义部分呈现为多级阶梯状态，由那些落后的、不发达的、成长艰难的、贫穷的资本主义国家组成，它们又分别处在“边缘”、“半边缘”。其中包括约50个当今世界最贫穷国家，它们被称为“第四世界”。当代资本主义世界体系，是一个文明与落后、进步与局限、繁荣与贫穷、发展与危机并存的体系。资本主义500年来塑造的世界体系之所以如此，归根结底要由资本的本性和逻辑来解释。

最后，与社会主义并存竞争的资本主义。当代资本主义同社会主义并存竞争从战后即开始了，因而至今是一个与社会主义相互作用、相互影响的资本主义体系。所以要与社会主义并存，是由于人类跨越资本主义而打开更广阔发展道路的历史规律不可抗拒，自觉执行和实现这一规律的苏联社会主义已经获得瞩目的发展，而在原苏联与东欧社会主义解体之后，中国特色社会主义则成为社会主义世界历史进程中的中流砥柱。因此，并存对当代资本主义来说是不得已的。与并存同时相伴的竞争，内容是多方面的，形式和手段是多种多样的，而其根本目的和用意，就是要把社会主义变为历史的陈迹。但是，就中国特色社会主义现已取得的发展成就来说，社会主义是不惧怕竞争的，而竞争结果大大不如资本主义之所愿，使其根本目的落了空。但是整个说来，在与社会主义并存竞争中，当代资本主义过去和未来相当长的时期都占力量的优势。而人类未来一定长的时代，世界的状态和人类的命运究竟如何，这决不仅仅决定于资本主义，而依然取决于资本主义与社会主义并存竞争的实际状态。

二　国家垄断资本主义及其发展

当代资本主义，就它达到的发展阶段和发展状态，因而就它与战前资本主义相比所显现出来的根本性新特点而言，它就是国家垄断资本主义。国家垄断资本主义是当代资本主义的总概括。

国家垄断资本主义是私人垄断资本主义发展到一定条件下的、自然而必然的结果和现象，其实质是国家政权与资本的结合。在这种结合中，国家的经济职能空前扩大和增强，它通过干预和调节经济生活，以保证资本主义再生产和经济稳定增长，维护资本主义制度和资产阶级的统治，实现垄断资本集团的最大利润。扼要地说，这就是国家垄断资本主义。

如同战前的产生和发展，战后国家垄断资本主义的形成，以至构成资本主义发展的一个新阶段，是资本主义基本矛盾的运动发展的结果。一方面是战后科技革命、社会生产力、生产社会化发展到前所未有的高度；另一方面是资本主义的生产方式和占有方式依然狭隘与不合理，因而由这两方面的对抗中产生的力量，从内部推动私人垄断资本主义进入国家垄断资本主义。这种结果，决不能视为当代资本主义的自觉追求和积极构建，相反，它只是资本主义内在规律强制性地为自己开辟发展道路的表现。

国家垄断资本主义，作为资本主义有史以来的最新和最高发展阶段，其标志或特征主要如下：

第一，形成了庞大的国家垄断资本。

在国家垄断资本主义阶段，庞大的国家垄断资本，一方面与资产阶级国家经济职能的扩大相适应，是保证国家经济职能实现的凭借；另一方面则确保垄断资产阶级获得最大限度的利润。国家垄断资本主要包括以下几种：

首先，国有垄断产业资本，或称国有垄断企业。其形成途径：一是实行资本国有化，即把一些私人企业特别是技术落后、亏损严重、缺乏竞争力的私人企业收归国有，国家给被国有化者以保护性补偿；二是国家直接投资建立新企业。这种国有垄断企业，在发达资本主义国家的比重高低不一，但在整个经济中都占有一定地位。这种国有垄断产业资本或国家所有制，实质上是资本主义私人占有制的一种变化形式或特殊形态，是资产阶级所有制，而不归全民所有；它不构成资本主义社会的经济基础，因而不能将之理解为构成社会主义基础的全民所有制或国有企业。

其次，国家和私人共有的垄断资本。这类资本是国家政权和私人垄断资本在一个企业范围内结合而形成的垄断产业资本，资本的所有权分属于国家和私人垄断组织。其形成途径有三个：国有垄断资本投资入股私人垄断企业；国家和私人垄断资本共同投资建立新的企业；国家建立的企业中吸取私人投资。这种垄断资本已成为国家垄断资本主义的基本形式之一。

再次，财政资本。当代资本主义国家把财政收入的很大一部分转化为财政资本，国家控制的财政资本有了巨大的增长，它已成为国家垄断资本的重要组成部分。据国际货币基金组织统计，到1989年，所有发达资本主义国家中央政府控制的财政收入占国内生产总值的比重达到27.3%。其中美国占20.54%、德国占29.23%、法国达40.87%、英国占35.75%。

最后，大量金融资本。资产阶级国家通过中央银行发行货币，控制着货币流通，因而实际上成了货币资本的所有者。同时，国家还成立政府金融机构，发挥它们在经济生活中的作用。此外，国家还利用政府和私人银行、保险公司等信用银行机构，广泛吸纳社会游资，从而大大增加了国家掌握的金融资本数量。

主要由以上四种形式构成的国家垄断资本，其数额之巨大，是任何一个私人垄断资本远远不能比拟的。它表明，资产阶级的国家已成为最大的资产所有者。

第二，建立了宏观调控制度体系。

资本主义基本矛盾的加深，要求国家加强对宏观经济的调控；由于国家掌握庞大的垄断资本，因而有力量实施对经济的干预。正是在这样的条件下，国家对经济的干预和调节大大扩展了，财政政策、货币政策、收入政策、经济计划化等形成了一套调节经济的制度和体系。财政政策与货币政策，是国家调节经济的主要工具或手段。收入政策，以对工资、利润、其他收入的有意识地调节而力求达到两个目标：防止成本推动型通货膨胀；调节收入分配从而影响积累与消费的比例。经济计划化，是指国家通过制订经济计划来调节经济及产业结构，以克服市场经济的盲目性，促进国民经济稳定发展。这种经济计划主要依靠国有垄断资本参与和调节来实施，借助于市场机制而发挥作用；其内容主要反映垄断资产阶级的利益和要求，因而不可能解决资本主义基本矛盾。宏观调控体系的建立，是国家垄断资本主义的基本标志之一。

第三，国家干预和调节成为经济运行的内在机制。

资本主义经济作为发达的商品经济和市场经济，其运行机制一向就是市场机制，而国家在经济方面则被定位为“守夜人”，即其作用只限于为资本主义经济发展创造必要的外部条件。但在国家垄断资本主义条件下，国家不仅作为上层建筑对经济基础起反作用；而更重要的是，国家作为最大资本所有者对国民经济起巨大的作用。这就是说，国家有了新职能，或者说国家的经济职能空前扩大和增强；国家以“总资本家”的身份直接参与社会资本的再生产过程，可以凭借掌握的强大经济力量渗入到社会再生产的各个环节，成为社会再生产的一个有机组成部分，从而形成了国家有计划地对经济进行调节的机制。国家调节机制，是当代资本主义生存条件所催生的，因而是一种内在的新机制。它与市场机制同时存在并相互结合，是资本主义自由竞争阶段和私人垄断阶段所没有的。因此，国家对经济的干预和调节，成为国家垄断资本主义的显著标志和特征之一。

第四，国家政权与私人垄断资本的关系双重化。

在国家垄断资本主义阶段，资本主义经济的基础仍是私人垄断资本，因此，资产阶级国家依然要服从和服务于私人垄断资本，保持这种既有关系。同时，国家垄断资本的产生和发展，既没有也不可能消除和取代私人垄断资本，相反，私人资本也同样在发展，并且总是国家垄断的基础。但问题还有另一方面，那就是私人垄断资本要服从国家的干预和调节。这是一种新生的关系。这种关系不取决于个别私人垄断集团的利益和意志，而取决于维护再生产的正常进行、经济稳定增长、巩固资本主义制度的需要。如果没有国家的干预和调节，则经济难以稳定发展，私人垄断组织也难以生存和发展。就其现实性而言，国家垄断资本已经形成一种超越任何私人垄断、凌驾于它们之上，从而对经济生活起控制和支配作用的力量。国家服务于私人垄断资本，私人垄断服从国家的干预和调节，这种双重关系既是国家垄断资本主义的重要特征，又在更高的程度上表明，资本主义国家是资产阶级理想的总代表和“总资本家”。

第五，输出资本和控制国际经济秩序。

在国家垄断资本主义阶段，国家垄断资本与私人垄断资本以各种方式结合，使得资本的积累和集中进一步加强，因而相对过剩资本也更为集中。由于国内市场狭小，这些资本必然投向国外，以赚取垄断超额利润。第二次世界大战后，资本输出有三个新特点：一是输出规模和速度都远远超过战前；二是在私人资本输出的同时，国家垄断资本输出的比重显著增长；三是跨国公司的作用愈加突出。国家垄断资本输出的目的有两个：其一，为私人垄断资本开拓国际市场，支持和推动私人垄断资本输出和商品输出；其二，借助资本输出实现对发展中国家经济和政治的控制，以新殖民主义代替旧殖民主义。在发达国家实现上述第二个目的的过程中，跨国公司起到了巨大的作用。跨国公司将生产资本输出和借贷资本输出结合起来，造成了发展中国家在生产和资金上依赖于发达国家，使利润通过跨国公司的内部贸易、债务的利息等方式流向发达国家。

随着私人垄断资本主义向国家垄断资本主义的转变，以及资本输出的加速发展，资本主义的基本矛盾便在国际范围内展开。因此，资本主义国家不仅要对国内经济进行干预，同时更加注重控制国际经济秩序，调节资本主义国家之间的经济矛盾与关系。这主要如下：首先，通过成立国际货币基金组织、世界银行、国际贸易组织等机构建立和巩固国际经济秩序，由此也使发展中国家对发达国家的依赖性进一步增强。其次，通过多边贸易组织对资本主义国家间的贸易关系进行调节，这大大降低了资本主义国家的关税和非关税壁垒，为其扩大出口，充分利用国际贸易的相对成本优势以发展国内优势产业、优化产业结构等创造了有利条件。再次，推动和发展区域经济一体化，使整个区域内经济得到总体上的发展。最后，私人垄断资本在流通领域实现国际联合，形成了现代国际卡特尔，从而垄断组织更容易控制国际市场和获得高额利润。

第六，国家的社会职能明显增强。

资产阶级国家从来既具有阶级职能，即阶级统治职能；也具有其社会职能，即国家以社会的代表自居、凌驾于各阶级之上而针对全社会所行使的一切职能，只是这两种职能在不同时代和不同条件下的发挥有差别罢了。在当代资本主义条件下，科技革命持续发展，生产的社会性达到了极高的程度，社会财富又大幅增长，劳动人民生活水平有一定的改善，因而威胁资本主义制度和秩序的，主要不是政治和军事方面的问题，不是外部敌人入侵和内部暴动，而基本问题是经济问题和社会问题。如果再生产过程不能正常进行，经济危机严重，就会引起社会动荡和政治不安全。因此，资产阶级国家在发挥其政治职能的同时，必须广泛地、大规模地干预和调节经济，以保证再生产正常进行，缓解危机，保障就业，减少失业，稳定物价，充分发挥其社会职能，缓和各种社会矛盾，等等。这样，国家的社会职能大大增强，达到了资本主义以往各发展阶段所不可比拟的程度。

在当代资本主义条件下，明显增强和扩大了的国家社会职能，不是独立或孤立的，而是与其阶级职能密切结合的。社会职能掩盖着阶级职能，阶级职能寓于社会职能之中。而只有执行社会职能，才能实现其阶级职能。由于国家的阶级职能隐藏于社会职能背后，国家的存在及其全部职能好像是为了全社会的“共同利益”，因而国家的阶级本质变得更加模糊起来，它的迷惑性空前增强了。但问题的实质正如恩格斯所指出的：“国家是整个社会的正式代表，是社会在一个有形的组织中的集中表现，但是，说国家是这样的，这仅仅是说，它是当时独自代表整个社会的那个阶级的国家。”① 在我们这个时代，资本主义国家是资产阶级尤其是垄断资产阶级的国家。

第七，民主社会主义和改良主义盛行。

以强调遵循民主途径而实现社会主义目标，反对无产阶级暴力革命和无产阶级专政，主张渐进改良为基本特征的民主社会主义，第二次世界大战后突破了战前主要流行地域即欧洲，扩散到世界各地。除欧洲外，其他一些发达国家的政党也选择了民主社会主义作为自己的政治纲领，纷纷成立民主社会主义政党，例如，日本于1960年组建了“日本民主社会党”。由于各资本主义国家实施凯恩斯主义政策，注意社会福利制度，工人阶级的处境较战前有所好转，同时，经济的恢复和快速发展，使得中产阶级人数逐渐扩大，工人阶级的分化比较严重，因而许多人不主张以暴力革命推翻现政权，改良主义思潮占了上风。

在民主社会主义思潮主导下，社会民主党政府对当代资本主义制度进行了下述主要的改良：第一，在充分发挥市场机制作用的前提下，国家对经济进行必要的干预和调节；第二，在保存资本主义私有制的前提下，对部分企业实行国有化，建立了“混合经济”模式；第三，通过国家投资等方式扩大就业量，通过社会福利制度的建立和完善提高全面福利水平，改善中下层劳动人民的生存条件；第四，呼吁阶级合作，缓和劳资关系，维护资本主义社会稳定。对资本主义制度的改良措施的推行，使工人阶级的劳动与生活条件有了一定的改善，社会福利有了一定的保障，但没有真正改变工人阶级被雇佣、被剥削的地位；相反地，却一定程度上削弱了工人阶级的革命意志，使资本主义制度更稳固了。

上述诸方面，以其时代性的历史内容和形式表明，当代资本主义已越过私人垄断阶段而成为国家垄断资本主义，并在向国际垄断资本主义转变。

---

① 《马克思恩格斯文集》第3卷，人民出版社2009年版，第561页。

作为资本主义发展的一个新阶段，当代资本主义发展到今天最为举世瞩目的地方是：(1) 科学技术日新月异的进步；(2) 社会生产力的质的飞跃；(3) 社会结构的深层变动。这是历史上的资本主义所倾力作为的，又是它所望尘莫及的。如果说既往的资本主义曾按其意志改变了人类世界，那么就不难理解，当代资本主义的这种改变及其影响则大得多。

与此相一致，当代资本主义世界，特别是发达资本主义国家，在经济、政治、社会等方面出现了不可否认的新现象和新变革。这在发达资本主义国家的基本表现如下：第一，经济发展方面，由于当代科技革命的不断推动，保持了较长时期的相对稳定的增长，人均国民生产总值比20世纪初提高了约100倍，因而综合国力大幅增强。第二，产业和劳动力结构方面，出现了服务化、信息化、高科技化趋势，劳动者队伍走向知识化、脑力化和多层次化，其整体文化科技素质不断提高。第三，运行体制方面，国家垄断逐步转向国际垄断，通过推行私有化和兼并等来实现跨国资本的垄断。第四，社会关系方面，通过税收、福利政策、改善企业组织结构、调节社会再分配等措施，在一定程度上缓解社会矛盾和保持社会稳定。第五，资本国际化方面，吸纳和利用当代科技发展最新成果，拓展国际贸易新空间，促进生产经营、资本流动、金融活动的自由化和国际化，推动了经济全球化趋势。

由当代发达资本主义国家所展现的这些方面，代表了当代资本主义的基本发展，具有历史进步的意义。但是，所有这些发展或进步，都不是纯然的，并没有在历史进程中获得单纯的性质。这不仅一般地因为，它们发生于资本主义私有制基础之上，没有超出资本主义制度的基本逻辑，而且因为，它们与资本主义的各种危机相并存、相联系。

三　发展与危机的逻辑

当代资本主义与历史上的资本主义一样，是以完整的社会形态或作为社会有机体而存在的。在这个意义上，我们前面归纳概括的十四个要点，对两者都是适用的，它们其实是两者共有的。这些要点，为我们理解和研究既往的和当代的资本主义，提供了明确和系统的基本观点。另一方面，当作为社会有机体来考察，当代资本主义在各个方面都比既往的资本主义要丰富和完善得多，也就是说，确实发展了既往的资本主义，因而表现为历史上的资本主义的延续和发展。

然而，无论历史上的还是当代的资本主义，其发展总是伴随着危机，总是无法摆脱危机而表现为纯粹的发展。这种明确无误的事实和历史面目表明，资本主义的发展与危机两者之间，有着不可拆除的内在联系和逻辑。这一点是完全不能用资本主义制度是否成熟来解释的，换言之，与资本主义成熟与否完全无关。因为，这是资本主义几百年来一以贯之的、呈现为规律的现象。

为了探究和说明当代资本主义的发展与危机的内在逻辑，我们应该对“发展”和“危机”这两个概念或用语加以简要探讨。

首先，关于发展。在现代汉语里，发展是指“事物由小到大、由简单到复杂、由低级到高级的变化”①。这个定义或解释，看来是当今世界各国和各民族都能接受和认可的。实际上，当代资本主义的发展在其最一般性上，完全可以依照这种定义来理解和把握。另外，无论人们做多少考察、分析和论述，当代资本主义的发展总是像这个定义所描述的那样，而且可以包容于如此定义的发展概念之中。本书对当代资本主义的发展的论述，是同现代汉语里的发展概念完全一致的，因而也是易于理解的。

但是，更深刻的还在于，当代资本主义发展的源泉是其内在的基本矛盾，它的发展是由其基本矛盾的运动所决定的；这个基本矛盾就是生产资料资本主义占有与生产社会化的矛盾。当代资本主义政治、文化上的以及社会普遍存在的矛盾，都不过是其基本矛盾的派生物和必然反映，而且最终要由基本矛盾来说明。就形式来说，当代资本主义的全部发展是以其经济发展为基础的发展。而其经济发展又有既成的基础和规定性，那就是：(1) 资本主义私有制；(2) 资本主义商品生产；(3) 资本对社会物质生产的统治；(4) 既有成就和经验。当代资本主义的最为重大的发展是其经济的发展，而这个方面依然为其基本矛盾运动规律所直接支配。所以整个说来，当代资本主义的发展是在其内在矛盾运动中实现的，而发展本身既反映着其矛盾的发展变化，又与其危机血肉相连。

其次，关于危机。在现代汉语里，危机是指“严重困难的关头”②。这个同样可为当今人类所接受的概念，就其一般意义或通用性而言，我们

① 《现代汉语词典》，商务印书馆 2006 年版，第 369 页。

② 《现代汉语词典》，商务印书馆 2006 年版，第 1412 页。

可以作出如下理解：其一，对于既成的事物，危机不是或不指属于细枝末节的现象，而是干系重大而又不易对付和解决的情况和事态。其二，危机不是观念的产物或无中生有，而是客观事实存在，对于相应的事物是不可避免的。其三，对于不同的、经历了一定发展过程的事物，危机或者意味着事物发展的转折点，即克服危机之后，事物在新的条件下以新的形式继续发展变化；或者预示着事物行将灭亡，即事物因其危机不可克服而走向灭亡。其四，在唯物辩证法的思维和观念里，事物在从产生到灭亡的过程中，经过一定发展阶段总会有危机出现的，至于危机的频度、面貌状态、意义与结果如何，这完全决定于事物的本质及其既存条件。所有这些，对理解当代资本主义危机都是适用的。

当代资本主义的危机不是天然事物而是人造事物的危机，即资本主义社会形态或社会制度的危机。而其根源在于资本主义固有的各种矛盾，尤其是其基本矛盾中的生产资料资本主义占有与生产社会化的矛盾。资本主义的基本矛盾是对抗性的矛盾，其他各种矛盾也都具有一定的对抗性质。这种矛盾的对抗性质，起源于资本主义私有制，即起源于有产者与无产者、资产阶级与无产阶级在占有生产资料上的相反状态，在有产与无产上的分立与对立。由于固有矛盾的存在和作用，资本主义和当代资本主义的发展过程也就时常出现各种难以对付的危机，而且危机是不可能根本克服的。资本主义首要的和根本的危机是其经济危机，而同时又伴随着政治、文化和社会的危机；后者一般是前者的派生物，但有时又表现出某种独立意义。如果从危机方面加以考察，那么资本主义和当代资本主义确实是危机的社会形态或社会制度。这归根结底是其内在矛盾所决定的。

由上述可以理解，当代资本主义的发展与它的危机，不仅无法分割，反而是水乳交融的。发展与危机，有共同的源泉或根源，有同一的经济基础，有同一的逻辑，因而在现实过程中往往是步调一致的。以空间扩展或深度加大而实现的发展，一方面某种程度、某种形式地暂时缓解了危机，降低了危机的强度；另一方面又酝酿着新的危机，或者使已经克服了的危机再度累积，从而使危机重新发展和严重起来。这就是发展与危机的共同历程和同一逻辑。就其实质而言，发展与危机不过是资本主义固有矛盾运动的两种表现罢了。

无论当代资本主义的发展还是危机，都是历史上的资本主义不可同日而语的。

当代资本主义发展的总图景可以大体说明或描述如下：第一，其活力和创新精神集中表现在发展科学技术上面，这是不可否认和不能忽视的。第二，发展的重点依然是物质文明方面，因而以科学技术第一生产力为支点的经济发展成就最为突出。第三，社会有机体或者进一步健全完善，或者是有了新的发育和生长。第四，政治和文化的发展，表现为在旧轨道或旧框框之内的循环，陈陈相因，老调重弹，不仅没有值得注意的创新，反而有僵化和退化的迹象。第五，精神文明和人的发展，由于物化和异化的更充分扩展，因而表现出明显的沉闷、乏力、无生气景象和愈趋片面化。一句话，这种发展状貌，是资本主义生产方式和资本统治之下的，又是与后者的发展相适应的。

当代资本主义危机的发展状态和总面貌，可以简要概括于下：第一，经济危机仍是根本性危机，并且是其他各种危机的基础。第二，经济危机已由传统的即生产相对过剩的危机，发展到生产相对过剩的危机、结构性危机、金融危机、以新形式表现的危机并存交织的危机，因而经济危机已经系统化了，已经形成一个日益明显的危机系统。第三，政治危机在政治的形式化发展中渐渐地、缓慢地趋于深化，而危机的表现形式也趋于复杂化和多样化。第四，文化危机由隐性转变为显性，由不大受关注变为直接暴露状态，而且表现为整个文化世界的危机，以致可以成为资本主义社会形态总危机的表征和新的诱因。第五，随着市场经济自20世纪90年代以来的第一次全球性胜利，资本主义经济过程中的固有矛盾已扩散到全球，因而世界经济体系愈加成为一个危机性的体系，或者在更高的程度上变为一个资本主义经济危机体系；而在这样的经济体系中，政治的、文化的和社会的危机则更易发生。

当代资本主义的发展与危机并存和相互交织，是十分自然而合乎逻辑的。而且，只要其内在矛盾没有消除，其生产方式的性质没有根本改变，它在未来的发展也就依然如此。

四　本书的内容与对象

这部著作的直接目的，是要力图客观和比较系统地把握和展现当代资本主义的存在状态。这种状态归结起来就是发展状态和危机状态，就是两者的并存和统一。只有发展而没有危机，便不是真实的当代资本主义。只看到发展而看不到危机，我们对当代资本主义的观察认识就是片面的和残缺的，甚至会是虚幻的。有发展也有危机，发展与危机并存和相互影响，这才是当代资本主义的本来面目。

当代资本主义的发展和它的危机都是客观实在，但它们给我们的研究造成的困难却是不一样的。在通常情况下，发展是外显的、连续的、引人注目的，以成果成就表现出来，并且具有累积的性质和外观，因而研究中感性和理性都起作用，甚至人们单凭观察和感知就可以了知当代资本主义的某些发展。相反地，危机则是潜在的、不易觉察的，只有明显形成或爆发出来时才变得引人注目，而当它被暂时克服之后又仿佛永远消失了，因而研究它必须依靠科学健全的理性。如果说研究发展是不易的，那么研究危机就更为不易。

本书的内容就是当代资本主义的发展和它的危机，这由书名一望而可知。无论是发展还是危机，谁都不能抛开对方而独立自存，它们都同时存在于经济领域、政治领域、文化领域、社会领域。也就是说，这些领域都有发展也都有危机，都是发展与危机并存交织的领域。所有这些我都已做过研究，只是社会领域的发展与危机尚未写出，如果有可能，我将把它纳入本书。

至于本书的对象，在一般意义上是明确的，即当代资本主义。如果要问，是哪一类或者什么发展程度的资本主义呢？在这种意义上，研究对象主要是发达资本主义，只在少数情况下才涉及不发达的资本主义。这样处理，全部根据就在于：已经发育的身体比身体的细胞更富研究价值；而在当代资本主义世界范围内的社会主义革命空前胜利以前，当今发达资本主义国家必然是不发达资本主义国家的理想目标。正如我们所知，一切继生的、后发的和不发达的资本主义国家，都是以欧美原生资本主义为蓝本的；它们只是由于被殖民的历史和自然条件、民族发展不同，才有了自己的某些特点。所以，以发达资本主义为主要对象来论说当代资本主义，这固然不能包罗无遗，但又是最具代表性和典型意义的。在相当大的意义上，本书所论的发展与危机，可以预示不发达资本主义的未来。单就危机来说，目前不发达资本主义国家差不多都已具备，只是程度低些罢了。

我国学术理论界，目前还没有把当代资本主义的发展与危机明确地统一起来而加以系统论述的著作面世。所以，本书无论如何都具有开拓性质。它可以无声地晓喻人们，一定要全面看待甚至发展程度很高的当代资本主义。它也可以作为一面镜子，通过它，一方面可以看清我们与发达资本主义的差距，另一方面可以唤醒我们思考该如何保持与资本主义的差别。

第一章

当代资本主义的经济发展

当代资本主义的发展是以其经济为基础的。受其特定目的制约，采用特定的形式和手段，不遗余力地发展经济，这是资产阶级根本的作为和资本主义社会的历史传统。这种情形和活动过程一直持续到今天，而且足以表明，整个人类正处在而不是走出了以物质文明为重心而发展的时代，虽然人类的精神文明也在同时发展。人类正经历的这样一种发展时代，仍然是由资本主义所主导的。当代资本主义经济的发展，作为物质资料的生产和与之相适应的交换、分配、消费等运动过程，其存在条件和面目已发生了很大的乃至质的变化，但其本身依然表现为资本主义制度范畴内的经济内容和经济关系的发展。对于当代资本主义经济已经历或取得的发展，我只在本论题的规制之内谈论，而不作巨细无遗的叙述。但这要探明基本问题，也要尽力能照顾到总貌。

一　前提与基础

研究分析当代资本主义经济的发展，是不能撇开其前提和基础的。无论在理论上还是在现实过程中，当代资本主义经济的发展就是而且只能是在其前提基础之上的发展；而这种发展不仅不会背离其前提和基础，反而接受它们的规制，成为肯定和巩固它们的实际力量。至于经过这种发展所产生的相反情形，即达到在新的前提和基础上而发展的那种情形，还远没有到来，远不属于当代资本主义。从根本和总体上说，当代资本主义的经济发展和其他各种发展，都不是在否定自身，而是在肯定、巩固和拓展自身。

无论人们对当代资本主义经济过程及其成就考察得多么全面和详细，只要不顾或忘记这一过程本身固有的前提与基础，所呈现出来的东西就会丧失历史感，不能达到事实与逻辑相统一，使人知其然而不知其所以然，就会产生神话所具有的混沌和虚幻，造成控制不住和预想不到的失真。

我们这里要特地指明当代资本主义经济发展的前提与基础，并加以简要论说，以便对当代资本主义经济的发展达到深刻、透彻的理解。所谓经济发展，以其实质内容而言，就是社会物质资料生产和与之相应的生产关系的发展。当代资本主义经济发展的前提和基础，并不是它的创造和结果，而是历史上形成的东西，因而是它的出发点和继承物。我把这些前提与基础归纳并述说于下。

1. 资本主义私有制

资本主义私有制是资本主义生产过程、资本主义生产关系和经济关系、资本主义整个社会制度赖以建立和发展的基础。实际上，资本主义社会占统治地位的意识形态、传统习惯，以及思想、文化和道德观念，都是这个基础上的产物。设想没有资本主义私有制，那就是设想没有资本主义的发展历史，或者也可以说，资本主义发展至今所拥有的一切就要根本改变了。

马克思指出："资本主义社会的经济结构是从封建社会的经济结构中产生的。后者的解体使前者的要素得到解放。"① 在这一过程中，资本主义私有制的产生，是一系列历史事变的结果；而其根本和核心点，则是用暴力造成劳动者、劳动本身同劳动的客观条件分离，或说斩断两者间先前固有的联系。这也就是说，"使大批个人脱离他们先前的（以这种或那种形式）对劳动的客观条件的肯定关系，把这些关系加以否定，从而把这些个人变成自由工人"②。这也就是马克思首先专门称谓的资本的原始积累的过程。而"在原始积累的历史中，对正在形成的资本家阶级起过推动作用的一切变革，都是历史上划时代的事情；但是首要的因素是：大量的人突然被强制地同自己的生存资料分离，被当作不受法律保护的无产者抛向劳动市场"③。

资本主义私有制的产生，是既往的所有制、生产关系和经济关系解体的结果，因而表现出历史的进步意义。但是，这种进步本身不仅是有限度的，而且是粗暴和残酷的。马克思就此明确指出："使生产者转化为雇佣工人的历史运动，一方面表现为生产者从隶属地位和行会约束下解放出

---

① 《资本论》第一卷，人民出版社1975年版，第783页。

② 《马克思恩格斯文集》第8卷，人民出版社2009年版，第155页。

③ 《资本论》第一卷，人民出版社1975年版，第784页。

来……但是另一方面，新被解放的人只有在他们被剥夺了一切生产资料和旧封建制度给予他们的一切生存保障之后，才能成为他们自身的出卖者。而对他们的这种剥夺的历史是用血和火的文字载入人类编年史的。”①

资本主义私有制，其实就是资产阶级所有制或资产阶级私有制，就是资本对生产过程和经济发展过程的统治。在社会生活中，它表现为有财产的人们与无财产的人们之间的鸿沟，表现为无产阶级与资产阶级的分立和对立。因此，决不能把资本主义私有制理解或想象为劳动者都拥有自己的生产资料或财产的所有制。这种所有制，即以各个独立劳动者与其劳动条件相结合为基础的私有制，已被资本主义私有制即“以剥削他人的但形式上是自由的劳动为基础的私有制”② 所排挤掉了。正是在前者的遗骸灰烬上面，生长起了后者，生长起了资本对劳动的支配和统治关系。马克思对此写道：“资本关系以劳动者和劳动实现条件的所有权之间的分离为前提。资本主义生产一旦站稳脚跟，它就不仅保持这种分离，而且以不断扩大的规模再生产这种分离。”③ 这就是资本主义私有制、资产阶级所有制、资本的本性与内在逻辑。

在各种私有制的更替发展的漫长过程中，资本主义私有制历史地成了最发达、最完备、最高级、最强有力的私有制；就其吸收剩余劳动、占有剩余价值方面的表现形式来说，它又是最精致的私有制。资本主义私有制之所以如此，简要地说是因为：它与近代以来的科学技术发展以及对此的利用，与机器生产和工业体系的发展，与商品生产和交换关系的普遍化，与世界市场和世界贸易的形成和扩展等，密切关联并且同步发展。这也就是说，资本主义私有制造成或促进了这些方面，这些方面又促进了资本主义私有制，两者在特定历史运动中发生了互生共荣的关系与作用。所有这些，从社会历史发展的主导者方面说，是资产阶级不断进取开拓，坚持从事有不可克服的局限性的创造活动的结果。事实上，在既往的历史过程中，资产阶级曾按其面貌创造了一个世界，而今天仍在这样做，甚至力图在更高的程度上这样做。当今发达资本主义国家的私有制，资产阶级的私有制，所以比以往更为牢固和发达，其相当部分原因是可以由这里所述而

---

① 《资本论》第一卷，人民出版社 1975 年版，第 783 页。

② 同上书，第 831 页。

③ 同上书，第 782 页。

得到理解的。

2. 资本主义商品生产

商品生产不是资本主义社会的创造或发明。在资本主义社会产生以前，商品生产和交换即有了漫长的发展历史。但是，商品生产和商品交换，只是在资本主义生产方式兴起后，只是到资产阶级和资本主义时代，才能大踏步地前进，以至成为发达的商品生产和商品交换。这时，产品成为商品，产品被作为商品来生产和交换，产品采取商品的形式，商品成为产品的一般形式，商品生产普遍化了。商品生产成为社会再生产过程中具有决定意义和统治地位的形式，直到自由得一无所有的工人阶级的劳动力也成为可以和必须出卖的商品，并在生产劳动过程中不断再生产出来。由此可见，而历史本身也充分表明，资本主义生产方式和建立其上的资本主义社会，同商品生产具有至深和横广的历史性纠结，这种纠结至今仍在强韧地持续。资产阶级不仅创造了渐趋繁富的商品世界，而且也创造了一个商品统治人的世界。

所谓资本主义商品生产，就是在资本主义生产方式基础上，以这种生产方式来从事的商品生产，或者同样可以说，就是以资本为基础的商品生产。这种商品生产，根本上不同于以往时代的商品生产，也区别于未来新社会的商品生产——如果必须存在的话，因为这些商品生产都有其相应的生产方式为特定基础。

资本主义生产必然是商品生产，必然把产品大规模地、全面地转变为商品生产，必然使商品生产普遍化，造成发达的商品生产和商品经济。马克思的科学探究不仅深刻、翔实地抓住了其内在逻辑，而且得出了这一结论：“资本所生产的必然是商品，它的产品是商品，否则就什么也不生产。”①

商品和货币两者是资本的元素前提，但是它们只有在一定条件下，才发展为资本。商品生产和商品流通决不以资本主义生产方式作为自己存在的前提；相反，它们是资本主义生产方式的历史前提。因此，资本和资本主义生产方式，只能是商品生产与交换、货币流通发展到一定阶段的结果；后者的发展也促进前者的形成。“一定范围的商品流通，因而一定范

① 《马克思恩格斯全集》第47卷，人民出版社1979年版，第353页。

围的货币流通，也就是说，相当发达的贸易，是资本形成和资本主义生产的前提和起点。”[①] 在资本和资本主义生产方式形成之后，资产阶级充分利用一切历史形成的和现实中的条件，开始了千方百计发展资本主义商品生产的历史进程。而“只有在资本主义生产的基础上，商品才变为产品的一般形式，所有产品才必须采取商品的形式”，“而且资本主义生产越发展，一切生产的组成部分也就越作为商品进入资本主义生产过程”。[②] 因此，资本主义生产是产品普遍商品化的生产，是普遍的商品生产，而历史上的商品生产则在资本主义生产方式基础上被改造和发展为发达的商品生产。

使资本主义商品生产发达起来的一切条件都是历史形成的。凡是造成和促进资本主义私有制、资本、资本主义生产方式的条件，都对资本主义商品生产起同样的作用。但是在促进资本主义商品生产的各种条件中，具有决定意义的是雇佣劳动。“只有在劳动人口不再出卖自己的劳动产品，而相反地出卖自己的劳动本身，或者更确切地说，出卖自己的劳动能力的时候，生产才在其整个范围内，在其整个深度和广度内，变成商品生产，一切产品才转化为商品”。[③] “只有当雇佣劳动成为商品生产的基础时，商品生产才强加于整个社会，但也只有这时，它才能发挥自己的全部潜力。”[④] 由此可见，若没有雇佣劳动，那就既不会有资本主义生产方式，也不会有发达的资本主义商品生产。而这一点，是过去和今天的资产阶级所不肯承认的。

由于有了雇佣劳动作为基础，资本主义商品生产就会发展和发达起来。这其中的原理和逻辑，马克思写下的一段文字就已扼要地揭示出来了：“商品作为产品的一般必要形式，作为资本主义生产方式专有的特征，明显地表现在随着资本主义生产的发展而造成的大规模生产中，表现在产品的片面性和数量庞大上……这种大量产品必须实现为交换价值，必须通过商品的形态变化，这不仅是为维持以资本家身份进行生产的生产者的生存所必需，而且是为生产过程本身的更新和连续所必需。因此，这种

---

① 《马克思恩格斯全集》第26卷（第三册），人民出版社1974年版，第119页。

② 《马克思恩格斯全集》第49卷，人民出版社1982年版，第4、9页。

③ 同上书，第5页。

④ 《资本论》第一卷，人民出版社1975年版，第644页。

大量产品也进入了商业的范围。它的买者不是直接消费者，而是把商品形态的变化当作自己的业务来经营的商人。最后，产品发展了自己作为商品的性质，从而发展了自己作为交换价值的性质，因为生产部门的多种多样，从而产品能够进行交换的范围，都随着资本主义生产而不断扩展。”[①]资本主义商品生产，就是按这样的逻辑、沿这样的路径而发展和走向发达的。

资本主义商品生产，这是由资本和资本主义生产方式决定的，而不决定于商品的生产。因此，资本主义生产“作为劳动过程和价值增殖过程的统一，生产过程是资本主义生产过程，是商品生产的资本主义形式”[②]。资本和资产阶级正是通过其商品生产，而具体生动和毫不含糊地占有剩余劳动和剩余价值的。而“商品生产按自己本身内在的规律越是发展成为资本主义生产，商品生产的所有权规律也就越是转变为资本主义的占有规律”[③]。这种所有权规律和占有规律，在当代资本主义世界以至人类世界，已经在更高的程度上成为规律。

3. 资本对社会物质生产的统治

资本主义社会的物质生产或生产劳动过程，表现为资本主义私有制基础上的商品生产过程。私有制和商品生产，对于这一过程都是统治性的。但是，在更深广和更集中的意义上，真正统治这一过程的是资本。私有制的实质性内容即生产资料，纳入生产过程的和生产出来的一切商品，以及由商品转化来的货币，都是资本的表现形态和存在形式。由于这样，从而更重要的在于，再生产过程总是从资本出发，以资本为始点，又以资本为终点，即达到资本的增殖和更大积累。不断循环的生产过程的始点和终点都是资本。马克思写道：“资本主义生产过程的产物既不是单纯的产品（使用价值），也不是单纯的商品即具有交换价值的产品，相反，这个过程的独特产物是剩余价值。”[④] 因此，生产剩余价值是资本所固有的特殊职能。全面和无止境地履行和实现这种职能，是资本统治物质生产过程的实质。

---

① 《马克思恩格斯文集》第 8 卷，人民出版社 2009 年版，第 429—430 页。

② 《资本论》第一卷，人民出版社 1975 年版，第 223 页。

③ 同上书，第 644 页。

④ 《马克思恩格斯全集》第 49 卷，人民出版社 1982 年版，第 60 页。

资本统治下的社会物质生产，资本主义生产过程，其本身是劳动过程和价值增殖过程的统一。可是，“劳动过程只是价值增殖过程的手段，价值增殖过程本身实质上是剩余价值的生产，即无酬劳动的对象化过程。生产过程的整个性质就是由这一点专门规定的”。在资本主义生产过程中，“劳动过程只表现为手段，价值增殖过程或剩余价值的生产才表现为目的”①。

在资本的统治下，生产劳动的概念缩小了，生产工人仅仅被当作使资本增殖的手段。马克思就此指出：“资本主义生产不仅是商品的生产，它实质上是剩余价值的生产。工人不是为自己生产，而是为资本生产。因此，工人单是进行生产已经不够了。他必须生产剩余价值。只有为资本家生产剩余价值或者为资本自行增殖服务的工人，才是生产工人……生产工人的概念决不只包含活动和效果之间的关系，工人和劳动产品之间的关系，而且还包含一种特殊社会的、历史地产生的生产关系。这种生产关系把工人变成资本增殖的直接手段。所以，成为生产工人不是一种幸福，而是一种不幸。”②

马克思对资本、资本主义生产及其实质和本性，不仅进行了全面彻底的科学考察与分析，也留下了穿云破雾的名句。他指出：“剩余价值的生产是资本主义生产的决定的目的”；“资本主义生产实质上就是剩余价值的生产，就是剩余劳动的吸收”；“生产剩余价值或榨取剩余劳动，是资本主义生产的特定内容和目的”；“资本主义生产过程的动机和决定目的，是资本尽可能多地自行增殖，也就是尽可能多地生产剩余价值，因而也就是资本家尽可能多地剥削劳动力”；“生产剩余价值或赚钱，是这个生产方式的绝对规律”。③ 当今的资本主义，不论在哪半球哪个国家，不论发达还是不发达，都没有改变这种实质和本性而变为令人称颂的圣物。

资本和资本主义生产过程当然地发展生产力、科学、技术等，而且比以往的时代更能发展。但是，资本“是发展社会生产力的重要关系”④，所发展起来的生产力、科学技术都属于资本，都成为巩固和增强资本的生

① 《马克思恩格斯文集》第8卷，人民出版社2009年版，第470、481页。

② 《资本论》第一卷，人民出版社1975年版，第556页。

③ 同上书，第257、295、330、368、679页。

④ 《马克思恩格斯全集》第46卷（上册），人民出版社1979年版，第287页。

产力。

“在机器上实现了的科学，作为资本同工人相对立。而事实上，以社会劳动为基础的所有这些对科学、自然力和大量劳动产品的应用本身，只表现为剥削劳动的手段，表现为占有剩余价值的手段，因而，表现为属于资本而同劳动对立的力量。资本使用这一切手段，当然只是为了剥削劳动，但是为了剥削劳动，资本必然要在生产过程中使用这些手段。”①

“社会的劳动生产力，或直接社会的、社会化的（共同的）劳动的生产力，由于协作、工场内部的分工、机器的运用，以及为了一定的目的而把生产过程转化为自然科学、力学、化学等等的自觉的运用，转化为工艺学等等的自觉的运用，……以及随之而来的科学这个社会发展的最一般成果在直接生产过程中的运用，——所有这一切都表现为资本的生产力，而不表现为劳动的生产力。”②

资本具有广阔巨大的能量，它把社会物质生产过程，把与这一过程相联系的一切社会条件，都变成它自己的权力，即它统治工人和生产劳动过程的权力。关于这一点，马克思写道：“从劳动的社会生产力中产生的、并由劳动本身创造的劳动的社会条件，不仅完全成为对于工人来说异己的、属于资本的权力，而且完全成为敌视工人、镇压工人、为了资本家的利益而反对每个工人的权力。同时我们看到，资本主义生产方式不仅引起形式上的变化，而且使劳动过程的全部社会条件和工艺条件发生变革；资本在这里不仅表现为不属于工人的劳动物质条件，即原材料和劳动资料，而且表现为同每一单个工人相对立的社会力。”③“资本越来越表现为社会权力，这种权力的执行者是资本家，它和单个人的劳动所能创造的东西根本没有任何关系；但是资本表现为异化的、独立化了的社会权力，这种权力作为物，作为资本家通过这种物取得的权力，与社会相对立。”④

现在对资本主义生产过程的内容做一个简明扼要的归结。“把资本主义生产过程联系起来考察，或者作为再生产过程来考察，它不仅生产商品，不仅生产剩余价值，而且还生产和再生产资本关系本身：一方面是资

① 《马克思恩格斯全集》第26卷（第一册），人民出版社1972年版，第421页。

② 《马克思恩格斯全集》第49卷，人民出版社1982年版，第83—84页。

③ 《马克思恩格斯全集》第47卷，人民出版社1979年版，第566—567页。

④ 《资本论》第三卷，人民出版社1975年版，第294页。

本家，另一方面是雇佣工人。”[①] 由此进一步概括地说，资本主义生产过程既是物质资料的生产过程，同时也是物质生产关系或社会经济关系的生产过程，是这两者的统一。

最后，还要指出，资本主义生产必然是世界主义的生产，它需要世界规模。

世界主义和世界规模，这追根究底是由资本、资本主义生产方式的本质与目的所决定的。具体些说，其原因主要如下：

首先，资本从而资本主义生产方式是以世界贸易为前提的。“商品生产和发达的商品流通，即贸易，是资本产生的历史前提。世界贸易和世界市场在十六世纪揭开了资本的近代生活史。”[②] 16 世纪以后逐步发展起了现代资本主义生产方式。

其次，对外贸易和世界市场是资本主义生产方式发展的必然逻辑。“资本主义生产建立在价值上，或者说，建立在包含在产品中的作为社会劳动的劳动的发展上。但是，这一点只有在对外贸易和世界市场的基础上才有可能”。“只有对外贸易，只有市场发展为世界市场，才使货币发展为世界货币，抽象劳动发展为社会劳动”[③]。而“在世界贸易中，商品普遍地展开自己的价值。因此，在这里，商品独立的价值形态，也是作为世界货币与商品相对立。只有在世界市场上，货币才充分地作为这样的一种商品起作用，这种商品的自然形式同时就是抽象人类劳动的直接的社会实现形式”[④]。

再次，对外贸易和世界市场是剩余价值规律发生作用的结果。“资本一方面具有创造越来越多的剩余劳动的趋势，同样，它也具有创造越来越多的交换地点的补充趋势…… 从本质上来说，就是推广以资本为基础的生产或与资本相适应的生产方式。”[⑤]“如果剩余劳动和剩余价值只表现在国民的剩余产品中，那么，为了价值而增加价值，从而榨取剩余劳动，就会受到国民劳动所创造的价值借以表现的使用价值的局限性或狭隘范围的

---

① 《资本论》第一卷，人民出版社 1975 年版，第 634 页。

② 同上书，第 167 页。

③ 《马克思恩格斯全集》第 26 卷（第三册），人民出版社 1974 年版，第 278 页。

④ 《资本论》第一卷，人民出版社 1975 年版，第 163 页。

⑤ 《马克思恩格斯全集》第 46 卷（上册），人民出版社 1979 年版，第 391 页。

限制。但是只有对外贸易才使作为价值的剩余产品的真正性质显示出来，因为对外贸易使剩余产品中包含的劳动作为社会劳动发展起来，这种劳动表现在无限系列的不同的使用价值上，并且在实际上使抽象财富有了意义。”①

正是由于对上述等原因以及其他情形的科学分析，马克思作出结论说：“资本主义生产，像基督教一样，本质上是世界主义的。”②“资本主义生产决不是以随便什么样的规模进行都行的，资本主义生产越是发展，它就越是不得不采取与直接的需求无关而取决于世界市场的不断扩大的那样一种规模。”③

马克思的这些分析和结论，完全可以使我们从根本上明白，为什么会有资本主义的竞争和垄断，为什么会产生列宁所揭示和阐明的帝国主义，为什么会有奔走于世界各地的跨国公司，为什么会形成由发达资本主义国家所主导的全球化，为什么会泛起“新自由主义”。

4. *既有发展成就和经验*

这一点，是当代资本主义经济发展的最直接的前提和最现实的基础。

前面所述的资本主义私有制，资本主义商品生产和商品经济，资本对社会生产过程的支配与统治，是资本主义的基础性构造，是这一社会的典型象征和它赖以发展的基本力量。所以，没有它们资本主义就不能存活。但是，它们本身都包含着矛盾，都有对立面；它们造成了资本主义的基本矛盾，并且是这一矛盾的现实根源和主导方面；它们的发展不是要消除资本主义基本矛盾，而只是使这一矛盾深化、展开或者变形。而所有这一切，又是建立在阶级矛盾、阶级对抗和冲突上面的。

因此，资本主义最为典型地表现为一种在矛盾和冲突中展现的历史运动。其发展既具有不可否认的创造性和建设性，又具有明显的破坏性和摧毁性。凡符合资本和资产阶级的利益和欲望的，就殚精竭虑地创造发展，凡与此不符的则千方百计加以破坏和摧垮；对待自然界是如此，对人类也是如此。资本主义对人类发展历程是不可避免的，但又是人类发展的双刃剑。资本主义进程及其面目之如此，使得它的任何发展、进步与成就，从

---

① 《马克思恩格斯全集》第26卷（第三册），人民出版社1974年版，第277—278页。

② 同上书，第495页。

③ 《马克思恩格斯全集》第26卷（第二册），人民出版社1973年版，第534页。

来就没有获得过单纯的性质和意义，从来就不纯粹，而且迫使人类为之付出了巨大的痛苦、牺牲和各种代价。

在资本主义崛起的两百多年时间里，它极大地发展了人类生产力、科学技术、物质文明和精神文明，产生了以往人类历史上任何一个时代都不能想象的工业力量，造成了人类工业化、城市化、现代化的普遍运动。但是，它从来没有摆脱周而复始的经济危机，没有摆脱阶级对立和斗争，不能克服财富与贫困的并存和同时增长，不能克服人们的社会关系的物化和异化，而只是在各种形式的变换中发展了这些。资本主义社会从来都是在其基本矛盾的压力和冲击下，时而步履蹒跚，时而疯狂奔跑地前进的。资产阶级从来没有造成一个健康、健全的社会，所造就的从来都是残缺的和病态的社会。

关于资本主义社会的发展、进步以及成就等，我们如今仍然可以听到马克思曾抒发的极为深刻理智、放射人性光辉、充满人类关怀的历史情感的回声："在我们这个时代，每一种事物好像都含有自己的反面。我们看到，机器具有减少人类劳动和使劳动更有成效的神奇力量，然而却引起了饥饿和过度的疲劳。财富的新源泉，由于某种奇怪的、不可思议的魔力而变成贫困的源泉。技术的胜利，似乎是以道德的败坏为代价换来的。随着人类愈益控制自然，个人却似乎愈益成为别人的奴隶或自身的卑劣行为的奴隶。甚至科学的纯洁光辉仿佛也只能在愚昧无知的黑暗背景上闪耀。我们的一切发明和进步，似乎结果是使物质的力量成为有智慧的生命，而人的生命则化为愚钝的物质力量。现代工业和科学为一方与现代贫困和衰颓为另一方的这种对抗，我们时代的生产力与社会关系之间的这种对抗，是显而易见的、不可避免的和毋庸争辩的事实。"① 而今天，如果不去斤斤计较于事物的外部表现和社会生活的表面现象，而深入其内部和深处，那么请问，当代资本主义的存在和发展是否根本改变了这种状况？或者已变得与此完全不同了呢？人们既然研究当代资本主义，那就必须这样发问。

到帝国主义发动的摧残人类的第二次世界大战结束，从资本主义本身来说，它所取得的基本历史成就概括起来如下：

（1）建立和巩固了资本主义私有制，适应生产力状况创新了资本主

---

① 《马克思恩格斯文集》第2卷，人民出版社2009年版，第580页。

义私有制的某些实现形式。

（2）继蒸汽技术革命、电力技术革命之后，发动和推进了第三次科技革命，因而物质生产力发展到更高的水平。

（3）商品生产和商品经济经历一次又一次大大小小的经济危机和社会危机，愈加站稳了脚跟，生命力焕发新的生机，并逐渐向其高级形态即市场经济迈步；而作为社会物质产品生产的形式和体制，也从自由放任的无政府状态渐渐走向宏观调控。

（4）资本的积累和统治力量更为巨大，金融资本的地位与作用空前上升，整个社会状态在由私人垄断资本主义向国家垄断资本主义转变，资本主义生产方式更为稳固，并获得了新的发展条件。

（5）发达或早起的资本主义国家，普遍实现了工业化、城市化、生产的社会化，其中美国还在第二次世界大战中实现了农业的现代化。

（6）资本主义的国家制度、民主政治制度、法制体系，虽然经历了一次次危机，特别是经受了无产阶级斗争或革命的冲击，但总体和根本上是稳固的，其统治力量也趋于增强。

（7）资产阶级在长期的巩固私有制、发展商品经济、拓展资本主义生产方式、对付无产阶级和其他劳动阶层、应对经济危机和社会危机的复杂过程中，刷新了形式，丰富了策略，增添了手段，积累了经验。

（8）美国牵动其盟国即主要资本主义国家，于 1944 年创建了布雷顿森林体系，它包括国际货币基金组织、世界银行、关税与贸易总协定等，旨在推行自由贸易，维护战后金融秩序和经济秩序，实际上确立了美国等发达资本主义国家在战后世界经济发展中的主导和统治地位。

上面概括的这些成就，在人类发展的长河中，显示着特定的和复杂的历史意义。

首先，这些成就表明，资产阶级和资本主义以其特有目的、手段和发明创造，把人类生存状态带到了一个前所未有的高度和发展时代，因而为新的更高类型的社会形态的出现创造了物质前提。但它们本身确证和巩固的只是资本主义制度，即以资本剥削雇佣劳动为基础的社会制度。

其次，这些成就是资本和资本主义本质的体现，是其奉行的“物竞天择，适者生存”的生存斗争法则的产物和逻辑证明，因而预示了此后的资本主义世界必然呈现“中心—外围”格局和状貌。

再次，这些成就对于新生的社会主义制度，表现为发展上的巨大时间差和物质力量上的强大优势，是资本主义遏制和挤压社会主义的基本凭借和现实力量，并会使社会主义在一些情况下处于有事难办、有理难辩、有志难展的境地。而怎样吸取其中的有益成分与合理因素，则在相当长的历史时期内都是一个复杂的和动态性的难题。

但是不管怎样，当代资本主义就是在这些成就的基础上向前发展的。整个发展过程的主动脉，就是资本主义私有制、资本主义商品生产和市场经济，以及资本的统治。这种发展所取得的成就并没有什么神秘性，因而也是不奇怪的。

二　新科技革命与生产力的飞跃

这里所称的新科技革命，包括 20 世纪 40 年代资产主义国家兴起的以原子和电子技术为主要标志的第三次科技革命——这使人类进入了原子和电子时代、自动化时代，也包括 20 世纪 70 年代中期兴起至今的高新科技革命（有人称之为第四次科技革命）。

新科技革命所具有的多重历史意义，可以概括如下：首先，它促进了发达资本主义国家生产力的高度发展和质的飞跃，从而使之由工业化社会进入了后工业社会和信息社会，使社会有机体发生了全面、系统的变化。其次，它最为典型和充分地表明了当代资本主义的生命力和创新能力，因而也从这个方面说明了资本主义为什么能够继续存在并支配人类。再次，它作为同资本主义生产过程一直相联系并相互促进的社会历史现象的发展，以更加横广的事实和新的面貌—技术—科学，到科学—技术—生产之间逻辑关系的形成及其转换的必然性，证明了人类已不可逆地进入了科学技术成为第一生产力的发展时代。最后，它作为空前强大的浪潮几乎涌动于世界各地，它的各种成果的世界性的流转，大大促进了人类科技进步和生产力的发展，使人类生存发展面貌进一步改变。

1. 新科技革命的内容、特点和成因

第二次世界大战后兴起并发展至今的新科技革命，所涉及的领域之宽广，对社会生产、经济、政治、文化以及人的发展的作用与影响之巨大和深远，都是空前的和既难以低估又难以尽述的。这里将其主要内容略示如下：

（1）电子技术。这项技术是新兴科学技术的核心部门，又是各种新兴科技中发展最快、运用最广的技术。电子技术最突出的成就表现在电子

计算机的发明、运用、更新换代之中。电子计算机是20世纪最伟大的科学技术发明之一，它与电工技术等携手共进，促进了物质生产过程中的自动化。在目前，新科技的开发和传统经济部门的改造，都已离不开电子技术。

（2）通信技术。电子技术为信息技术提供了基础，通信技术则构成当代信息技术的关键。没有通信技术的发展，便不可能有现代化社会亿万信息的传播和运用，也就不会有信息社会的出现。正是由于电子技术和其他新科学技术如微波技术、光缆技术、卫星技术等的发展与结合，使现代通信手段已越来越多，并使信息的传播容量大、质量好、覆盖面广、快速灵活和安全可靠，而且还具有图文传真、电视电话、会议电视、翻译电话等许多形式与功能。目前，光缆通信正日益成为现代化通信的主要支柱。理论上，一个光波通道上可同时通过上亿路电话或10万路电视。目前的实际运用中，一根光缆比电缆通信的路数多出100倍，传输距离要更远10倍，且不受电磁干扰。

（3）信息技术。这项技术包括以计算机技术为主的信息处理技术、信息传输即通信技术，以及信息存储技术。如今，光导纤维通信和微电子的结合，已把人类带入新的信息化时代。而信息产业作为新一代生产力的代表，已经成为促进人类世界由工业经济向信息化经济过渡的先导产业，并支持着以信息化经济为主体的信息化社会。

（4）新材料技术。这项技术是通过科学方法制造出替代纯天然材料的技术。它现已发展为以现代科学理论知识为基础，以最先进的技术和工艺为手段，研制最新材料的高科技群。各种新材料的涌现，减轻了人类对天然资源的依赖，使各种高科技产品的研制和开发成为可能。在新材料技术中，目前发展最快且最有前途的是信息材料、复合材料、新能源材料。

（5）新能源技术。这是指同利用煤、石油、天然气等化石资源相区别的新能源材料开发技术。这项新技术趋于成熟的有三种：一是核发电技术或核电工业；二是非化石能源，包括太阳能、生物能、风能、海洋能、地热能、潮汐能等的开发利用；三是可控核聚变的研究，它的原料的主要成分氘，在海洋中含有20多亿吨，可供人类使用数十亿年。

（6）海洋工程技术。海洋占地球总面积的77%，不仅含有非常丰富的生物和矿物资源，而且海水总量是地表淡水总量的39倍，为海水淡化提供了物质基础。目前海洋工程技术已包括了海洋能源、海洋养殖、海洋采矿、海水淡化、海洋化学等专门领域。其中尤以海洋采矿具有非常诱人的前景，而石油、天然气、锰结核、热液矿床被称为海底“四大矿源”。海底石油和天然气开采早已形成巨大的行业，世界上已有40多个国家在进行这方面的生产。由于科学技术的进步，人类已经很重视对海洋的开发和利用。有人认为，人类未来活动的广阔天地将由陆地转向海洋。

（7）空间工程技术。这项技术包括人造卫星、载人飞船、运载火箭等在内的宇宙飞行器的研究和制造，也包括各种宇宙飞行器在气象、资源、生命等各个科学领域的利用，是探索、开发、利用太空以及地球以外的天体的高度综合性科学技术。其意义又在于不断地开拓和扩大人类生产和经济活动的范围，使之由地球的有限疆域发展到广阔无限的宇宙空间。在这项技术中，人造地球卫星的发射应用，载人宇宙飞船和航天飞机上天，行星探测，空间材料加工和空间工业化，具有巨大的科学、经济、军事上的意义。

（8）生物工程技术。这项兴起于20世纪50年代的技术，是生命科学与现代科学技术相结合的产物，它运用工程的方法对生命系统进行作用，以求实现利用生物机能造福于人类的预期目的。发展中的生物工程技术，目前主要包括基因重组技术、细胞融合技术、红细胞培养技术、生物反应技术、发酵技术等方面。基因重组技术，又称遗传工程，就是根据生物的遗传特征，采用类似工程设计的方法，以一种生物细胞的基因替换另一种生物的基因，使基因转移和重新组合，从而达到改变生物性状和功能的目的，甚至于使人类能按照需要创造出新的生物种类。生物工程技术在发达资本主义国家已形成一个新兴的产业。中外一些科学家甚至认为，21世纪是生物工程的世纪。

与以往历次科技革命相比，新科技革命具有自己的特点。它们主要如下：

首先，新科技革命是以自然科学理论、科学技术理论的巨大发展和突破为前提和基础的。这是至为重要的一个特点。虽然第一次科技革命有牛顿力学和热力学，第二次科技革命有电学为理论基础，但理论突破与技术创造和实际应用两者之间，不仅关系不很直接，而且间隔甚长，许多技术发明都是能工巧匠在长期实践经验和知识积累基础上的独创。在导致新科技革命发生发展的基础理论中，最主要的是发生于20世纪初的物理学革命，其突出标志则是爱因斯坦的相对论和普朗克的量子论，物理学由此而建立在了新的理论体系上。从此，人类对物质、能量、时间、空间、运动、因果关系的认识都产生了根本性的变化。这进而导致了各自然学科领域和技术学科领域的重大突破，从而极大地掀起了新发明、新创造的浪潮。如若没有科学技术理论的重大突破从而带动，今天的科学技术高速向前发展的局面是根本不会出现的。

其次，新科技革命涉及了科学技术的几乎所有领域，因而使科学技术发展及其影响具有空前的广泛性。在新科技革命中，现代科学技术不只是在个别科学理论、个别生产技术上获得了发展，不只是有了一般意义上的进步和革新，而是在几乎各门科技领域都发生了深刻的变化，出现了新的飞跃，而这些高科技向社会生产的转化越来越快，在经济发展中的作用越来越大。现代科技及其发展还深入到了农业、工业、能源、交通、办公、服务以至生态环境等人类生活的各个方面，因而对社会的经济、政治、文化和生活方式的改变和影响是空前全面与空前深刻的。我们甚至可以说，离开了今天的科学技术及其成果的运用，人类社会已无法运转。

再次，新科技革命已使科学技术成了第一生产力。这不仅因为新科技革命大大缩短了科学技术转化为生产力的过程，而更重要的是因为：新科技革命使科学技术与现代生产力系统已经融为一体，使科学技术广泛而深入地渗透到生产力系统的宏观和微观层次，渗透到生产力系统的外部环境之中，从而成为生产力中最活跃的因素和主要源泉，发挥着开辟道路、决定水平、确定方向的作用。科学技术由此成为第一生产力，即最重要的生产力。

最后，新科技革命造成一批产业群的出现，使旧的产业部门得到深刻改造，从而使发达资本主义国家产业结构发生了很大变化。在战后的经济高速增长时期，石油化学工业作为一个新的产业群起了重要作用。随着新科技革命特别是高新科学技术的发展，出现了电子工业、光学工业、原子工业、生物工业、海洋工业、宇航工业、防灾工业等一大批新兴的产业部门。以电子技术为核心的控制系统在生产力的发展中越来越重要，并为完全自动化的生产开辟了道路。新科技革命的发展，已经使新产业部门与旧产业部门紧密结合在一起：新产业部门以传统工业为其发展的主要依托和市场，旧产业部门则依靠新产业部门进行技术改造而焕发新的活力。这种情况下，特别是新产业群的出现，使产业结构逐步升级，国民经济结构更趋合理化，面貌大大改变。

新科技革命所以发生发展的原因主要如下：

第一，20世纪以来科学技术知识长期积累的必然结果。导致第三次科技革命的理论基础和前提，实际上是由长期积累下来的科技知识，特别是自然科学理论发展所奠定的。例如，二战以后控制论、自动化、原子能的工艺应用，就是由量子论、相对论的提出为基础的。二战时和战后出现的雷达、太空飞行、火箭技术、遗传工程技术、现代塑料技术等发明和发现，都是以20世纪初或二战期间出现的相应的科学试验、发明或发现为前提的。简而言之，科技知识的长期积累，以及基础理论上的重大突破，必然导致新科技革命，这完全符合科学技术发展进步的内在规律。

第二，二战后重建和振兴资本主义、对抗社会主义的内在需要。二战结束后，许多资本主义国家，特别是西欧和日本，急需在废墟上恢复生产，重建国民经济和社会生活，进而重振和发展资本主义；而同时，它们在美国的牵动下又要对抗和封锁新生的社会主义国家体系。这样，资本主义发展科学技术和推动新科技革命便有了以往不曾有的现实动力和动机。这也正如恩格斯所说："科学的产生和发展一开始就是由生产决定的。"① "社会一旦有技术上的需要，这种需要就会比十所大学更能把科学推向前进。"② 以往的历史事实——资本主义生产方式和大机器生产建立之后，才产生了只有用科学方法才能解决的实际问题，也第一次把物质生产过程变为科学在生产中的应用，从而科学技术越来越广泛深入地转化为生产力——不仅塑造了尊崇科学的传统，而且使资产阶级深深明白，科学技术一直在促进资本主义发展，使他们由此不断受益。而现在和将来，必须用科学技术进一步巩固和发展资本主义；另外，必须用科学技术上的优势去对抗和征服社会主义。

第三，垄断资本加剧竞争的促进作用。列宁早就明确指出："从自由竞争中成长起来的垄断并不消除竞争，而是凌驾于竞争之上，与之并存，因而产生许多特别尖锐特别剧烈的矛盾、摩擦和冲突。"③ 残酷的竞争驱使资本家去改进技术，降低成本，发明创新，出奇制胜，以攫取更多更高

---

① 《马克思恩格斯文集》第9卷，人民出版社2009年版，第427页。

② 《马克思恩格斯文集》第10卷，人民出版社2009年版，第668页。

③ 《列宁选集》第二卷，人民出版社1972年版，第807—808页。

的利润，充实自己的实力，巩固和扩大自己的地盘。在加剧的竞争中，谁掌握了最新的科学技术，谁就有了制胜的法宝。垄断资本家从来都离不开、反而有求于科学技术，因而总要不断努力去促进科学技术的进步与发展。同时，垄断资本和垄断企业攫取的高额垄断利润和积累的巨额财富，也使它们有能力这样做。这种情形最为突出地表现在电子技术和集成电路的研究和发展上。在20世纪50—80年代，企业用于科技研究方面的经费，美国增加了22倍，联邦德国增加了83倍，其他主要资本主义国家都有大幅增加。由于激烈竞争，从而由于科技研发上的高投入，结果便是科技日新月异的进步和发展。

第四，国家垄断资本主义或资产阶级国家的努力推动。在当代，科学技术的研究越来越社会化。许多科学技术研究需要投入越来越多的人力、物力和财力，并承担着渐趋增大的风险，因而往往超过了个别资本甚至垄断资本集团的承担能力。各种科学技术之间的相关性也越来越广泛和密切，某一方面的科学技术的新发展，往往需要许多相关部门的相应发展和支持。这样一种状态和局面深刻表明，如若没有国家在各方面的支持，科学技术的深入持续的研究和进一步发展是很难想象的。而国家垄断资本主义的形成和高度发展，则在很大程度上适应了科学技术发展在这方面的需要。资本主义国家从这方面给予的支持和推动主要有：为科技发展提供大量经费，如美国政府到20世纪90年代把科技研究与开发经费提高到第二次世界大战前的10倍；通过普及教育、提高高等教育质量、培训职工等，为科技发展提供大批高素质的科技人才；组织科技研发活动，协调科技事业，甚至制定全面的科研规划；促进科学技术转化为生产力的各种机制的形成和完善；推动国际科学技术交流，促进科学技术研究上的国际合作。所有这些，都从特定方面推动了科学技术的进步和发展。

第五，资本主义国家竞争发展的效应。在当代资本主义世界，垄断资本之间的国内与国际竞争，国家垄断资本之间的国际竞争，资本主义国家尤其是其发达国家之间的竞争，其激烈和复杂程度，是以往任何时期无法比拟的。激烈而残酷的竞争，依然是高悬于垄断资本、垄断资产阶级、资本主义国家头顶的利剑。这样的竞争，在很广很深的程度上表现为科技上的竞争，并且归结为国家间的科技竞争。对于任何一个资本主义国家来说，占领科学技术的制高点，或者在当代科技发展中占有一席之地，就意味着获得或巩固了其在当今人类世界的重要权力。而对于许多资本主义国家来说，如果能够在竞争中跟上科技发展进步的潮流，就已经是幸运的了。当代资本主义国家之间的科学技术竞争从未中断过。而其中影响重大和深远的竞争则是20世纪80年代美国、日本、西欧之间在高新科学技术方面的竞争。那时，美国推出和实施了“星球大战计划”（它起因于和苏联进行军备竞赛，但也带动和促进了科学技术的全面发展进步），日本推出并实施了“第五代计算机计划”，西欧各国共同推行了“尤里卡计划”。通过这些计划的实施和由此展开的竞争，有力地推动了高新科学技术的迅猛发展。而资本主义发达国家由此进一步掌握了人类科技进步的主导权。

2. 生产力的质的飞跃

由于新科技革命的根本推动作用和空前深刻广泛的影响，当代资本主义的社会生产力不仅有了重大而全面的发展，而且发生了质的飞跃。这在发达资本主义国家是最为突出的。

所谓当代资本主义的社会生产力发生了质的飞跃，是指整个社会生产体系发生了根本性的变化。社会生产体系的变化，包括生产力各要素的变化，也包括生产力的结构、组织形式、管理方式的变化，因而使整个社会生产的面貌大大改观。表明这一点的客观情形主要是：科学技术已越来越多和越来越快地转化为直接生产力，它本身已成为了第一生产力；社会再生产已由外延扩大向内涵发展而转变，并逐渐以后者为主；生产社会化程度进一步提高，进入了国际化阶段；社会生产的巨大物质财富已经使非物质生产部门空前发展，使人们的文化生活和精神生活有了更高程度的丰富和满足。

本身已发生了质的飞跃发展的生产力，当然具有了不同以往的新特点：（1）它使资本主义的机器大生产进入了自动化阶段；（2）它使脑力劳动之于生产力发展愈趋重要；（3）它要求物质生产劳动者的科学文化知识素养必须不断提高；（4）它使劳动分工进入了一个新的境界；（5）它使人类的生产与生活在某种程度上突破了自然资源的界限。所有这些特点也就是质的飞跃发展以后的生产力的性能或能量，而这两者是不能截然分开的。

把生产力发生质的飞跃发展主要归因于新科技革命，这用一句话来说，是由于科技革命已成为推动生产力发展的决定性因素。具体地说，其根据主要有：（1）新科技革命促使劳动资料、劳动对象发生了深刻和巨大的变化，促进了劳动者多方面的发展进步，因而为生产力的飞跃奠定了最根本、最坚实的基础；（2）新科技革命导致新兴工业部门迅速涌现和发展，扩大了生产领域的广度和深度；（3）新的科学技术使传统工业部门不断得到改造，从而大大提高了劳动生产率；（4）新科技革命促进了当代资本主义国家的产业结构调整，使之向更高层次发展；（5）新科技革命造成的科学技术的广泛进步，促进了社会分工向广度和深度发展，从而大大推动了社会生产力的提高。总而言之，单靠生产力自身的量的积累，甚至加上资本积累规模迅速扩大的作用，而如若没有新科技革命的发生和发展，当代资本主义的社会生产力根本不可能产生质的飞跃发展。实际上，资本积累的扩大，绝大程度上得益于新科技革命，是新科技革命成果的资本主义利用的结果。

按照现今通常的估计，当代资本主义国家劳动生产率的提高，约有85%是依靠科技进步而实现的。据世界银行1991年《世界发展报告》的估算：美国科技进步对经济增长的贡献，1948—1973年占33%，1975—1985年占40%；日本科技进步对经济增长的贡献，1956—1964年占48.5%，到20世纪80年代提高到约60%。此外，一个普遍性的事实是，当代发达资本主义国家的经济快速增长主要不是由于参加工业劳动的人数的增加，而是由于工人劳动生产率的提高。有资料表明，西方16个国家简单平均合计，其劳动生产率在1950—1973年间年均增长4.5%，大大高于1870—1913年间的1.6%和1913—1950年间的1.8%的年均增长率。所有这些比较集中和有力地表明，当代资本主义国家社会生产力的高度发展、劳动生产率的提高、经济增长的加快，都主要源于新科技革命。

当代资本主义世界的新科技革命及其延续，不仅显示了多重历史意义，而且产生了多样性的社会后果。而其根本性的意义和结果，则是推动并造成资本主义的社会生产力发生了质的飞跃。社会生产力是人类社会赖以存在的根本物质基础和不断向前发展的决定性力量，是劳动者与生产资料相结合而创造物质财富的现实力量。因此，当代资本主义的社会生产力如此高度的发展，以至达到质的飞跃发展，这完全可以看成惊人的历史事变。这不仅会给资本主义注入新的生命力和不可低估的活力，而且必然对社会主义和人类总体进程产生深刻的和多方面的影响。这些暂时还不是我们要关注的焦点和叙写的内容。由上面所述我们完全可以明白，当代资本主义经济的发展，是以科技革命和生产力迅猛发展为基础的，也是与它们同步的。

三　生产劳动过程的一般发展变化

当代资本主义经济的发展，应被合理地理解为生产劳动过程的发展及其结果。前者根植于后者之中，后者的运动变化使前者得到表现。因此，考察分析当代资本主义生产劳动过程的发展变化，构成理解其经济发展的基础。马克思不仅第一次将资本统治下的劳动过程的分析置于科学的基础之上，而且为我们今天的研究提供了几乎所有重要的概念与方法。我们这里只简要考察当代资本主义主要而典型的生产劳动过程，即工业生产劳动过程。农业生产劳动过程，由于按照工业的情形来进行和经营，而且越来越工业化了，我们把它撇开。以工农业生产劳动为基础的第三产业，具有根本不同的性质与特点，其比重虽不断上升，但不论如何都不能成为经济构成的基础，我们不在此讨论。

1. 福特制生产组织

当代资本主义的生产劳动过程，首先表现为福特制占统治地位、具有典型意义和必然性的过程。生产自动化，产品标准化，流水线作业，大规模生产，这就是福特制或福特制生产方式。这种生产方式，从1913年确立到20世纪70年代，一直统治着许多发达国家的很多生产部门。

从资本循环的角度分析，福特制生产组织的劳动过程和基本特征如下：

第一阶段，以大量资本购买生产工具和劳动力两种商品。生产工具只是功能单一、需要大量原材料和能源供应的大型机器。由于规模经济的需要，许多投入品在生产组织内部生产出来，从而实现了生产的纵向一体化。不过，一些原材料和零件还须由其他生产组织供应。这里的原因首先是，1946年以前除福特公司以外，没有任何生产组织实现完全的一体化，因而存在生产原材料和零件的厂商。其次，原材料和零件供应商之间的竞争，使制造商可以通过市场获得低价原材料和零件而降低自制成本，而且有利于经济衰退时通过减少购买保持自身生产稳定。

第二阶段，生产工具和劳动力结合从而展开劳动过程，生产出新的商品。这种劳动过程，就是用功能单一的机械设备使标准化产品以大规模生产持续实现的过程。由于单位成本随产量的增加而下降，因而形成尽可能延长产品周期的趋势，同时，专用性机器转换的高成本又强化了这种趋势。在寡头竞争的格局中，生产组织在国内市场面临的竞争相当有限，因而能够通过延长产品周期和制订长期计划来进行高成本和费时的流水线转换。可预测的产品生命周期增强了需求的稳定和市场的统一；反之，后者又促进了产品周期的增长和可预测性。

与生产过程相适应，管理部门控制的劳动过程根据流水线来安排，每个工人反复进行一项特定的操作。对劳动过程的控制和管理，通过由高层和中层管理组成的庞大的科层组织机构来实施。福特制的鼎盛时期是和计算机时代的第一阶段相适应的。从20世纪50年代生产组织开始引入用于数据处理的大型机，以主机为基础的等级制信息处理形式，适应了福特制集中式指挥和控制的组织结构。计算机的信息处理没有改变福特制生产组织的内部分工，组织上的障碍使数据处理分成设计、制造、营销、行政部门，每个部门均有自己的数据库。为了稳定流水线作业的劳动过程，原材料和零件、半成品、劳动、产成品被储备起来，以防备万一供应商的供应中断，后面的生产过程发生问题，劳动力不足以及销售商的突然订货。

第三阶段，新生产出来的商品出售，获得比初始投资更大的价值或更多的货币。随着生产周期的延长，标准化商品的大规模生产，引起单位成本下降，导致商品价格下降，因而使大规模消费市场得以形成。劳资关系的制度化在各类工人工资定期增加这点上起了主要作用。一旦工资增长，福特制生产组织凭其寡头地位可以将工资增长的成本转嫁给消费者，而高价格又导致新一轮的工资增长。这样，大规模生产和大规模消费也就大体保持一致，并得以维持。

福特制生产组织的核心思想，是通过输入、加工、技术、输出等因素的稳定和对它们的协调而保证生产过程的效率。它在相当长的时间内获得了巨大的成功，攫取了稳定而丰厚的价值增殖。但为稳定生产过程的高效率却使之具有一些内在缺陷。我们只说基本的。

第一，单一功能的机器设备需要较高的能源供应，能源价格的提高则使生产组织付出更大的成本。第二，为了稳定劳动力的供应，劳资双方定期通过集体谈判来提高工资不断增加劳动力成本。第三，为了防止投入供应的波动和影响生产的稳定，福特制生产组织以投入存货形式进行大量储备，增加了不变成本。第四，功能单一的大型机器设备需要很多的固定资产投资，而一旦有必要转换它们，则要投入新的固定资本和中断相当长的生产时间，因而提高了资本循环成本。第五，流水线作业分工使工人成了低技能可互换的劳动力。这一方面使工人仅仅执行工作，通常无力于改善作业活动；另一方面工人被当作可互换的零件使工人日益不满，导致了消极怠工甚至破坏机器，从而降低了效率。第六，为防止生产中断，需要各工序保证一定数量的在制品库存以满足最后维修的需要，增加了库存成本；而最后阶段的检验，增加了质量校正时间、循环成本、劳动力成本和空间费用，从而延长了周转时间。第七，科层式组织结构和管理活动增加，导致管理机构不断扩大，相应地增加了管理活动等非生产费用。第八，对标准化产品和延长产品周期的需要，意味着尽可能不要进行生产方法、设备的更换与调整，从而阻碍并削弱不断改进产品和工艺过程的能力。第九，在大规模生产及其发展过程中，价值实现部门的主要职能是向统一的市场销售低成本的标准化产品，以形成稳定的需求，而不是为消费者服务，因而必然忽视消费者的非标准化需求；而标准化产品的需求一旦饱和，福特制生产组织则必然面临产品销售的根本难题。

由上可知，特别是从资本循环各阶段的情形来看，福特制生产组织存在严重缺陷。一旦外部市场条件发生变化，这些缺陷就暴露出来。20 世纪 60 年代中期至 80 年代初，一系列的偶然事件导致的外来冲击，福特制大规模生产发展所带来的一系列变化，改变了福特制生产组织的外部条件。于是，在全球资本主义体系内，出现了通胀、失业、停滞、利润率全面下降的“福特主义危机”。这预示着当代资本主义生产劳动过程的典型形态，必将发生转换和改变。

2. 丰田生产方式崛起

这里撇开丰田生产方式产生的内外条件以及诸多细节，而着眼于它对当代资本主义生产劳动过程的重大发展和影响来论说。

对于战后日本的丰田公司来说，如何以低成本生产多品种、小批量的汽车，是迫切需要解决的问题。单件生产方式和福特制的大规模生产方式不能实现这一目标，是一目了然的。经过 20 多年的摸索，丰田汽车公司的总工艺师大野耐一创造出了一种新的生产方式即丰田生产方式。这种生产方式既包括公司内部生产过程、汽车设计和开发方面的创新，也包括与零件供应商的关系和销售等方面的创新。

丰田生产方式的核心思想源自丰田喜一郎对浪费现象的极端厌恶。他和大野耐一参观福特工厂时，发现流水线作业存在巨大的浪费现象，因而铁心排除一切浪费，以减低成本和提高生产率。他认为，削减浪费关键在于削减过剩人员，而这首先要使作业人员的“等待时间”变得谁都看得清楚。由此才能重新调配作业和减少冗员，进而抑制生产过剩。这样一来，按全部工序和销售产品的速度同步地制造产品，便成为丰田汽车公司的中心问题。丰田喜一郎提出了“及时生产”的概念，即对必要的物品，在必要的时候，供应所需的数量。大野耐一则从美国超级市场的物流管理中获得启示，确信从相反方向来安排工序的流程，就可能实现及时生产。他由此规定：每道工序的人手按照必需的数量，在必要的时候，到前工序领取所需的零件；前工序只补充被生产流程取走的那部分零件。这便是所谓的“拉动方式”。

围绕着“拉动方式”，大野耐一又发明了一些解决相关问题的办法。为了实现拉动方式中的信息传递，他采用了写有所需部件的型号和数量等的“看板”工具。为了应对异常情况发生时，生产线停顿以防止不合格产品的产生，他设计出一套简单的限制开关和通过或不通过的办法，装好零件后机器即可自动完成工作。采取产品多样化的“均衡生产”，使最终装配线每天遵循循环时间、以均衡的数量制造各种产品，从而使各子装配线上生产零件领取量的不均衡削减至最小程度。为了缩短最终工序多样化的均衡生产造成的频繁的作业转换时间，采用装备有通用性、性能灵活的设备进行快速的换模作业；这既利用了工人的闲置时间，又省去了大量库存零件的积压，避免了冲压过程中产生不合格的零件。为了缩短作业时间，进行“一个流”的生产和搬运（指单个作业人员在各工序依次操作各种设备），以培养多技能工人、合理布置设备、实现标准作业为基础，通过多技能工人的团队合作来实现。由此实现了省力化、省人化和少人化，达到零库存、零缺陷和零浪费，最终达到了降低过剩人员、设备和库存的目的。

丰田生产方式的关键，是把最大量工作任务和责任转移到真正为汽车起增殖作用的生产线上的工人身上，通过多技能工人的团队合作来消除浪费。它的实质则是，通过工人劳动概念与执行的重新结合、工人团队的合作、工人的职务流动，打破科学管理或福特制内部僵化的、以垂直命令为核心的严格分工体系。多技能工人的团队合作，工人在各团队之间的流动，使劳动者分工与劳动分工并不完全一致，从而呈现出动态结合的网状形式。但是，团队合作仍然是建立在劳动分工的基础上的。

丰田生产方式强调的小批量、多品种实际上是生产弹性，即适应内外部需求的能力。这不排斥对计划的需要，反而使生产计划所要求的精确性被大大提高。在丰田生产方式中，并非一个批量就是一个产品，各种产品间也并非完全不同。这就要求开发、采购、制造乃至销售环节，都具备足够的专业化技能和科学设计，意味着所有这些环节相对同步。这些都需要各个职能单位的高度配合和计划的充分严密性。这就是说，丰田生产方式的灵活多变从来都是高度有序的，而计划更多地变为由变动的市场需求来控制。

经过持续不断地推行丰田生产方式，丰田汽车公司以较少的劳动力、设备、场地投入和较短的时间，实现了生产多品种、小批量汽车的目标。同时通过主动销售（即把销售商纳入生产体系，把消费者吸收进产品开发过程，从而在汽车总装厂、销售商和消费者之间建立起长远的甚至终身的关系），给消费者提供确实需要的汽车，在各个方面都取得了很高的业绩。

20世纪70年代石油危机以后，其他日本公司开始模仿丰田生产方式，提高了日本在钢铁、汽车、电器、精密设备生产等行业的国际竞争力，并开始开拓北美和欧洲的细分市场，逐步提高这些行业在北美市场的份额。这引起了美国社会各阶层的重视，美国有关学术界和实业界终于认识到竞争根源于一种新的生产方式，并将之定义为“精益生产”。一些生产组织开始进行内部业务过程重组，向精益生产转变。

3. 大规模定制

到20世纪80年代中期，在产品的质量和销售服务、产品开发等领域，美国公司已经不再被认为是世界的领头羊。这时，对美国福特制生产组织来说，关键是如何将大规模生产和品种多样化结合起来。在吸收日本“精益生产”思想的基础上，并结合信息技术尤其是弹性制造系统，美国加工装配工业、IT设备制造、个人用品、电子制造、连续加工工业中的食品、钢铁、化工等行业，在20世纪90年代中期以后，逐渐形成了大规模定制的生产组织。

以大规模生产的效率和速度，长期持续地为单个消费者或小批量多品种的市场定制设计、生产任意数量的产品，这就是大规模定制生产。它必须解决的关键问题是，既要生产外部多样化的产品，又不能因产品多样化而导致额外的成本和时间的延长。为在提供多样化产品方面具有竞争力和获得更多的价值增殖，生产组织必须能够适应外部市场需求的多样化，同时减少多样化带来的成本。为降低多样化产品的成本，大规模定制生产组织首先将产品内部多样化或复杂性降至一定程度，以能够弹性地制造产品。而减低产品内部的复杂性，可以通过对零件、材料、工具、特征、工艺过程进行标准化来实现。在降低产品内部多样化的基础上，一方面通过产品设计，最大限度地进行基本件和可选零件的不同组合即模块化来实行多样化；另一方面，为降低切换作业时间，在缺乏多技能工人的条件下，采用程序控制的多功能机床、车床和其他机器在通用性的材料上进行定制。这两方面可以保证产品适应消费者外部多样化的需求。在此基础上，模仿丰田生产方式的及时生产、全面质量管理思想，少量多技能工人借助于 FMS（弹性制造系统）进行“一个流”生产的团队协作。

20 世纪 90 年代中期以后，大规模定制生产组织在内部业务重组的基础上，利用信息技术进一步将生产计划、物质需求、成本核算、营销管理、市场策略进行统一设计和有关集成，实施企业资源计划（ERP），加强内部流程的信息传递和库存管理。网络技术的发展与应用，使生产组织开始凭借新的技术手段详细地追踪消费者的行为，控制供应商的零件和材料供应。

大规模定制生产组织，是在吸收精益生产思想并结合信息技术的基础上产生的，因而在许多方面与福特制生产组织明显不同。在直接生产过程方面，福特制条件下严格的简单劳动分工被打破，实现了多技能工人与 FMS 相结合的团队协作，某些辅助性工作被外包给专业公司或临时工人。在研究开发方面，交叉职能并行开发团队，打破了设计、生产、销售等职能部门间的横向分割，不断快速地进行技术创新及其应用。在管理决策方面，借助于分布式的客户机服务器方式，决策信息可在同一层次快速传递和共享，决策权直接由作业层自主掌握，高层管理部门通过集成系统直接掌握作业层的基本情况，这使过去传递信息、命令和监督的中间环节成为多余。同时，办公室日常工作的外包也大大减少了中间层的管理活动。中层管理部门主要通过 ERP 协调不同生产单位的活动。这样一来，管理层级日益扁平化了。在销售方面，利用高新技术手段建立系统，以掌握消费者的信息或直接与其交流，快速地对市场作出反应。所有这些，不仅导致生产组织的生产规模缩小，而且使生产组织具有更大的弹性以应对市场需求的变化，从而以低成本向市场供应数量不同的多样化产品。

4. 简短的结论

我们上面十分简要地叙说了当代资本主义生产劳动过程发展中主导性的三个阶段，正是它们体现了这种生产劳动过程的一般发展。现在，我们要对这一发展过程作一些必要说明或结论。

在追求剩余价值或价值增殖这个内在根本动力驱使下，当代资本主义的生产劳动过程经历了从福特制到大规模定制的一般发展，精益生产成为基本精神。

精益生产方式一方面大大提高了劳动生产率；另一方面使劳资双方、供应商和制造商之间的关系从福特制下对抗性的竞争关系，变成某种程度上的相互合作与信任关系。它使各方在“合作和相互信任”的基础上成为一体，形成了“高生产率、专业化功能、生产适应性”的竞争力与持续创新能力。但是，这并未能改变资本主义生产关系的本质。

精益生产通过重新组织生产过程，打破了福特制生产过程内部严格的劳动者分工与劳动分工。一方面，通过轮换工作制实现了劳动分工与劳动者分工的动态结合，因而工人获得了进行基本操作的各项决策权，其技能水平和多样化确实得到提高和促进。另一方面，多技能工人被组成协作团队，不仅实现了产品质量的提高，而且促进了工艺过程的持续改进和创新。

精益生产的核心思想是用最少的投入、最少的生产时间生产更高质量的更多产品，即通过尽可能消除生产过程中的非生产时间与活动来提高生产率。消除非生产时间与活动，这不仅必然而且事实上大大提高了工人劳动的强度。劳动强度的提高和劳动时间的延长，大大增加了生产组织的价值增殖或利润。从长时段来看，工人获得的收入与其付出存在着明显不对称，即他们仍然受剥削。

与福特制生产方式相比，精益生产方式是一种更“精巧的结构化劳动控制体系”。它通过对劳动力进行技能投资，使劳动力技能水平提高，从而使劳动分工与劳动者分工在局部操作中具有了动态网络化形式。直接劳动过程分工和管理活动分工的变革，必然相应地导致劳资双方在生产过程中作用的变化，并且主要体现在劳资双方控制劳动过程的能力变化上，以及以此为基础的劳资“合作”形式的变化上。通过各种控制雇佣劳动的结构化体系安排，不仅能够极大地发挥高技能劳动者的潜力，而且降低了这种新的固定成本的风险。在劳资关系方面，精益生产方式和福特制生产方式相比，具有更强的将劳资冲突整合为劳资双方在资方控制下进行“合作”的能力。在这种意义上，生产工人的“雇佣奴隶”地位比以往更深重。

四　产业结构的变动

经济发展不只是表现为社会财富总量的增长，而它作为一个复杂的过程，也表现在包括产业结构在内的经济结构的变化上。产业结构从而经济结构的变化，实际地制约着经济发展。当代资本主义生产力大发展的重要特点是产业结构日趋高级化。产业结构高级化，不仅助推和引导经济发展，而且成为当代资本主义进一步成熟的重要标志。

1. 三大产业及其变化

产业结构是国民经济活动中各产业部门之间，以及各产业内部诸组成部分之间的相互联系和比例关系。根据世界多数国家的产业划分标准，农、林、渔业为第一产业，采矿、制造、建筑业为第二产业，其余则为第三产业。就是说，通常所谓三大产业依次为农业、工业、服务业。

从人类物质生产活动的漫长历程来看，三大产业的形成和发展，反映着社会生产劳动中的分工与协作由粗到细、由简到繁、由低级到高级的逐渐进步与提高。一个国家一定时期的产业结构，与它的社会条件和自然条件有关，但根本上决定于其生产力水平。工业革命以来的世界历史显示的三大产业结构的变化，包括各产业之间比例的变化和各产业内部结构的变化。而这首先是由资本主义的物质生产过程或经济发展所证明和体现的。就当代资本主义来说，其产业结构已发生了巨大的变化。

（1）三大产业比例关系的变化。

由资本主义领先从而世界范围内三大产业结构变化的一般趋势是：第一产业的比重不断缩小；第二产业的比重由上升到缩小；第三产业的比重不断扩大。这种趋势，也就是三大产业比例关系变化的趋势。

产业结构的中心依次沿着第一、第二、第三产业的顺序转移，表明物质生产经济部门的比重越来越低，非直接从事物质生产的服务经济部门的比重越来越高。但这不是绝对的和无条件的，反倒是相对的和有条件的。第一产业的比重下降，以农业劳动生产率的大幅度提高和农业服务体系的发达，能够高质量地保证人们的基本生活需要为前提条件。第二产业比重的下降，要以农业生产体系发达、科学技术发达、人的素质高、人们的生活需求趋于高级化和多样化等为前提条件。第三产业比重的提高，必须建立在社会物质生产能力高度发达这一基础上。所以，三大产业比例关系的变化即由低到高的发展变化，是有客观规律性的。其中根本而关键的是，产业结构的高级化同生产力的质和量的提高分不开，而且呈现一定的阶段性。

从经济发展史的角度来考察，即是在工业革命后的一定时期，科学技术的创新能力还相当有限，社会物质生产过程中的技术投入还居于次要地位。自然资源、资本、劳动力等要素的投入是经济增长的源泉，它们主要流入农业和工业，因而农业和工业是经济发展的主导或支柱产业。在以后的经济发展历程中，随着科学技术的持续进步与革命以及生产力的高度发展，人力投资、科技开发和组织运筹在生产过程中的作用空前提高，劳动力、劳动工具、劳动对象都改变了其传统内涵，它们所包容的科技和信息成分大增，生产力的流动性增强。因此，与信息型和流动性的生产力相适应，社会生产的企业组织方式和产业结构发生了相应的变化，生产要素投入和产业的行业分布愈益偏重于代表生产力发展方向的新技术产业和服务业，导致这些部门在产业结构中的比重急剧上升。人类物质生产和经济发展的这种规律，首先是由资本主义经济过程所揭示和体现的。

第二次世界大战爆发以前，各主要资本主义国家已基本完成了产业结构的“非农业化”和“工业化”过程。第一产业所占的比重迅速下降，工业所占比重仍在上升，第三产业创造的国民收入基本达到30%—50%的水平。二战以后，各发达资本主义国家的产业结构在科技革命的推动下，又出现了新的变动趋势：产业部门内部和产业部门之间均出现结构重心转移，即各产业部门内部直接从事生产的劳动比重减少，而智能性服务性劳动的比重增大；产业部门之间的比例关系进一步向服务性倾斜，用高技术和大信息量武装起来的第三产业在国民经济中的地位逐渐上升。我们下面对此略示以数据。

首先，第一产业在国民经济中的比重加速下降。以日本的就业结构来说，第一产业所占比重1954—1990年间年均递减4.8%，而此前40多年间平均递减0.8%。从美国农业产值占GNP的比重看，20世纪50年代递减速度为5.5%，80年代为1.1%，这表明第一产业比重下降是有客观限度的。据美、日、德、英、法五国统计，农业在GNP构成中的比重1989

年都在2%—3%，这个比重在以后趋于稳定，因而表明农业比重下降已接近最后的限度。需要指出，与农业地位下降并存的是农业产值和生产水平的不断提高。资料和事实表明，各主要资本主义国家的农业并未出现绝对缩减和衰退，相反地，都实现了高度机械化、电气化和专业化，因而生产率显著提高。

其次，第二产业总体上趋于下降。美国的第二产业在国民生产总值中的比重一直在下降，从1950年的36.9%下降到1988年的25.8%。法国情况类似，由1950年的47.6%下降到1989年的29.2%。英国由于石油开采业的发展，第二产业的比重曾由1950年的48%上升到1960年的57.5%，随后则降到1989年的37%。日、德两国由于战后恢复重建，第二产业经过扩张至1970年前后达到顶峰，而到1989年也分别降至41%和37%。从第二产业的就业结构来看，所呈现的状况也大致相同。

再次，第三产业所占国民经济的比重一直上升，20世纪60年代以来更为快速。从1965年到1989年，美国服务业的比重从59%上升到69%，日本从46%上升至56%，德国由43%上升到62%，英国从51%上升到62%，法国由39%上升到67%。目前，第三产业已成为各发达资本主义国家中产值最大、就业者最多的部门，在国民经济中的地位举足轻重。

在发达资本主义国家，由直接物质生产部门游离出的资本和劳动力，第三产业则不断加以吸收而形成的国民经济结构变动，就是说第三产业比重上升，又以提供高层次的产品和服务而作用于物质生产领域，推动第一和第二产业质的提高和量的增长，促进物质生产领域及其中的活动更加现代化。

这里还须指出一点，即目前三大产业之间的界限已开始变得有些模糊了。其基本原因在于：当代资本主义生产在追求规模经济效益的过程中，更加注重创新、质量和风险，因而相应的系列科研、调研、培训等服务活动发展起来，其中有些独立为新的部门或行业，有的仍留在原属产业或企业内部；这些多层次的信息服务网络在服务对象、服务方式、服务内容上不是单一或纯粹的，往往难以归为哪一类产业，因而使原先比较清楚的三大产业的边界很自然地变得有些模糊不清了。此外，农业和服务业中的工厂化经营，垄断组织的多样化方针与新策略的推行，也加深了产业界限的模糊化程度。三大产业界限一定程度的模糊化，应当说为人类未来物质生产活动的发展特别是产业的发展，提供了某种历史积淀和发人深思的材料。

（2）三大产业内部结构的变化。

当代资本主义产业结构的高级化，还表现在各产业内部结构的深刻变化上。在某种意义上，正是这一方面的变化，推动了发达国家产业结构高级化的最终完成，使当代资本主义生产力和经济的发展进入了一个新阶段。

首先，第一产业内部结构的变动。发达资本主义国家的农业，应用现代科技革命的成果，广泛使用先进的机械化设备、化肥和农药，以及电子技术、生物工程、遗传工程技术，向着工厂化和高科技化的方向演进，从而减轻了对体力劳动和自然界的依赖程度。其变动主要如下：第一，农业内部的结构更趋合理。这表现在大多数国家基本上实现了种植业和畜牧业并重，互相促进和协调发展。第二，农业专业化有了很大的发展。这一发展不仅改变了农业内部的行业结构，而且为劳动生产率的大提高创造了条件，使机械化和自动化水平大为提高。农业生产过程的高度集约化和高技术化，使单位农产品中包含的活劳动消耗日益减少，从而在农业劳动力不断下降的条件下却提供了更多的农产品。第三，建立了发达的农业社会服务体系。这个体系在生产过程之前，提供生产资料、科技和资金服务；在农产品生产出来后，迅捷便利地进行加工销售、储存和运输，从而有力地改变了农业生产的社会条件。西欧各国在20世纪60年代以后，大量建立的集产前、产中、产后农业经营活动于一体的农业综合联合体，在改变传统的农业生产管理形式，推进农业劳动的社会化方面发挥了十分重要的作用。

其次，第二产业内部结构的变动。当代资本主义国家工业内部的结构十分复杂，而其迅速、深刻变动的最突出表现是：第一，高技术产业发展迅速。简要地说，发达国家工业部门的结构，已从以劳动、资本和资源密集型为主转向以知识和技术密集型为主，从烟囱工业为增长源泉转到以新技术、新兴工业为增长先导。20世纪80年代以后，增长快的是电子技术、新材料、新能源、生物工程、光缆通信、海洋开发、空间开发的高技术行业。目前，高技术部门在制造业的净产值中所占的比重，美国已过40%，日本、德国、英国和法国也都超过了1/3。第二，传统产业相对衰落。如煤炭、钢铁、机械制造、纺织等传统产业，从各种指标上看都出现了相对衰落。20世纪70年代两次石油危机以后，发达国家将这类“夕阳产业”的一部分转移到了发展中国家，另一部分则用新技术加以大规模的改造，因而呈现出新的生机。目前的许多工厂，数控装置、柔性生产系统和工业机器人已投入使用，劳动生产率和产品的适应能力大大提高；生产本身也转向小批量、多品种的企业网络型生产体制。

再次，第三产业内部结构的变化。传统第三产业，诸如零售商业、银行、保险、交通运输、修配服务等行业，二战以前依附于大机器工业，生活服务占较大比重，以个体技能型手工劳动为主，因而属于劳动投入主导型产业。在当代资本主义条件下，第三产业不仅比重超过第一产业和第二产业，而且由于其内部的知识和技术投入不断增加，结构也更为现代化了。其突出表现是：第一，传统服务业广泛采用现代技术和高新技术，经营范围不断扩大，经营方式不断创新；第二，科研、信息、咨询、设计等行业已成为目前各发达国家第三产业的发展方向；第三，文娱、体育、旅游、保健、教育等为人的发展和当代生活服务的部门发展较快；第四，政府中组织和管理社会经济生活的部门成为第三产业的重要组成部分。

2. 产业结构变化的原因

当代资本主义国家产业结构的演变，是多重因素合力作用的结果。不过，从产业结构演进的一般规律着眼，推动其变化的主要原因如下。

首先，科技革命和科技进步的主导和推动。科技进步改变生产要素在各产业部门之间的配置组合，因而使各产业部门具有不同的发展速度。它推动了经济增长中劳动和资本投入的质和量不断更新，使内涵式不断扩大再生产和资本积累成为当代资本主义经济增长的主流。各发达国家把包含技术进步内容的资本和劳动要素大量投入社会生产过程，从而实现了一定时期的经济高速增长和产业结构的高级化。

科技进步改变了生产工具和劳动手段，改变了设备投资的产业流向，使投资中心向新技术部门转移。发达国家的国内投资迅速增长，以新部门的新厂房、新设备投资的增长最为强旺。这是因为，传统产业越差，越是受到技术突破、成本和销售等方面的限制，资本就越是不愿向其投资；新兴产业越是迅速增长，对劳动力、原材料和各种资源的需求越是增加，投资者越是以其为投资导向。前种情况使传统产业愈加落后，后者使新兴产业越是先进。此外，科技进步在带动投资总量增加时，也使投资结构向非制造业为主导型转变。

科技进步以及前述投资导向，加速了产业部门之间的不平衡发展，影响到各产业产出水平和产出结构，使产业增长速度出现差别，地位呈现出不同的升降趋势。发达国家在20世纪50—60年代，各主要产业的技术进步以大规模生产技术为中心，重点在于扩大生产能力和取得规模经济效益。随后，由于产能过剩和市场疲软的矛盾尖锐而改变经营方针，转向高质多样效益型，许多企业转而采取节约能源、原材料和劳动为中心的技术。80年代以后形成的新产业和传统产业的技术改造，都朝这个方向发展。生产过程中物质投入的减少和非物质投入的增加，必然要求物质生产领域之外的第三产业吸收就业和资本。

科技进步大大促进了物质生产部门的劳动生产率的大提高。虽然这些部门的产值在国民经济中的比重有所下降，但实际创造的物质财富却空前增加，因而为服务行业或第三产业的迅速发展提供了物质条件。

其次，需求结构的引拉。生产力发展水平决定一定时期的消费总量和消费结构。而消费需求的更新和消费层次的提高，则以市场引导的方式反作用于生产，对产业结构的变化产生影响。科技进步在推动发达国家生产力大发展和供给结构高级化的同时，也使其需求结构高级化和多样化。因此，需求结构的变动必然引拉产业结构的演进。

当代发达资本主义国家，居民就业水平在1950—1990年间大提高和收入水平的增长（这一时期美国居民的可支配收入增长了19倍），导致消费需求出现重大变化：对物质产品求新求精；家庭用于服务方面的支出迅速增加。由于各产业劳动强度总体上减轻，劳动时间缩短和闲暇时间增多，也就对教育、培训、文化和精神生活提出了更高的要求。从20世纪60年代开始，个人需求和消费结构的新变化，在于对各类高档耐用消费品的需求激增。70年代以后，科技进步的加快，推动着劳动力向知识和智力型发展，对文化、教育、保健等事业提出了更高的新要求。诸如这些要求和需求，导致和推动了相关行业的产生和发展，又因后者而不断被满足。同时，金融制度的创新，消费信贷的普遍发展，也在推动消费需求结构的变动，从而悄悄地改变着产业结构。产品和产业的不断推陈出新，同时也为满足高层次的精神需求创造了条件。消费结构的日趋多样化和个性化，对服务行业提出了多样化、专门化、高级化的要求；服务行业也因此而不断扩大、发展，更趋合理化和人性化。

国民经济的发展对生产性服务也提出了多样化、专业化的要求。在高新科技已使社会生产力日益信息化的条件下，为适应市场变化和消费需求的变动，企业管理制度和生产体制必然产生变革，并且要求社会提供高效率的生产性服务。因此，产品开发、设计和情报、信息咨询等行业不断涌现，产业、产品、工艺的知识和技术层次不断提高，领域不断扩大。此外，生产国际化和国际分工深化所带来的需求量的扩张，也对产业结构的变动发生明显的作用。

再次，产业政策的促进。产业政策作为国家经济政策的组织部分和国家宏观经济管理的重要手段之一，是指政府利用各种政策手段和各种职能机构对本国产业发展和结构转换进行干预的行为。其根本任务是规定不同时期优先或重点发展的产业以及相应的政策手段，由此引导产业结构顺应经济发展规律，不断向高层次结构演进和转换。产业政策对经济过程的干预具有事先性、长期性、整体性和系统性的特点，随着经济发展的实际需要而不断调整、发展和变化，它反映了人们对经济发展过程的规律性的认识和经济预测能力的增强。产业政策这个概念，自20世纪70年代才为发达国家的经济学界普遍采用。

当代资本主义国家特别是其发达国家产业政策的实质，是国家垄断资本主义从社会再生产顺利进行的秩序出发，对产业资本之间和产业内部个别资本之间的矛盾进行协调。其政策引导所采用的手段主要有：国家计划、国有化或者私有化、与之相配套的财政金融措施、各种经济立法，包括财政预算、贷款、补贴、奖金、税收、价格、利率、固定资产折旧等。扼要地说，产业政策的实施，一定程度上调和了生产高度社会化与生产资料私人占有之间的矛盾，发挥了协调社会经济利益关系的重要作用，保护了本国产业在国际竞争中的优势。由于这些，加上顺应各产业自身发展的规律，产业政策在社会经济发展中促进了产业结构的高级化。

3. 产业结构变化的影响

产业结构高级化，对当代资本主义经济的运行和发展，以至对整个资本主义社会产生的影响，是重大的和多方面的。这里对此只作更为简要的说明。

首先，促进了发达国家生产社会化和经济素质的进一步提高。产业部门的高级化，意味着社会生产专业化和分工协作的加强，因此必然极大地促进下述：劳动生产率的提高，成本的下降，产品质量的改进；更多劳动者的就业和劳动者素质的提高；各部门和各地区特别是各国经济联系的密切化。所有这些，必然使生产社会化走上一个更高的台阶。同时，产业结构高级化增强了发达国家的经济素质。高技术产业的兴起和发展，生产过程的日趋集约化和高效化，各产业间的融合与互补日益加深，极大地提高了全社会的劳动生产率和产品的附加值。社会扩大再生产从外延型转为内涵型，从速度规模型转为效益质量型，从而使经济发展的潜力、适应力、自我调整力更为增强。正是由于上述，当代资本主义国家：经济增长虽时快时慢，却一直未中断；其内外矛盾虽不时有加剧，但仍能维持资本主义制度的相对稳定。

其次，扩展了资本积累的来源。当代资本主义存在和发展必须依赖资本积累，而资本积累的唯一源泉仍然是剩余价值。产业结构的高级化，不仅有效地保证了剩余价值的生产和实现，而且使剩余价值生产和资本积累的方式发生了很大的变化。第一，剩余价值生产实现了全产业化。就是说，剩余价值的生产已经从物质生产领域扩展到第三产业，三大产业无不生产剩余价值。这表明资本主义生产关系在深度和广度上得到了进一步发展。第二，剩余价值生产的主体构成已经多元化。这是说，各产业的雇佣劳动者都以其特定方式参加了价值和剩余价值的形成过程，都实际地成为剩余价值的生产者。这种情形是资本主义发展的一种必然结果，在某种意义上也是社会的一种进步。整个说来，产业结构的高级化，已使当代资本主义特别是其发达国家的资本积累的来源，空前地扩展和扩大了。

再次，利于经济稳定增长。与以往主要由工业推动资本主义经济发展，而工业部门的严重生产过剩常常引起经济危机、难以实现稳定增长的情形不同，当代资本主义产业结构的高级化有助于其经济发展较以往趋于平稳。这主要是因为：其一，发达型的产业结构，使科技转化为生产力的速率、新旧产业之间转换的速率都有加快趋势，因而使经济增长过程中的间歇和停顿缩短，使周期性经济危机的冲击力减弱。其二，第三产业的快速发展能够吸收大量投资和就业，使衰退时期也可以维持一定的总需求水平；其资本的过度扩张只会导致潜在能力闲置，不会产生物质产品那样的积压现象。其三，生产性服务行业的发展，计算机等高科技手段的应用，可以协助生产部门把握市场趋势，这也在一定程度上平缓了危机的波动幅度，使其破坏力减轻。

最后，对就业产生了双重影响。产业结构的高级化，一方面带来了就业总水平和就业部门分布的创新。其原因主要是：产品的复杂化使生产工艺难度增加，延长了生产环节与过程，因而增加了生产过程投入的劳动量；高技术的兴起能带动关联产业发展，从而拓宽就业领域；第三产业具有劳动密集型行业的特点，其大发展发挥着吸收就业的重要作用。但另一方面，产业结构高级化也造成了大规模的结构性失业。这是因为，产业结构转换与资本有机构成不断提高是同一个过程，大量体力劳动者被机器排挤出去；许多劳动者受原有教育和专业技能的限制，难以在新行业中觅得合适的就业机会。结构性失业已成为发达资本主义固有的结构性危机的组成部分。

五 所有制结构的变化

由于新科技革命和生产力的空前发展，当代资本主义社会的所有制结构，以及每一种所有制形式的内容，都发生了新变化。但是，在当代资本主义经济现实中，私人垄断组织依然占有统治地位，私人垄断仍然是基础。这是当代资本主义所有制结构和形式变化的前提和基础。换句话说，当代资本主义所有制的变化仅仅是在这样一种根本格局中的变化，它们远不足以动摇或改变这种根本格局。以下我们对当代资本主义的多种形式并存的所有制及其变化加以叙说。

1. 以企业组织形式存在的多种所有制

在这种意义上，按资本形成或占有关系和经营管理形式来划分，当代资本主义的所有制形式分为独资企业、合伙企业、股份公司三类。包含在第三类中的私人垄断所有制，我们后面再予叙说。

独资企业为资本家个人或家族拥有，一般由他们亲自经营，并承担企业债务的无限责任的独资企业，直到现在依然是资本主义企业中数量最多的企业。它们一般是小资本企业，主要分布在商业、农业、服务业、金融代理等部门，也剥削所雇用的工人或职员。在美国，1985 年的独资企业占全部企业的 70.5% 。

合伙企业由两个以上的人出资组建和经营，而合伙人数并无上限。每位合伙人都可以参与企业决策和经营，根据投入的资本和付出的劳动分配利润，对企业债务共同承担无限责任。合伙企业雇用职工一般多于独资企业，它们主要分布于律师事务、医药、会计、有价证券经纪行、投资银行等部门。美国的合伙企业 1985 年占其全部企业的 10% 。在英国、法国、德国等国家也有合伙企业存在。

股份公司则是当代资本主义企业和经济中最重要的组织形式，大体上分为两合公司、股份两合公司、有限责任公司、股份有限公司四种。两合公司和股份两合公司均由有限责任和无限责任的股东共同组成，由后一类股东管理公司；前者不可以公开发行股票，后者可以公开发行。有限责任公司是股份公司中数量最大的组织形式。其股东人数较少，股本金额一般较小；股票不可以公开发行，股东所持股（股单）均记本人姓名，转让需办法律手续。其运营通常由经理负责，其多数是中小企业，但也有少数大企业甚至垄断集团。20 世纪 80 年代中期，法国的有限责任公司超过 30 万家，股份有限公司约 3 万家；德国有前者 28 万家和后者 1500 家。股份有限公司是股份公司的高级形式，其数量不多，但在国家经济中有重大甚至决定性的影响。

2. 资本主义私人垄断所有制

我们这里结合股份有限公司来谈私人垄断所有制的变化。私人垄断组织绝大多数是股份有限公司；但并非所有的后者都是垄断组织。股份有限公司公开发行股票，股东人数无上限，当今发达国家大的股份有限公司通常有 10 万至 100 万名股东。其最低资本额较大，如法国为 50 万法郎、德国为 10 万马克。股份制表面上是资本拥有者的集体所有制，实则是大股东占支配地位。股份有限公司主要集中于钢铁、汽车、化工、机械、化纤、军火等资本密集型行业，以及宇航、飞机、电子、激光、精细化工等技术密集型行业。

与 20 世纪初期相比，当代资本主义的股份公司有了不少新特点，其主要如下：

第一，法人股东日趋重要。法人股东是法人股东化的结果，即公司或集团的法人组织购买从而占有其他企业的股份的结果。法人股东分为两大类，即工商企业法人股东和金融机构法人股东。法人股东在当代主要发达资本主义国家的大公司股权结构中已占据支配地位，法人资本已成为发达资本主义国家社会资本的主要存在形式。美国 1990 年法人股东持股额占美国上市交易股票总额的 53%。美国金融机构法人股东所持股票比重，1952 年为 18.9%，1968 年为 24.6%，1974 年为 33.3%。日本的法人持股比重 1987 年高达 76%，其中金融机构持股 47.8%。可见，在过去，是个人资本通过股份公司转化为社会资本，而现在，股东本身也已经社会化了。法人之间互相持股好像使股份公司离个人资本所有制更加遥远，但法人资本最终还是为自然人所占有。法人资本并不能改变私人垄断资本的性质，但使社会形象和经济过程却有了很大的变化。

第二，股票明显分散而经济权力更加集中。当代资本主义国家推行“雇员持股计划”，使股票或股权明显分散化了。但是，雇员持有股票不过是一种储蓄性投资，他们掌握的股金有限，股息相当于存款到息，不可能由此而成为资本家。股票分散化或社会化，不表明资本权力真正发生了转移，相反，倒是使经济权力在更大范围和更高程度上集中在极少数大股份有限公司手里。分散的小股东实际上对大股份公司的决策和经营根本无力施加影响。他们中的相当大一部分，把股票寄存在大银行并随之委托投票行使权，因而投票权总是集中于大银行和大股东手中。

第三，国际私人垄断资本所有制已有大发展。这一点，是与经济全球化、跨国公司和跨国银行迅猛发展、合资企业蓬勃兴起相一致的。1986 年，外资企业占英国、德国、美国的企业资产总额的比重，分别为 14%、17%、9%，占这三国销售总额的比重分别为 20%、18%、10%，占这三国职工总数的比例分别为 14%、13%、7%。这些数字反映了发达国家相互投资的情形，也足以表明国际私人垄断资本所有制的现存实力。

第四，股份有限公司的地位和作用进一步提高。由于科技革命和资本有机构成的提高，创办企业需要更多的社会资本，因而使股份有限公司更加发展。股份公司是大资本控制小资本的工具，占有 3% 股份的大股东，便可与其他大股东联合控制公司，并可通过参与制兼并大量企业。股份公司的资本所有权与使用权的分离在当代达到空前的程度，职业经理和技术专家的重大作用得到更充分发挥，从而其资本甚至可以在全球范围调拨使用。因此，股份有限公司的作用进一步增强，并且大大推动了生产和资本的集中与垄断，促进了资本主义生产和经济发展。

股份公司和资本主义私人垄断组织，都是资本主义私有制形式，它们表明的只是资本管理的社会化程度的提高。在股份公司内部，“已经存在着社会生产资料借以表现为个人财产的旧形式的对立面；但是，这种向股份形式的转化本身，还是局限在资本主义界限之内；因此，这种转化并没有克服财富作为社会财富的性质和作为私人财富的性质之间的对立，而只是在新的形态上发展了这种对立”①。

3. 资本主义国家垄断所有制

当代资本主义的国家垄断所有制，虽不像私人垄断所有制那样是经济中的主要力量，但也有重要的发展。正是国家垄断所有制或国有经济的发展，才在一定程度上改变了资本主义私有制的传统面貌或单一模式，使得人们能够据此从所有制形式方面称当代资本主义国家的经济为“混合经济”。

到目前为止，认识理解国家垄断所有制或国有经济的发展，首先要明确把握其几个基本点。第一，所谓国有经济，其主体是国家参股制企业，而不是纯粹的国有企业。关于国有企业的定义，发达国家都是从控股方面加以规定的。例如：英国规定，凡国有股权占50%以上或占50%以下但国家能行使控股权的企业均为国有企业；法国规定，凡国家股在51%以上或国有企业到其他企业投资占51%以上的都是国有企业。实际上，法国1990年有2268家国有企业，其中国家直接经营的不到5%，而95%以上的均为国家参股制企业。因此，国家参股制企业是一种特殊的经济组织形式，即一种不同于私营工商企业和通常意义上的国有企业、因而介于这两者之间的具有混合特点的企业形式。第二，与二战后国家垄断资本主义发展的重心是在国民收入再分配领域和商品货币流通领域相一致，国家垄断所有制的发展主要不是表现在“比重”的提高或量的扩大上。第三，国有经济主要集中于基础设施和公用事业领域，部分尖端工业部门，以及国家投资和国家金融机构。第四，国家垄断所有制的发展，突出地表现在国有企业的运行机制、管理体制和管理方式的改进上。

当代资本主义发达国家，在二战后初期推行过国有化运动，到20世纪70年代末和80年代初，又掀起了私有化浪潮。无论国有化还是私有化，都可以看作适应生产力水平或效率要求而调整所有制形式的表现，都贯通着维护垄断资本的统治、谋求高额利润的内在逻辑和根本动机。关于国有化，本书导论部分已有简述。关于繁杂的私有化，可以简要地说，它是对国有经济的范围、程度、管理方式的一种调整，是优化国有企业结构的运动，而不是要从根本上否定国有经济。通过这种调整或改革，国有企

① 《资本论》第三卷，人民出版社1975年版，第497页。

业的数量有所减少，而质量有所改进或提高。

目前发达国家国有经济的基本状况，可以根据有关资料加以简略说明。国有企业产值占国内生产总值的比重：平均为10%上下；其中，意大利为18%，法国为15%，英国为14%，德国为12%，美国为1%。国有企业投资额占全国投资额的比重：平均为20%；其中，法国为33.5%，英国为30%，意大利为28%，德国为22.7%。此外，就国有经济的规模而言，最大的是奥地利。该国对邮政、电信、煤气、铁路、航空、采煤、石油、钢铁等10个行业已实行了完全的国有化，从而国有经济已经控制了国民经济的命脉。

我们还可以用下述指标，来衡量目前发达国家国有经济的发展状况：第一，国有经济在积累的国民财富（包括土地、森林、公共建筑、基础设施、工矿企业、机器设备等）中占有的比重。在这一指标下，国有经济一般所占的比重较高。例如，美国和德国为18%—20%。第二，国有经济在日常的国民经济运转例如年度投资、产值、就业诸方面所占的比重。就此而言，国有经济的指标一般稍低，多数在10%—20%之间。第三，国有经济在国民经济的决定性领域即加工工业部门所占比重。这一比重大体在1%—10%之间。

就国有经济的运行机制来说，如下的现实情形可以视为主要特点：第一，企业资金来源于公私两方面的共同筹措，国家股份只是其中的一部分。在这种意义上，国有企业应被看作一种潜在的混合企业，而且股票可以自由买卖和转让，私人资本随时可以渗入其中。第二，在经营决策上，国家只是作为普通或主要股东出现，企业的经营决策权由公私两方共享，因而国家意志的体现程度只能依其参股比例而定。第三，在经营机制方面，国有企业同私营企业一样按市场法则运作，两者具有相同的法律地位和高度的自主权。

在当代资本主义条件下，国家所有制虽然比私人垄断所有制在资本社会化方面前进了一步，表面上取得了“公有”的形式，而实质上仍是资本主义所有制。由前述也可以理解，国家垄断所有制或国有经济，根本不是也不同于社会主义的国有经济。

4. 资本主义中小企业

这类企业从所有制方面讲，是非垄断性的资本主义所有制。

在当代资本主义条件下，中小企业依然具有不稳定性，每年都有大量破产或歇业者出现。同时，更多新企业又在建立，结果是中小企业数量有增无减。这种死而重生的现象，构成当代资本主义经济发展过程中的一道自然而不可或缺的风景。到目前为止，资本主义国家的企业中，中小企业超过 90%。英国现有私人小企业大约 160 万个。

中小企业在国家垄断资本主义条件下，不仅能够生存而且可以大量发展，这足以证明垄断不是绝对的，或者说不可能有绝对的垄断。究其原因则主要有：第一，科技革命引起一系列新部门的建立和专业化生产的发展，使生产过程中的分工与协作必然发展，因而不仅为小资本提供了生存和发展条件，也使垄断组织既不可能也不必要垄断一切领域。第二，垄断本身具有极限性。追逐利润、竞争和资本主义发展不平衡规律是推动集中和垄断的动力，但又为垄断规定了界限。如果垄断组织吞并资本有机构成和利润都低于自己的全部中小企业，必然降低自己的利润率。正是这个界限，为中小企业留下了生存和发展空间。第三，中小企业有其优势。其中主要是，企业资本额小因而易于筹集，对市场要求反应快捷，易于调整转换，能适应小批量、多样化的生产，还可以掌握某些新技术发明，取得个别零部件甚至整机生产的优势。

当代资本主义国家中的中小企业，有着重要地位和作用。这主要是因为它们在国民经济中的某些方面占有很大份额。在制造业中：中小企业，占德国企业总数的 90.7%，占日本企业总数的 99.1%；其从业人员，在英国占 36.3%，在日本占 72.2%；其销售额，在英国占 31.2%，在日本占 52%。在集中程度较低的零售业中：中小企业占企业总数的比重，在美国是 93.7%，在日本是 99.6%；其从业人员，在英国占 43.4%，在日本占 88%；其销售额，在英国占 34.8%，在日本占 79.4%。

但是，当代资本主义国家的中小企业在国民经济中的地位和作用，却是从属性的和补充性的。大约占企业总数 80% 的小企业，在国民经济中所占的份额毕竟有限，制造业只有 10%，第三产业的一些部门最高只占 30%。为数极多的小企业，即使不处于直接依附状态，也只能生存于大公司、大银行、垄断组织、政府机构所设定的经济和社会境况之中，因而并没有多少真正的自由。整个来说，对于中小企业的地位与作用是不能过高估计的。

5. 合作所有制

合作所有制或说合作经济，在当代资本主义条件下有两种存在形态：

合作社与合作工厂。而它们都有久远的历史。

我们先简要述说合作社。

就其最一般性而言，合作社过去和现在都是工人等劳动群众为反对资本家剥削、改善生活条件和谋取自身利益而建立的经济组织。但它的基础却是私有制，在某种意义上颇似以个人劳动为基础的私有制。合作社基本上都是由个体的生产者和消费者集资组织起来，对社员提供的资本付给一定的红利，由此形成劳动者集体经营权。有时也有一些合作社财产，即扣除了属于社员个人的股份之后的那部分财产，但所占比重不大。关于资本主义社会的合作社性质，列宁早已科学准确地指明了："合作社在资本主义国家条件下是集体的资本主义组织。"①

当代资本主义国家的合作社，有以下几个主要特点，或者说坚持以下主要原则：第一，维护利益，就是说，合作社主要目的是为社员提供生产和生活服务，因此维护他们的经济利益是首要和根本原则。第二，自愿合作，即合作基于自愿，社员可自愿参加和自由退出，并可组织新的合作社。第三，民主管理，即合作社的一切重大事物或问题由社员大会决定，实行一人一票制。第四，限制股金及分红，即每位社员必须缴纳的股金主要用于合作社为社员服务，而不是投股者的赢利，如支付红利则受数额限制。第五，盈余合理分配，即合作社的盈余经过必要扣留，其余则按每个社员对盈余所做贡献大小而分发。

在当代资本主义国家里，合作社主要是服务型的，但也有生产型合作社。它们的发展程度高低不一，差别很大。

美国的合作社几乎都是服务型的，总数大约 11 万个。这与美国商品经济高度发达、经济一体化程度很高是相适应的。其合作社大致分为三类：一是农业合作社，总数有 2.5 万多个，其中又包括供销、信贷、服务合作社；二是消费者合作社，目前约有 7.8 万多个；三是商人工人合作社，总数约 7700 个。

法国的合作社以服务为主，也有生产型的。它们主要有以下四类：一是各种生产合作社，目前有 1000 多家，社员数万人，在全国经济中的地位不重要；二是农业合作社，包括互助、信贷、供销、加工等合作社，约

① 《列宁选集》第四卷，人民出版社 1972 年版，第 685 页。

为 1 万多个，社员有 200 多万人；三是储蓄和信贷合作社，约有 1 万多个，社员达 6500 多万人，全国组成 5 个集团；四是消费和供销合作社，目前大约包括 200 万个家庭。此外，还有低租金住房、运输等服务合作社，以及教育合作社。

日本的合作社侧重于综合性的服务合作社。主要有四类：一是“农业协同组合”，约有 4300 家，成员 800 万人；二是“渔业协同组合”，有 2100 多家，50 多万人；三是“森林协同组合”，有 1800 多家，170 多万人；四是“生活协同组合”有约 800 家，260 多万人。

欧盟各国目前共有合作社 22 万多个，社员人数约达 6000 万人。全世界合作社的社员人数，目前大约 7.5 亿人。合作社的实力也在增强。例如，德国合作社银行的总资产 1992 年达到 8942.5 亿马克。法国头 4 家食品加工企业中有两个是合作社，最大 100 家农业食品企业中有 40 个是合作社。美国 500 家最大的工业公司中，有 12 个是合作社。

在当代资本主义的一些国家里，合作社占有重要地位。丹麦合作社的总产值占国内生产总值的 24%，法国和荷兰的约占 10%。但是在大多数国家，合作社经济在国民经济中所占的比重并不大，例如在德国约占 2%，它们在国民经济发展中的作用也相当有限。不过，在某些专门领域，合作社占有的份额确实可观。例如，法国的合作社为农业生产提供了 4% 的拖拉机、30% 的联合收割机、30% 的饲料加工等。德国的合作银行在全国信贷机构中约占 20% 的份额。

以下更简略地说说合作工厂。

合作工厂也是工人为了反对资本家剥削而建立的经济组织。它在 19 世纪的英国就已稀疏地存在并有断续的发展。马克思在论述股份制企业时曾特别提到合作工厂，认为前者是资本主义生产方式的消极扬弃，后者则是资本主义生产方式的积极扬弃。① 因此，在理论逻辑上，合作工厂是没有资本家因而不再有剥削劳动的一种新的生产方式。但是，当今资本主义国家里的合作工厂，只在某种意义上可以看作新的生产方式。

在当代资本主义条件下，合作工厂通常建立在垄断组织不愿去占领的、利润率低下的、对企业规模要求不高的部门。其建立的途径如下：一

① 《资本论》第三卷，人民出版社 1975 年版，第 496—498 页。

是工人经过斗争迫使企业主把工厂出售给工人；二是大公司把远离它们且不愿经营下去的小企业或附属组织卖给雇员；三是破产企业的工人被迫或自愿将工厂买下。

工人合作工厂有四个共同特点：其一，如果企业能够赢利，那也只为他们自己创造利润，而不为任何别人。其二，劳动者共同出资投股，没有外部的股东。其三，企业内部的最后责任方面，实行或多或少的一人一票式的民主。其四，像常规企业一样，经理行使有力的控制权，他们的活动也与生产活动分开。

20 世纪 70 年代以后，合作工厂有了较大的发展，除旧的工人合作工厂得到某种发展以外，又出现了一些新的工人合作工厂或类似的组织。其中值得关注的在意大利和法国。意大利的工人合作工厂在欧洲为最多，达 2675 个，拥有工人同样最多，约为 15 万人。法国的工人合作工厂历史悠久，自 1880 年至 1960 年共创办 2250 个，到 1975 年只有 537 个，目前大约仍在这个水准。

到目前为止，资本主义国家的工人合作工厂仍在力求挣脱资本主义生产关系的笼子，带有新生产方式的某些特征。但是，它们经历百余年历史并无大的发展，在资本主义世界内数目不多，地位和作用微弱。它们只是在其内部保有新生产方式和特征，外部环境仍是资本主义的，因而不能不与外部资本主义的环境发生关系，否则便难以生存。此外，它们中的一部分也在发生变化，有的产生了少部分特权工人，有的开始雇用一部分工人，有的始终受到资本主义大企业的控制，因而成为它们的附属企业。直言之，没有资本主义社会的基础与本质的彻底变革，它们总是难以成长壮大，真正成为全社会赞赏的生产方式。

六　分配关系及其调节

当代资本主义的分配关系，依然由其所有制关系决定，因而根本上依然是资本家与工人等劳动者之间剥削与被剥削的关系。但是，资本主义社会的分配体制发生了很大变化，这最突出地表现为国家运用各种杠杆介入了国民收入的初次分配和再分配。新科技革命和劳动生产率的大提高，社会物质财富的增长，这是资本家可以给工人提高工资，国家可以对社会各阶层的所得进行调节的前提条件。

1. 工人阶级收入提高

在当代资本主义国家尤其是发达国家，工人阶级的基本境况表现为实际工资不断提高，生活条件和质量不断改善。虽然各个国家的提高和改善水平存在较大甚至很大差别。

在发达国家，由于经济周期波动的影响，经济危机期间失业者增加，工人收入下降，生活处境发生困难，但从总体上看，二战后发达资本主义国家的工人所得都是大幅上升的；只有美国和加拿大增幅较小。1949—1971 年，就工人实际工资增长来说：美国增长了 41%，年均增长 1.6%；英国提高了 92%，年均增长 3%；法国提高了 131%，年均增长 3.9%；联邦德国提高了 264%，年均增长 6.1%；日本提高了 316%，年均增长 6.7%。1973—1982 年，工人实际工资增长幅度缩小，但还是呈现增长走势。这期间，法国年均增长 1.8%，日本年均增长 1.4%，联邦德国年均增长 0.7%。

随着实际工资的提高，劳动者的生活水平得到了明显的改善，工人阶级和劳动大众的消费结构和消费形式发生了重大变化：用于吃和穿的开支比重大大下降，用于改善住房和居住条件的开支增加，汽车等各种耐用消费品得到普及，用于教育、旅游、娱乐、医疗、交际等方面的开支增大。例如工人家庭的食品开支占总开支的比重：美国 1955 年为 46.9%，1978 年为 27%；德国 1950 年为 46%，1978 年为 22%；法国 1947 年为 44%，1978 年为 25.9%；瑞士 1977 年只占 16.8%。1977 年美国 85%、联邦德国 78%、英国 75% 的工人家庭拥有小汽车；法国 1980 年 70% 的工人家庭有小汽车。1990 年，美国拥有 2 辆汽车的家庭达到 40%，工人的居住条件有很大改善。1975 年，联邦德国平均每个家庭拥有一套 75 平方米的舒适住房，法国平均 2.5 人有一套住房。20 世纪 70 年代末，发达国家 65% 的家庭拥有私人住房，人均面积约 30 平方米，一些工人还有乡间别墅。20 世纪 80 年代中期，美国、欧共体、日本的家庭平均住房面积，分别约为 474 平方米、315 平方米和 277.5 平方米。

工人生活水平与质量的提高，还表现在劳动时间缩短，“付薪假”和“法定假”增加上面。20 世纪 70 年代，各发达国家普遍实行每周 40 小时工作制。1975 年，全年“付薪假期”，联邦德国为 5—6.5 周，法国为 4 周，英国为 3—4 周；全年“法定假日”，联邦德国为 10 天，法国为 8—10 天，英国为 8 天。在目前的美国，劳工每天只工作 4 小时，睡觉 9 小时，吃喝3小时，5小时做其他活动，3小时花在琐事上。法国1970年出国旅游者共2300万人，其中，工人和普通职员占39%，农业工人占11%。20世纪70年代末，瑞典80%的居民有过出国旅游的经历。

但是，工人阶级收入的提高，是建立在劳动生产率不断增长基础上的，是以更多剩余价值被资本家占有为代价的。

我们以制造业的情况为例，1988年与1970年相比，工人每小时产量增加与报酬增加之比：美国为1.69倍比1.1倍，加拿大为1.64倍比1.35倍，日本为2.93倍比1.84倍，法国为2.02倍比1.9倍，意大利为2.4倍比1.84倍，英国为1.93倍比1.74倍。由此可见，小时实际工资的增长低于劳动生产率的增长，所以资本家在初次分配中仍然可以得到增长了的利润。这也就是说，发达资本主义国家工人阶级的工资收入虽然提高了，但是可变资本的价值在工人所创造的价值中的比重并没有上升。相反地，剩余价值在新创造价值中的比重则提高了，剩余价值率发生了有利于资本家的变化。

尽管二战后发达国家的剩余价值率有起伏波动，例如“滞胀”时期就处于较低水平，但总的趋势是上升的，因而雇佣劳动者受剥削的程度趋于提高。这种趋势是可以由事实和数据证明的：美国1988年剩余价值生产部门的剩余价值率，比1947年提高了9.3%。联邦德国的剩余价值率，1950年为18.4%，1960年为236.3%，1970年为273.9%，1976年为283.6%；1980年以来国民收入分配对资本更为有利。1980—1989年间，雇佣劳动者工资收入年均增长3.7%，而来自企业经营和财产的收入均以7.4%的平均增长率而增长。

此外，还要指出，工人阶级收入提高的具体原因主要有三个：一是工人为了维护切身利益进行了各种经济斗争；二是资本家的让步政策，特别是受“凯恩斯主义”理论的感染后；三是资产阶级国家为缓和危机而推行了对初次分配实行干预的政策。

我们由前述可以得出结论：工人阶级工资收入的提高，不是因为资本主义生产方式的本质发生了变化，也不是由于资本家变得慷慨和慈悲了，而是资本主义社会经济长期发展的结果，是各种力量进行斗争和相互妥协的结果。

2. 四个占有量差别递增

当代发达资本主义国家，工人工资大幅提高，人民大众收入水平和生活状况有很大改善。而在主要发达国家，人民大众的生活相当富裕和悠闲，甚至“三大差别”已经消失或近于消失。有关这些，我们在此不再引用数据说明了。鉴于此，有中国学者称当代资本主义在向着人民富裕的方向发展，其中的部分国家在向着缩小贫富差距的方向发展①。这个判断是有一定事实根据和一定道理的。

但是，这并不能实际地表明发达资本主义国家在向社会主义转变，也找不到这样的现实迹象，而且如果对全社会进行考察分析，则可以发现与此相反的实质性问题仍然存在，甚至比过去更加深化。这就是全社会的生活资料占有量、收入占有量、财富占有量、资本占有量这“四个占有量”的差别递增。如果看不到四个占有量上的意义更深刻的差别，而一味看生活资料占有量或者工资的提高与生活条件改善达到的程度，那就会夸大它在客观上本来的意义，甚至会得出发达资本主义比社会主义还要理想的结论，因而进一步可以人为地形成当代人类世界要不要社会主义已经无所谓的逻辑。而我们指出“四个占有量”的差别递增，决不否定或贬损生活资料占有量本身固有的意义，不过是指明了一种客观的社会事实或实在。

首先，发达资本主义国家的社会成员在生活资料占有量上的差别是最小的。我们前面引用的数据和资料，包括无论谁人引用的更丰富的诸如此类的数据资料，归根结底是揭示了这一事实和道理，即发达国家的生活资料占有量本身已经不可能有什么大的差别。为什么呢？衣食住行用这些人类物质生活的构成要素或方面的富足，一方面是与发达国家发达的生产力状况相适应的；另一方面，它们固有的特点是弹性系数小，每个消费者的容纳都是有限的。再精美的食物，一个人不能消费掉超过常人几倍的量；任何一位巨富，除别墅之外，并不需要几栋住宅，也不需要十几辆家用小汽车；那些业务极其繁忙的人们，也用不着十部手机；即使享受欲极强的人，也根本无法同时享用两套旅馆豪华房间。发达国家的生活资料，产量已十分充沛，普及率极高，每人对他们的占有当然有质的差别，但量的差别已经很小，而各类生活资料的占有已相当平均化。

其次，家庭收入的差别大于生活资料占有的差别。以美国 1990 年的情况为例，均为 20% 的最高收入户与最低收入户相比，两者收入差别未

---

① 胡连生、杨玲：《当代资本主义的新变化与社会主义的新课题》，人民出版社 2000 年版，第 230—244 页。

经国家再分配调节前为44.8倍，调节后为34.4倍。常为人所乐道的瑞典，同为20%的最高收入家庭与最低收入家庭的收入，1990年相差7倍。其他发达国家的家庭收入差距，几乎都大于瑞典的差距。

再次，家庭财富拥有量比家庭收入的差别更大。美国1963年10%的富户所占有的财富即净资产为25146亿美元，占当年全部家庭总财富的65%；1983年10%的富户占有财富的比重上升到68.8%。显然，家庭拥有财富的差别大于家庭收入的差别。其他发达国家均呈现同样的状况。

最后，主要发达国家的家庭资本占有量比财富占有量的差别更大。在美国的各类资本资产中：1963年10%的富户所占比重为81.9%，而90%的普通户只占18.1%；1983年前者占88.9%，后者仅占11.1%。由此可见，资本资产的占有量最为集中，资本资产占有量的差别大于财富占有量的差别。这种事实和现象并非美国独有，它存在于所有主要发达资本主义国家。至于其余发达国家，这种事实也带有普遍性，只是集中度低些和量的差别小些。

生活资料占有量、收入占有量、财富占有量、资本占有量的差别为什么会递增呢?

生活资料既然大批量地生产出来，那就必须提高公众的购买力，使之能够享用，其中还要用信贷消费手段促使公众提前消费大件高档耐用消费品，才能解决生产过剩问题和实现资本家的利润。这样一来，不仅人民生活水平提高了，而且劳资冲突也缓和了。

就收入与财富来说，收入是流量，是当年创造的；财富是存量，是经年累月起来的。财富的积存量比一年创造的收入要大得多，而收入的多少则决定着它转化为财富的现实可能性和转化量的大小。垄断资本主义条件下的财富是不断集中的，个人收入虽然要经过初次分配和再分配的调节，但财富差别还是大于收入差别。

关于资本与财富的占有，我们撇开各种垄断资本或集团不说，仅就家庭而论。在美国等发达资本主义国家的统计中，财富或资产是一个比资本更宽泛的概念，它包括资本资产，还包括公众生活所需的住房、汽车等耐用消费品以及存款等金融资产。这样，同样的价值量作为财富来看，其集中程度就被减弱了，例如美国拥有住房的家庭已占60%以上；相反，资本占有的集中度则高了或说差别就大了。这不单纯是由统计或观念引起的差异，事实上，资本占有量的差别比财富拥有的差别要大得多。如果不是这样，或者资本占有量的差别很小，那么雇佣工人阶级就不存在了。

四个占有量的差别十分清楚地表明，当代资本主义包括其发达国家分配体制的变革或分配关系的调整，并未触动这种制度的根基，即生产资料的高度集中和资本家占有制。在分配问题上已有的变革与调整，既维护了资本家的根本利益，又一定程度地缓和了阶级矛盾，因而是使资本主义生产过程得以延续的改良。

3. 国民收入再分配的国家调节

当代资本主义的国民收入初次分配是由资本家主导的。在生产过程中的资本不断集中和集聚的条件下，只有按资本分配的初次分配，则必然造成富者愈富和贫者愈贫，必将频频爆发经济和社会危机。为了防止或避免危机爆发，当代资本主义对分配体制实现了一次大变革，即以国家财政作为调节再分配的强大杠杆。财政调节发挥了缓和各种矛盾、稳定社会的作用，对当代资本主义经济和社会的发展产生了重大影响。

国家财政调节国民收入再分配有两大杠杆，即税收和财政支出。

首先，关于税收。

当代资本主义发达国家在税收上有这种普遍趋势，即税收占国民生产总值的比重不断上升。这个比重 1983 年在一些发达国家如下：瑞典为 50.5%，荷兰为 47.3%，法国为 44.6%，英国为 37.8%，联邦德国为 37.4%，美国为 33.7%，日本为 26.1%。税收的不断增长是同财政支出的日益扩大相联系的。

税收在调节国民收入上有三种功能。一是缓解周期波动功能。即把税收当作反经济周期波动的工具，在需要刺激经济增长时实行减税政策，在经济过热出现通货膨胀苗头时采取增税措施。二是实行政策倾斜功能。这通过税收优惠来体现，其中主要是课税扣除和课税减免。例如，为鼓励个人购买住宅对房屋抵押贷款的利息支出实行课税扣除，为引导企业增加设备投资实行课税减免，如此等等。三是调节各阶级收入的功能。这一功能的涉及面遍及全社会，适用于所有作为劳动者的社会成员，作用最为显著。

以税收调节各阶级或社会成员的收入，最常见的是实行累进所得税制，即对个人所得按照累进税率征收税赋。就是说收入高的人，向国家缴纳的所得税不仅绝对数高，而且纳税率也高；收入低的人，纳税的绝对数额和比率都低；收入过低者则免征个人所得税。当代资本主义各国普遍推行累进所得税制，个人所得税是其调节富人与穷人收入差距、兼顾“公平”的主要税种。

例如，联邦德国1988年规定：个人年收入在4500马克以下者免征个人所得税；年收入在4500—1.8万马克之间者收22%的个人所得税；个人年收入在1.8万—13万马克之间者按边际税率累进，收22%—56%的所得税；年收入超过13万马克者按最高税率56%缴纳个人所得税。根据计算，与年收入1万马克者相比，年收入5万马克者税前高出5倍，税后降至4倍；年收入10万马克者的高出数额由10倍缩小到6倍，收入25万马克者由25倍降至14倍。

再如瑞典，有关法律规定：月收入在1万克朗以下者不交税；月收入1万—2万克朗者按照30%的税率交税；月收入在2万克朗以上者按50%的税率交税。1986年，瑞典工业工人平均年薪为10.98万克朗，税后为7.07万克朗；工业职员平均年薪为14.1万克朗，按39%的税率纳税后9.73万克朗；收入高的资本家、大商人、演员、运动员按照80%的税率纳税。

美国个人所得税的情况，从1964年起总体上呈不断降低趋势。当里根政府减税1984年全面生效时，最高税率降至50%，最低税率降至12%。1986年第二次税制改革时，把公司所得税由46%降到34%，个人所得税最高税率由50%降到28%。美国累进税的累进性不断降低，代表了发达资本主义国家的普遍性趋势，显然是利于富人的。

其次，关于财政支出。

财政支出作为国民收入再分配的另一重要杠杆，在当代资本主义国家与税收的情形相类似。它在国民生产总值中的比重也呈不断扩大的普遍趋势；它在国民收入的调节上也有三种功能，即缓解周期性波动功能、实行政策倾斜功能、调节各阶级收入功能。以财政支出调节阶级或社会成员的收入，通常都是通过转拨款项来发挥作用的。转拨款项一般用于如下方面：一是用于各种社会援助项目，以增加贫困户和低收入者的所得；二是用于社会保障项目中的政府补贴；三是用于对农产品的价格补贴。

当代资本主义国家特别是发达国家，运用财政手段进行国民收入再分配，对减轻经济危机的严重程度，缓解阶级矛盾和社会冲突，促进产业结构合理化和经济的增长，无疑起了积极的作用。但是，这一过程也形成了这种规律，即减税容易增税难，增支容易减支难。如此经年累月，这些国家的财政便出现了入不敷出的恶性循环，除少数国家外都陷入结构性赤字的泥潭。这构成了当前发达资本主义国家的一大苦恼。

4. 社会福利制度

人们通常所说的资本主义国家的社会福利制度，实质上或者准确地说，是社会保障制度。我们这里用社会福利制度，只是沿用惯常的说法。社会福利制度的推行，是当代资本主义社会的重要特点，而工人阶级和人民大众也从中获益甚多。在发达国家，到20世纪70年代和80年代，社会福利已成为公民的一项社会权利。

社会福利制度的内容大体上包括社会保障和社会服务两大部分。社会保障由社会保险、社会救助、社会补贴三部分组成。社会保险又分为老年保险、医疗保险、工伤保险、失业保险。包括社会保险在内的社会保障资金有4个来源：一是雇主交纳的社会保险税；二是职工交纳的社会保险税；三是国家的财政补贴；四是其他经常性收入，如社会保障基金的利息收入等。美国有一点例外，即政府不给保险以财政补贴。

社会保险，既征收保险税又发放保险金。征收保险税的标准是根据投保人的收入水平，而不看投保目的风险大小。发放保险金，有时根据投保人过去的收入，如退休金和失业保险金；有时与投保人的收入完全脱钩，如医疗保险金。

社会救助，即国家补助贫困者过上最低生活，其经费来自国家和地方政府财政拨款，发放的依据在于确定是否有此需要、能否维持最起码的生活水平和社会标准。

社会补贴，即由政府支出发放的各种家庭补贴，主要有多子女家庭补贴、单亲家庭补贴、孤儿抚育补贴、分娩补贴、产假补贴、儿童营养补贴、儿童入学补贴、住房补贴。

社会服务，作为社会福利制度的另一大类别，不同于社会保障的地方在于：旨在改善劳动者生活状况，提高他们用以享受和发展的资料的数量水平和质量标准；服务项目多种多样，例如，由国家进行的教育、医疗保健，为体弱者、精神障碍者、身体残废者、需要保护的儿童举办公益事业等；提供服务不以接受者的经济状况为转移，所需经费主要来源于国家财政拨款。

发达资本主义国家的社会福利制度的基本框架大致相同。但由于各国的历史背景、经济水平、文化传统等有不同，其具体情况也有差别。有研究者根据这些差别，将发达国家的社会福利制度区分为三种模式，即西欧模式、美国模式、日本模式。

由于各国实施社会保障的方式与范围不同，因而资金的构成和各项来源所占比重也有一些差异。意大利、法国、联邦德国由企业主缴纳的比重较小，分别占社会保障金的58.8%、56%、42%；丹麦、爱尔兰则由国家负担的比重很大，分别占社会保障金的84.9%、62.5%。这些国家的职工个人负担一般占资金来源的15%—20%。其中：丹麦最低，占1.8%；法国最高，占23.7%。美国则由雇主和职工各自承担资金来源的一半。

社会福利制度在当代资本主义国家广泛实行，主要由两个支撑：一是凯恩斯主义的盛行，二是20世纪50年代初到70年代中期即所谓“黄金时期”经济的高速增长。20世纪70年代中期以后，发达资本主义国家的经济进入“滞胀”阶段。一方面企业和政府的收入都不景气；另一方面失业和贫困者增多，结果社会福利开支令国家财政不堪重负，激化了国家与企业纳税人的矛盾。与此同时，社会福利制度实行中也造成了：机构庞大、官僚主义严重、效率低下和浪费过多，某些具体规定不合理与漏洞很多，办事人员徇私舞弊等不良现象。这样，福利制度陷入了种种危机之中。

自那及今，发达资本主义国家社会福利制遭遇的危机大致有四种：一是经济方面的危机，二是老龄化危机，三是福利制度本身的缺陷造成的危机，四是福利制度与经济全球化等新的历史条件不相适应而造成的危机。在福利制度危机30多年的时光里，发达国家被迫采取的福利制度的改革措施或对策，大体上有三种类型：一是以美国为代表的新自由主义的市场化改革，其主要点是削减工资；二是以瑞典为代表的北欧扩大就业改革，重点是通过培训和创造就业岗位安排过剩的、没有专业技能的群众就业；三是欧洲大陆的实际上减少就业劳动力的改革，即名义上延长退休年龄，而实际上用补贴让部分职工提前退休离岗。所有这些改革，都削减了社会福利开支和水平，引起了党派之争和公众的不满，但都不明确社会福利制度将怎样存在，以及朝什么方向发展。

到20世纪90年代中期，一种试图从全面的高度来改革社会福利制度的思想理论开始崭露头角，这就是英国首相布莱尔和英国社会学家吉登斯所倡导的“第三条道路”。他们受到美国总统克林顿福利制度改革思想和实践主张的影响，主张在西方老左派和新右派即传统的社会民主主义和新自由主义之间和之外，走所谓的“第三条道路”。这一思想理论和实践主张，涉及的问题复杂而深广，至今并没有产生什么开拓性的实际效果。但它可能给福利制度走出危机带来某种希望，也预示着资本主义社会福利制度的未来，只能在各种社会力量的矛盾冲突与妥协中，在改良主义道路上时晴时阴地存在和发展。

七　经济运行机制的改良

资本主义经济，直到目前为止，都是依靠市场经济体制和市场机制而运行的。所谓市场机制，主要就是在市场中存在和发挥作用的供求机制、竞争机制、价格机制，它们又相互牵系和相互作用。在这种意义上，即就其运行来说，市场经济是资本主义经济的生命所系。

从起始到20世纪初，资本主义经济的运行一直奉行亚当·斯密的自由市场经济理论主张，私人垄断的形成不过是如此发展的必然性结果而已。20世纪30年代资本主义世界的大危机，最尖锐集中地暴露了完全自由放任的市场经济的深重弊端，随之而现的罗斯福新政和凯恩斯经济理论，则开始致力于疗治自由放任的市场经济，向它施加国家干预。到国家垄断资本主义阶段，科学技术和生产力高度发展，生产和经济发展的社会化与国际化程度空前提高，国际竞争日益加剧，因而如果不对经济运行机制进行改良，那就难以保证经济的稳定增长，而且将造成更为深重的经济与社会灾难。而所谓改良，也就是在坚持市场经济体制和机制的前提下，实行更完善的国家干预和调节，或者说实施更切实的宏观调控。这在客观上表明，资本主义市场经济进入了一个新的发展阶段。

1. 国家宏观调控手段

当代资本主义国家对经济的干预和调节，已经不是权宜之计，而以实现社会总供给和总需求的平衡为宗旨，并且以具体的宏观调控政策目标为长期奋斗方向。而宏观调控政策目标，大体说有以下四个：一是充分就业。这只是说，让失业率保持自然失业率水平，如美国5%左右的失业率为自然失业率，也就是实现了充分就业。二是稳定物价。这是指让价格指数固定不变，不出现通货膨胀，而现在物价增长保持在4%以下就算稳定。三是经济增长。这是说，使国民生产总值和它的人均总值按不变的价格计算有所增长。四是国际收入收支平衡。这是指国际收支经常项目不利用调节性交易而达到的平衡。简而言之，宏观调控就是要使经济的实际运行朝这些目标预期的方向发展。

当代资本主义国家的宏观调控手段和措施，是以凯恩斯主义为代表的当代资产阶级经济学说为理论基础的，也是随着经济过程而不断完善的。当代发达资本主义国家的宏观调控手段和措施已形成完整的体系，其主要方面如下：

（1）以国有经济调节整个国民经济。

发达资本主义国家，都有国家直接占有的财产和企业，这种占有同时也被用作国家宏观调控的手段。国有经济在国民经济中的比重，各国不尽相同，大体上说，西欧各国的比重高于日本和美国，而尤以奥地利、英国、法国、芬兰、西班牙、葡萄牙等国为更高。在经过20世纪80年代的私有化浪潮后，国有经济和国有企业的比例有所缩小。

以国有经济和企业调控经济的运行和发展，所起到的主要作用如下：一是为整个经济的发展提供了比较稳定的基础，尤其是那些重要的基础部门和重要的服务部门，对保证整个经济稳定的作用明显；二是国家对一些国有企业的投资和技术改造，也促进了整个国民经济的发展；三是国有企业发展本身，一般是为了保证社会再生产的进行，也保证了私人垄断资本获得最大利润；四是促进了地区和部门结构的调整。正是由于国有企业起着这样的重要作用，它才不能被私有化浪潮完全荡涤。

（2）财政调节。

当代资本主义国家往往通过财政收入（即税收）和财政支出来实现经济的调控。这里只说基本情况和措施。其一，国家投资。这部分资金大多用于科研、基础设施、交通、环境保护等部门。而这类投资占各发达国家投资总额的比重总体上呈上升趋势，其中科研与开发投资上升尤快。其二，政府对商品与劳务的采购支出，也就是政府消费。这部分支出一般都有较大的增长，其中包括军事采购；而发达国家的政府采购占国内生产总值的比重约为20%。大量的政府采购，为私人垄断资本创造了一个巨大而稳定的国家市场。其三，转移支付。这是各发达国家进行国民收入再分配的一个重要措施，其支付包括社会保险和社会福利系统两大类。转移支付的大部分资金由各国政府特别是中央政府承担。到1989年，主要发达国家的社会福利开支占政府总支出的30%以上。其四，财政补贴。这是指通过有选择的财政拨款，对一些经济部门和企业进行直接和间接的补贴，以支持新兴工业和某些重要部门的发展。各主要发达国家的此类财政支出占国内生产总值的比重：1969 年约为 31.7%，1988 年约为 39.8%；1989 年美国为 33.45%，法国为 42.45%，意大利为 47.48%。其五，税收政策。国家运用税收政策，鼓励扶植某些重要经济部门，限制某些不宜发展或不宜迅速发展的部门，以推进政府的产业政策和地区政策的实施。其主要措施：一是利用加速折旧，推进企业设备更新和新技术的应用；二是通过减税鼓励资本家投资。这往往要通过新的财政法案或税收法案。

（3）金融调节。

金融调节主要包括三方面的内容。其一，调整法定存款准备金率或限额。这就是规定银行的各种存款都必须保存一定比率的准备金额度，以控制货币供应，调节商业银行的流动资金供应总量。其二，变更贴现率。这主要是为调节商业银行的贷款能力和利率水平。主要发达国家经常运用这种手段，来限制或放宽信贷以制止通货膨胀的加剧，促进经济稳定和增长。其三，公开市场活动。这是中央银行调节经济的一项职能和措施，其目的在于直接影响和维持货币的供求平衡。一般来说，当经济萧条时期和需要扩张信用时，中央银行就在金融市场上买进有价证券和承兑票据；当通货膨胀加剧或需要紧缩信用时，中央银行便抛售有价证券，以达到信用紧缩和控制通货膨胀之目的。

（4）收入政策手段。

这一手段是财政和货币手段的补充，包括工资和物价两方面的具体措施。西方经济理论认为，物价决定于商品市场的供求关系，工资则由劳动力市场决定，所以就需要有以工资和物价管理为内容的收入政策作为财政政策与货币政策的补充，以解决通货膨胀问题。主要发达资本主义国家都使用过收入政策。例如，英国在 1956 年和 1962 年都对工资和价格进行过直接干预。20 世纪 70 年代末和 80 年代初，美国和法国则实行了冻结物价和工资的强硬收入政策，规定了物价和工资上涨率的上限，也规定了工资率的最低限额。

（5）行政手段和法律手段。

资产阶级国家对经济运行的调节中，遇到一些前述手段难以奏效的特殊问题，便由国家运用行政手段或法律手段，作出硬性规定强制实行。这突出地表现在一些国家所实行的“反垄断法”、“反对限制竞争法”，以及各国制定和推行的“环境保护法”上面。此外，为应付经济上的某种紧急状态，如通胀压力一再加大，把一些大企业收归国有等国有化举动，也要通过法令而强制实行。这些实质上体现了国家的这样一种职能，即作为上层建筑而维护经济秩序、保证经济正常运行的外部条件的职能。而这种职能对当代资本主义已是必不可少的。

2. 国家计划调节

国家的计划调节，或称经济计划化，实际上属于如前已述的宏观调控手段之一。我们基于某种考虑而专门论说。

经济计划化是作为国家调节经济活动的一种形式而出现的，它实质上是国家垄断资本主义干预和调节国民经济的一种综合形式，而且往往要综合运用财政、金融、收入政策等手段。这种计划只是指导性的，编制过程具有协商性，执行也较灵活。计划调节的目标和内容，大都紧密围绕不同时期所面临的经济任务而设立和安排，一般包括规定一个时期经济发展的战略目标，确定优先发展的部门以及相关的政策。当代发达资本主义国家大都实行过这种计划调节，而较全面实施的有日本、法国、意大利等国，其中法国已实施了 10 个五年规划。

经济计划化之所以出现和实行的原因，大体说有以下三个：首先，社会生产力和生产社会化的空前发展，使得生产的各要素之间、国民经济各部门之间、再生产的各个环节之间，愈加需要保持一定的比例关系，因而至少需要施以一定的计划调节，否则生产过程中的种种矛盾会日益尖锐，以致造成巨大的经济和社会危机。其次，科技革命的大发展，迫切需要对经济部门结构、地区结构进行改造和调整，需要改造旧的生产部门和建立新型工业部门，因而需要巨额资本和整体规划，这必须由国家作出有计划的安排和调整。再次，为避免大规模的经济危机和社会震荡，至少为推迟其爆发或减轻其破坏程度，必须由经济计划来协调市场活动，减少或消除市场机制运行中发生的供求偏离，及时解决生产和消费的矛盾，以创造总量基本平衡的宏观条件。把这些归结起来可以看到，经济计划化是国家垄断资本主义阶段不可抗拒的和无法避开的选择。

国家计划调节的作用和意义是一目了然的。首先，在一定程度上减少了经济发展中的盲目性和自发性，因而部分地弥补了市场机制或市场经济的固有缺陷，利于经济均衡稳定发展，从而某种程度地抑制或改变了资本主义生产的无政府状态。其次，可以致力于使微观企业行为和宏观计划目标趋向一致，从而调节企业的行为和发展方向，促进整个经济的增长和发展。再次，作为安排国民经济发展秩序的手段，可以引导资源合理配置和优化分配，指导产业、部门、地区结构的合理演进，促进国家发展战略的实现。

但是，当代资本主义的国家计划调节或经济计划化，是以资本主义私有制和资本主义市场经济为基础的，它不是要削弱更不是要废除市场机制，而是力图弥补它的缺陷，使之更有效地、更少麻烦地运行和起作用。因此，经济计划化所发挥的作用和显示的意义，仍然是资本主义性质的，而且是为维护垄断资产阶级利益的。正如列宁所指出的："有计划性并不能使工人摆脱奴隶地位，相反地，资本家将更有'计划地'攫取利润。"①所以，国家计划调节在范围和效果上都有很大的局限性，也根本无力克服资本主义固有的矛盾。

这里还有必要指出，当代资本主义的经济计划与通常所谓的计划经济（即科学社会主义理论中的和社会主义以往曾实行过的计划经济），是有天壤之别的两个概念。其差别甚至是两个完全不同的历史时代的差别。计划经济的前提是必须建立在社会主义公有制这个基础上面，而计划赖以形成的根据和其实现的目的，就是并且仅仅是社会成员或人们的需要。扼要地说，计划经济是以人们的需要为出发点和归宿，从而有计划、有比例地组织社会物质生产过程的生产和经济发展的历史形态。它需要的条件之多之高，它的要求之严格，即使目前的社会主义国家也不能完全达到，尽管社会主义国家曾经实践过。而资本主义的经济计划化，只不过是在从属于其市场经济和市场机制的前提下，对它们的遮不住的缺陷的弥补；经济计划化和它所从属的市场经济，都以利润为动力和追求，而市场经济发展过程本身，就是其一切都由利润来驱动的过程。因此，经济计划化不仅完全地、远远地不是计划经济，而且它本身天然地具有空间限制，这是因为资本主义私有制天然地拒斥大规模的、全社会的经济计划。在资本主义私有制基础上断然不会产生计划经济。那种仅据这种经济计划化而大谈当代资本主义经济的自觉性、有序性、均衡性、协调性的观点，是失去了科学理性的。人类经济活动中的真正而彻底的自觉性等，只有在计划

① 《列宁全集》第29卷，人民出版社1986年版，第436页。

经济真正实现的时候。我们可以断言，经济计划化不能解决资本主义社会的基本矛盾，甚至不能消除整个社会的无政府状态和经济危机。

3. 改良的效果与局限

当代资本主义国家对其经济运行机制所做的改良，具体而确切地说，是针对市场经济或市场机制固有的缺陷、弊端和不足的。市场机制的缺陷和弊端可以归纳如下：其一，市场机制配置资源有效且作用巨大，但不一定合理；其二，只顾及当前需求，不能顾及长远发展；其三，市场本身必然产生生产和需求的脱节或失衡，而其调节作用总是滞后的或事后的；其四，市场机制的分配功能本身，只会造成贫富分化，使社会不公和社会矛盾激化；其五，基础部门和公共工程，需社会力量来完成的能源、环保、宇宙开发等重大计划，靠市场是乏力的或者是无力的；其六，市场很难保证经济既较快增长，又能避免通货膨胀；其七，市场不能自动实现与世界各国、各地区、各集团的经济贸易关系的协调与发展；其八，市场力量不能实现国际收支的平衡。

市场机制和市场经济一向就有的缺陷和弊端，对于生活于资本主义社会的人们和经济学家来说，不仅一向就有切肤之痛，而且认识也不断增加。而在当代资本主义条件下，必须给自由放任的市场经济套上缰绳了，即在让市场机制起根本作用的前提下，必须施加国家干预，从而使两者相互结合、补充和制约。这说到底不过是一定程度地承认当代生产力和社会化大生产的本性和要求罢了。但这毕竟是一种历史的进步。

经济运行机制的改良，产生了相当大的作用和效果。它们具体表现如下：发达资本主义国家经济有了较快发展；资本主义的经济周期和危机比二战前平缓，发生20世纪30年代那样的灾难性大危机的可能性有所改变和降低；发达国家的科学技术突飞猛进，生产力水平空前提高；产业结构不断升级，产业部门之间未发生严重失调现象；收入分配有改进，社会不公平等极端现象有减少；劳动人民贫困现象减轻，社会矛盾大为缓和；资本主义对外经济活动空前发展，国际贸易、投资、金融活动不断扩大；资本主义世界的国际关系得到协调，主要发达国家的矛盾和斗争有了节制，而其合作有了加强和深化。

但是，改良的效果是而且必定是有局限的，而改良本身很快就会达到极限。

国家的干预和调节活动本身受市场和市场机制的制约。如前所述，国家干预针对的是市场机制的固有缺陷和弊端，因而是为增强市场机制的新能量和更好地利用市场机制，而绝不是相反。因此，国家干预和调节的前提必然是尊重市场机制和遵循一般的市场原则和规则。但是，这不仅决定了国家干预的深度和广度有限制，而且也会在某种程度上干扰甚至破坏价值规律、市场规律的实现。国家干预这种新手段会产生新矛盾。

国家对经济的干预和调节，必须首先符合资产阶级特别是垄断阶级的利益，因而受此制约。国家采取的干预和调节的政策措施，只能是各垄断资本集团角逐的结果，同时还要照顾到其他社会阶级、阶层、利益集团的要求。但所有这些利益和要求，并非都与经济发展的客观规律和客观实际相符合，有的甚至相违背。

国家调节手段本身不是无限的，因而受到制约。以财政手段说，目前许多国家财政预算支出已占国内生产总值一半左右，恐将接近最高限度。当前美国政府信用评级的下调，欧盟债务危机，特别是希腊、西班牙、意大利等国日益严重的债务危机，是很能说明问题的。如果税率过高，势必削减公司投资能力和个人实际收入，从而影响经济增长。如若政府依靠赤字扩大开支，则必定导致通货膨胀。行政手段和法律手段的运用，也不可以无视市场原则和企业以及阶级、阶层和各集团的利益，尤其不能用繁多的法规使市场机制无从发挥作用。

国家干预和调节所受的根本性制约，就是来自资本主义私有制和生产方式的限制。无论国家怎样调节，调节的范围和力度多么大，都是在资本主义私有制基础上，在资本主义生产方式范围内，在资本主义的各种矛盾和规律起作用的条件下进行的。因此，它可以在某种程度上缓和矛盾，限制资本主义规律的破坏性作用，但无法消除这些矛盾和取消这些规律。在这个方面，国家干预和调节的局限性和极限尤其明显：绝不会以工人阶级和劳动人民的根本利益和长远利益为准则；而一旦有可能威胁到资本主义私有制和生产方式的时候，一切干预、调节以及对生产关系的调整马上就会终止。

总体来说，资本主义国家对经济的干预和调节，在缓和资本主义各种矛盾方面取得了相当大的效果。但是必须看到，即使在收到正面效果的同时，不仅这种效果本身有克服不了的局限，而且也必定会带来各种意想不到的负面效果。因为资本主义的基本矛盾依然存在，资本主义固有的经济规律依然在起作用。自 2008 年美国金融危机爆发以来，发达资本主义国家的衰退与危机，已对此作出了十分深刻的注释。在国家垄断资本主义阶段，资本主义经济规律就是这样为自己开辟道路的，因而资本主义国家的干预和调节，也只有在种种局限中持续下去。

第二章

当代资本主义的经济危机

当代资本主义经济危机，是历史上的资本主义经济危机在国家垄断资本主义条件下的延续形态。它除了表现为传统的经济危机即以生产相对过剩为实质的周期性经济危机之外，还表现为结构性危机、金融危机。以新形式呈现并正在来临的经济危机，以及这些危机所导致的种种经济与社会现象。十分明显，当代资本主义的经济危机，已经发展成为一个结构复杂、在经济过程中愈益具有独立性的危机系统。所有这些表明，资本主义固有的本质和基本矛盾依然潜存于当代资本主义社会机体之中，而且不可拔除和不可克服。由于这样，当代资本主义经济危机也依然是不可避免和不可根治的痼疾，因而终归逃脱不了为更高社会形态取代的命运和结局。

一　资本主义经济危机述要

经济危机，即以生产相对过剩为根本特征，社会再生产和经济发展过程周期性地爆发的混乱和衰退，是资本主义社会必有和特有的现象。自1825年英国爆发第一次经济危机起，资本主义生产和经济发展就患上了这种不治之症。自从1847年第一次爆发世界经济危机以来，资本主义体系就没有摆脱过经济危机的噩梦与折磨。

危机的可能性虽然存在于比较发达的商品生产和商品交换之中，特别是存在于以货币为媒介的商品流通和商品经济之中，但只有到资本主义生产方式占统治地位以后，危机的可能性才变为现实性。而在此前的人类无比的漫长的发展历程中，例如自给自足的自然经济和物物交换时代，危机既不可能发生，也不可能想象。

为什么资本主义生产方式或社会必然把可能的危机变成现实的危机呢？其根本道理或原因在于：在机器大工业基础上形成的社会化大生产和巨大的生产能力，与生产资料的资本主义私人占有尖锐对立和深刻不相容。也就是说，因为形成了资本主义的基本矛盾，即生产社会化与生产资料资本主义占有的矛盾。这个基本矛盾在人类历史发展中是独特的，因而由它导致的经济危机也就是资本主义社会所特有的。

资本主义的基本矛盾有两个具体表现，或者说有两个派生的矛盾。第一，个别企业生产的有组织性与整个社会生产的无政府状态之间的矛盾。这一矛盾的主要特点是，破坏生产和经济发展中客观上应有的比例关系，造成供给和需求的脱节或不相适应，从而引发经济危机。这种情况在国家垄断资本主义条件已大有改变，但完全彻底地改变却是不可能的。第二，生产盲目增长和无限扩大的趋势和劳动群众有支付能力的需求相对缩小或狭小之间的矛盾。这一矛盾的主要特点是，它直接导致对于劳动群众的购买力来说的生产过剩，即相对生产过剩或生产相对过剩，因而是经济危机的最直接的原因。马克思就此指出："一切危机的最根本的原因，总不外乎群众的贫困和他们的有限的消费，资本主义生产却不顾这种情况而力图发展生产"。[①] 资本主义的基本矛盾及其派生矛盾，是为无限止地追求剩余价值或利润而生成的，是在这一追逐过程中而运动和发挥作用的，因而经济危机也就是必然的和不可避免的。

与资本主义基本矛盾的运动和资本主义生产过程中各种矛盾的积累相一致，经济危机是周期性的，即每隔若干年爆发一次。在第一次世界大战以前，各主要资本主义国家大约每隔8—10年爆发一次危机。当资本主义基本矛盾及其引发的一系列对抗和冲突发展到一定程度，也就是说，当生产的迅速扩大与劳动人民的购买力不足两者剧烈冲突，当市场的扩大难及生产的扩张，供求不平衡状态恶化，社会再生产的实现条件遭到破坏时，经济危机就会爆发。危机爆发时的基本现象是，商品大量积压，生产骤然下降，工厂大批倒闭，工人大量失业，利息率急剧上升，社会处于动荡和恐慌之中。经济危机的爆发客观上有这样一种作用：使社会生产力遭到巨大破坏，使投资与生产剧烈下降，生产与消费的关系达到暂时的平衡，从而使尖锐化了的资本主义基本矛盾暂时得到缓解。于是生产又重新开始，但同样的矛盾积累和激化又将导致危机的重现。所以，"危机永远只是现有矛盾的暂时的暴力的解决，永远只是使已经破坏的平衡得到瞬间恢复的暴力的爆发"[②]。它表明，资本主义生产方式靠牺牲已经生产出来的生产

① 《资本论》第三卷，人民出版社1975年版，第548页。

② 同上书，第278页。

力来发展劳动生产力。

周期性地爆发的经济危机，使资本主义再生产过程也具有周期性。从一次危机开始到另一次危机开始之间周而复始地经历的阶段和时间，就是资本主义再生产的周期。每个周期包括危机、萧条、复苏、高涨四个阶段。危机是上一个周期的终点和下一个周期的起点。（1）危机阶段：由于生产过剩和社会购买力下降，致使大量商品堆积和价格猛跌；由此导致工厂企业停工减产，利润率普遍下降以致纷纷破产，因而失业激增，人民生活状况恶化；进而发生产业危机、工商危机、信用危机，整个社会经济生活陷入混乱。（2）萧条阶段：即停滞阶段；资本家为摆脱萧条停滞状态而开始着手恢复生产的系列活动；大规模的固定资本更新，推动着生产资料部门的恢复，因而也带动着消费资料生产的恢复；就业人数渐渐增加，商业和信用渐渐趋于活跃。（3）复苏阶段：即经济恢复阶段；资本家开始扩大投资和生产规模，因而就业日益增加，物价缓慢回升，市场容量增大，企业利润增加；商业和信用更趋活跃，再生产因此进一步扩大，从而社会生产渐渐恢复到危机前的水平。（4）高涨阶段：这是再生产周期中的繁荣阶段；投资、就业和生产的迅速增加和发展，使得市场兴旺，物价上涨，利润增加，商业信用普遍发展，社会一片繁荣景象；一切都开足了马力，但一切又都临近危机的门槛了。

周期性的生产过剩的危机，根源于资本主义社会的基本矛盾。随着机器大工业在主要资本主义国家的普遍确立，资本主义的基本矛盾及其派生矛盾也普遍地运动和作用起来，因而就有了资本主义世界性的经济危机。这种世界性的经济危机有两个基本特点：一是再生产和经济周期的一致性。由于生产过剩并非一国而是世界性地发生，那就没有任何一个主要国家可以在世界市场销售自己的过剩产品，能够推迟危机的爆发，因而使再生产和经济周期呈现大体的一致性。二是危机和经济周期的非同步性和不确定性。各国再生产作为资本主义世界再生产的一部分，是有其相对独立性的，而他们的再生产的条件因受内外政治与经济等因素的影响而有一定的差异，这就使各国的危机和经济周期表现出非同步性的一面，因而使世界经济危机爆发时间和世界经济周期有了一定程度的不确定性。以上两方面在世界资本主义生产和经济过程中，既不相互取代又相互影响，所以，世界经济危机一旦爆发，破坏、混乱的动荡就更深重、更复杂和更持久。

二 当代资本主义经济危机的特点

我们前面简要叙说的资本主义经济危机，是其典型的、传统的、一般的形态或表现。这样说是因为，它包含了资本主义经济危机的根源，呈现着资本主义再生产和经济的周期性，以及危机爆发的条件和周期运转的基本情形，从而证明或显示了资本主义经济危机的客观规律性。不论后来的经济危机有怎样的变化，其根源和根本机理都不是新生的。相反地，固有的根源和机理依然发挥着决定性的作用。而且它们的存在表明，只要资本主义的本质不变，它的经济危机就不会消失，也不可能真正克服和消除。

当代资本主义所改变的只是经济危机的表现形式，而这种改变归根结底只是传统经济危机的延续。与传统经济危机比较起来，当代资本主义的经济危机具有下述新特点。

第一，危机的严重程度和破坏性有所减轻。

资本主义经济危机在二战以前大多来势凶猛，到 20 世纪上半叶破坏性明显增强。其中 30 年代的大危机曾使：资本主义国家的工业生产倒退几十年；失业人数和企业倒闭之多创历史之最。当代资本主义经济危机不像二战以前那样剧烈，破坏和摧毁性很大。就生产下降幅度看，最严重的是意大利曾经的22. 4% （而战前美国下降最严重达55. 6%）；失业率最高的是美国曾达到的 12. 5%；固定资本投资下降幅度最大的没有超过 28%。所有这些以及企业破产数量，都比战前小得多和轻得多。

但是，20 世纪 80 年代以后，经济危机的严重程度和破坏性又有趋于严重的势头。例如，在 1982 年的二战后第五次世界经济危机中，各主要国家的失业人数达 3050 万人，接近 30 年代大危机的水平；而美国、英国、法国、联邦德国等国，企业破产也创战后最高纪录。

第二，经济危机更趋频繁。

在 19 世纪，资本主义经济危机大约 10 年发生一次。20 世界上半叶大约 9 年发生一次。其中从 1900 年到二战前发生了 5 次经济危机。二战以后，危机更加频繁，大约 8 年发生一次。其中前 40 多年里，美国、英国均发生了 8 次，日本发生了 7 次，联邦德国发生了 6 次，法国发生 5 次。

从世界经济角度看，自 20 世纪 50 年代中期以后，各国经济危机的周期性大体恢复；到1991年为止，资本主义国家发生过5次世界性经济危机，即1957—1958年、1965—1967年、1973—1975年、1979—1982年、1990—1991年经济危机。自那以来，又发生了两次由金融危机引发的世界经济危机：1997年由东南亚金融危机引发的波及全球的危机；2008年由美国次贷危机引发的席卷全球的金融危机和经济危机，其严重性仅次于20世纪30年代的大危机，以致到2013年美国、欧盟、日本等仍处于严重衰退之中，整个世界经济的复苏尚无明显和稳定的迹象。

第三，危机期间物价上涨和利息率下降。

在二战以前，生产过剩的经济危机爆发时，产品供过于求严重，库存大量积压，因而物价大幅下跌；危机越严重，物价下跌幅度越大。20世纪30年代大危机中，美国物价下跌23.6%，英国下跌15.7%，法国下跌16.9%，德国下跌23.4%，日本下跌26.4%；其中，英国批发物价指数下跌了57.8%，美国的消费物价指数下跌了47%。

但二战以后，情况发生了相反的变化，即危机期间物价不跌反涨。20世纪50年代的危机到来时，各国物价只是轻微下跌；60年代则有轻微上升；70年代以后则是大幅上涨，许多国家上升率达到两位数。例如美国：1948—1949年危机时消费物价下跌2.7%，1953—1954年危机时下跌0.75%，1957—1958年危机中上涨4%，1969—1970年危机中上涨6.2%，1973—1975年危机中上涨7.4%，1980—1982年危机中上涨8.9%。其他主要资本主义国家的情形与美国类似。这样的情形，在资本主义经济危机史上从未有过，因而成为当代资本主义经济危机的显著特征。

与上述情形相关联的是利息率的变化。在二战以前，当经济危机爆发时，一方面对借贷资本的需求急剧增加；另一方面借贷资本的供应则因为坏账和风险大等原因而大大减少，因而利息率会上升。但在二战以后，历史上合乎逻辑的如上情形却倒了过来，即危机期间利息率不升反降。例如，美国经济危机年份利息率下降的情况：1953—1954年为7.7%，1957—1958年为22.3%，1959—1960年为10%，1969—1971年为38.2%，1974—1976年为47.9%，1980年为57.4%。这样的情形同样是资本主义经济危机史上未曾有过的。

第四，经济周期各阶段的差别有所弱化。

首先，关于危机阶段的一些变化，上面其实已经涉及，因此不再予以述说。其次，萧条阶段和复苏阶段的界限变得不明显。这两个阶段固有的情形与差别前面已有叙说。而在当代资本主义条件下，在经济危机过后的经济回升过程中，这两个阶段之间的界限已不如以往那样明显；在有的再生产和经济周期中，甚至看不到萧条阶段。这种变化在美国尤为突出。再次，20 世纪 70 年代以后，高涨阶段生产增长乏力，近乎停滞。许多国家的工业生产达到危机前的高点之后，增长即缓慢下来，失业率居高不下，货币市场资金紧张，利率急剧上升，物价大幅上涨；这也就是说，以往典型的高涨现象消失了，或者说高涨阶段缩短了，取而代之的是经济滞胀。这种反常现象是危机史上前所未有的。最后，总体来说，当代资本主义再生产周期的各个阶段仍然存在，但它们之间的交替过程和界限不如此前那么明显；危机过后的经济回升相对疲弱无力，高涨阶段超过上次危机时的最高点不多，萧条和复苏阶段延长。

第五，周期性危机与另两种危机交织或伴随。

所谓另两种危机是指结构性危机、货币信用危机或金融危机。周期性危机与结构性危机相交织，扩大了周期性经济危机震荡的规模，延长了其持续时间；而周期性危机渡过之后，结构性危机仍然存在，这便对经济危机的复苏与高涨持续产生了抑制作用。20 世纪 70 年代以后，周期性经济危机与货币金融危机愈趋相随伴且相互作用，从而使经济危机趋于复杂化，破坏性趋于增强。关于结构性危机和金融危机，将在后面专门叙说。

当代资本主义经济危机的如上新特点表明，二战后，再生产和经济周期的收缩机制与扩张机制受到了严重干扰，从而造成了经济周期形态的明显变化。导致这一点的主要原因如下。

首先，新科技革命的影响。

新科技革命的一个重大结果，是使整个产业结构升级和面貌大改观，特别是使包括商业、金融业、交通、电讯、信息咨询、社会服务在内的第三产业迅速发展起来。第三产业的大发展，一方面吸纳了其他产业在劳动生产率提高和经济危机过程中游离出来的大量劳动力，因而减轻了失业人口和产业后备军扩大的趋势；另一方面，扩大了物质产品的销售市场，从而大大缓和了社会产品和劳动力相对过剩这一资本积累的矛盾，并在缓和危机与促进复苏方面发挥了积极作用。这是促使当代资本主义经济危机比较温和的重要因素。

新科技革命带来了企业管理的社会化，形成了社会化的专业管理机构；专业管理机构又以现代化的信息手段结合为网络化的管理体系，为企业提供各种管理服务。这样的社会化的管理条件，减少了生产的盲目性，改变了社会再生产的物质技术基础，并长期制约经济周期的运行。这对控制经济过热产生了重要影响。

新科技革命产生的重要社会经济效应之一，是丰富了社会产品的内容，提高和改善了社会消费水平和社会消费结构，开辟了新的投资领域，加快了固定资本更新的节奏，因而推动消费需求和固定资本投资与更新快速增长。固定资本的扩大和更新在危机爆发时施行，可以一定程度地缓和危机；同时，也加强了经济内部自发形成的自我强化力量，因而使经济回升强劲有力，萧条阶段不明显，甚至使经济回升的时间明显缩短。20 世纪 50—60 年代萧条阶段和复苏阶段界限不清或差别减弱，主要就是由此造成的。

新科技革命如上的三种主要影响中，前两种表现为对经济周期收缩机制的影响，后一种则表现为对经济周期扩张机制的影响。由此可见，新科技革命对经济周期运行的影响十分重要和明显，而这样的影响无疑将会继续发生。

其次，国家干预的作用。

关于国家垄断资本主义阶段国家对经济及其运行的干预和调节，前面已有比较系统的叙说。这里主要从资产阶级国家采取的反危机措施的角度或意义上，来考察说明经济周期之所以变形的主要原因。反危机措施也是通过对经济周期的收缩机制和扩张机制而起作用和产生影响的。

通常情形是，当经济过热因而危机酝酿的过程中，资本主义国家尤其是发达国家就采取紧缩性经济措施。例如：提高利率，抛售政府债券，减少货币供应量，抑制私人消费和固定资本投资；必要时，提高存款准备金比率，削减政府开支，增加税收，实行收入政策。这些措施，一方面，在阻止生产盲目扩张和减缓生产过剩上有一定的作用，并由一些发达国家实际情况所证明。但是另一方面，由于根本不能防患于未然，因而从发现问题到政策出台再到政策实施这一过程性，使得紧缩性措施带上了明显的滞后性，它们甚至往往会在经济开始由扩张向收缩方向倾斜时才发挥主要作用，从而加速这种倾斜并进而导致经济危机。这种情形在二战后危机史上并不少见，其中 1981—1982 年、1990—1991 年的经济危机就是如此。

同样通常或普遍的是，当经济危机爆发时，政府转而采取扩张性的政策措施。这主要是：增加政府开支，降低利率，大量收购政府债券，借以增加货币供应量，促进个人消费和固定资本投资；必要时，降低存款准备金比率，实行减税，扩大政府支出，倾力阻止个人消费和固定资本投资下降。直言之，个人消费开支和固定资本投资下降，是经济危机深化蔓延、市场供求关系恶化的主要力量；而这方面的国家干预和调节，则必然使经济危机的震荡降低，变得比较温和。

发达国家对经济周期的收缩机制和扩张机制都进行干预和调节，既用反危机措施抑制经济危机，也用经济刺激措施推动经济增长，因而大体上避免了经济发展过程中的大起大落，降低了经济危机的猛烈度和破坏性，结果使再生产和经济周期发生了变形。

然而，长期运用财政政策和货币政策刺激经济增长，抑制经济危机，使得发达资本主义国家的经济逐渐患上了几种病态：（1）生产能力严重过剩，设备利用率普遍降低；（2）信用过度膨胀，公司债券大量增加；（3）通货膨胀严重，物价大幅上涨；（4）财政赤字不断增加，国家干预措施受束缚。这些自20世纪70年代起即已积重难返，成为一种复杂的病态，严重阻碍当代资本主义经济的发展。具体地说：第一种病症会降低利润率，使固定资本投资难以增长；第二种病症引起货币市场资金紧张，推动利率上升，阻碍固定资本投资和个人消费增长；第三种病症削弱居民购买力，抑制消费需求和社会经济效益的提高；第四种病症使通货膨胀更趋恶化，同时也将加剧资金紧张，推动利率上升，使固定资本投资和个人消费增长受阻。由于上述方面的综合作用，便形成了低经济增长率、高失业率、高通货膨胀率同时并存的滞胀现象。而自70年代以来，滞胀就成为所有经济周期的显著特征。

三　结构性危机

结构性危机，是指经济结构在非周期性因素影响下严重失调，即一些生产部门之间的比例严重失调，阻碍整个经济稳定增长及正常运行而形成的危机。当代资本主义不仅未摆脱周期性经济危机，而且自20世纪70年代明显增添了结构性危机。

结构性危机与生产过剩的周期性危机有一定联系且有不少相似之处，因为它们都在生产领域或流通领域表现为种种比例失调。但结构性危机与周期性危机的重大差别还是明显的：其一，结构性危机既可以表现为生产过剩，也可以表现为生产和供应不足；而周期性危机只表现为生产过剩。其二，结构性危机中的生产过剩在某些情况下是绝对的；而周期性危机中的生产过剩只是相对于有支付能力的需求而言的，即相对的过剩。其三，在周期性危机中，流通领域的比例失调未必是周期性危机的反映，因而即便未发生周期性危机也依然存在；而在周期性危机中，流通领域的比例失调只是生产领域比例失调的反映。其四，结构性危机在各国的表现和影响不一样，有时甚至完全相反；而周期性危机特别是世界性经济危机，在各国的表现则基本相同。其五，结构性危机的最显著特点是持续时间长，往往要延续10年甚至更长时间；而周期性危机一般持续一两年，多则两三年即会过去。

20世纪70年代以来，结构性危机一直困扰着当代资本主义国家特别是其发达国家。它发生在不同的经济领域，而其程度和表现形式有很大差异。

原料危机。表现为原料价格大幅上涨已超过工业制成品价格的大幅上涨，诸如金属原料、矿物原料、农业原料的价格均大幅超过工业品价格的上涨。这并不是由于原料供应绝对短缺，只是由于原料供应的稳定性受到资本主义国家间的矛盾的冲击。

石油危机。表现为石油输出国压缩石油生产，减少供应，大幅度提高油价，对石油进口国的经济产生猛烈冲击。例如1973—1974年、1979—1980年两次石油危机就是这样。但这也不存在绝对的短缺，石油储量和当时开采水平的比例并没有变化，而是不同水平的资本主义国家的矛盾暴发的结果。

传统工业危机。由于产业结构不能适应新的生产力发展需要，20世纪70年代后期出现钢铁、煤炭、造船、汽车、纺织等在发达国家普遍限于停滞和衰落。这些传统工业部门，产品被新兴工业部门的产品所替代，劳动生产力下降，设备闲置，出口萎缩，利润降低，大量削减生产，被迫解雇工人。其中，美国的钢产量减少了45.7%，英国和法国钢产量降幅甚至超过30年代大危机时的降幅。

世界性通货膨胀。20世纪70年代出现了世界性通货膨胀高潮。这与当时震源国即少数发达国家向外输出通货膨胀，即把国内物价上涨因素转移到出口价格上，实行其货币对外贬值有关，致使1974年世界通货膨胀率达到15.6%，直到1979年仍有55%的国家通货膨胀率超过10%。

金融危机。即信用过度膨胀基础上的银行信贷体系危机，表现为货币市场资金紧张，利率居高不下，银行贷款对存款的比率上升，许多金融机构被坏账、呆账拖累而倒闭。例如，发达国家在1982—1983年、1988—1990年就发生过两次较大的金融机构倒闭浪潮。此后又有了1997年东南亚金融危机，2008年美国金融危机。

国际货币危机。即主要国际货币信誉低落引起的国际金融市场动荡，表现为金融市场抛售美元而抢购黄金和其他发达国家硬通货的风潮。从1960年到1973年2月，美元发生过10次危机后，以美元为中心的二战后国际货币制度瓦解。1973年实行浮动汇率后，美元汇价波动更加频繁，20世纪70年代末和1985—1987年又经历两次激烈的动荡，使国际金融市场陷于混乱。自2008年美国金融危机爆发以来，美元的国际货币霸主地位进一步动摇，国际货币制度面临着重建的复杂局面和矛盾冲突。

国际债务危机。主要是发展中国家对发达国家积欠的债务急剧增加，无力如期偿债，引起国际金融市场动荡，从而阻碍世界经济的稳定与发展。1982年国际债务危机爆发时，发展中国家积欠的债务达5290亿美元，为其出口值的151%，有40多个国家要求延期还债。而到1990年，发展中国家的债务总额上升到13336亿美元。到目前为止，国际债务问题还不见圆满解决的前景。在这一过程中，绝大多数非洲国家和拉美国家的经济发展，至少经历了两个“失去的十年”。

结构性危机在当代资本主义国家内部也同样发生。例如，传统工业部门的衰落，结构性失业增多，财政赤字不断扩大，国内债务不断积累，都是国内结构性危机的基本表现。目前欧盟及其一些国家遭遇的严重债务危机，相当程度上是结构性危机的表现。

自20世纪70年代以来，在许多领域同时爆发并震撼世界经济的结构性危机，主要是当代资本主义经济结构多层次、多方面的失调造成的。而造成经济结构失调的，则是一些影响世界经济的重大历史因素。

首先，资本主义产业结构失衡。我们前面曾叙述的当代资本主义产业结构的变动、调整和升级，作为一种自然过程是历史的进步，但在资本主义制度下又以危机的形式表现出来。在新科技革命推动下发生和实现的产业结构的变动，既造成了新型产业部门的形成和发展，同时也引起了传统工业的急剧衰落，从而使产业结构明显失衡。例如，发达国家的钢铁工业，由于科技革命创造出的新型合成材料在许多方面取代了钢材的用途，长期处于衰落状态，许多钢厂倒闭，大量工人失业。这当然是结构性危机，而不是一般生产过剩的经济危机。可见，资本主义条件下科技革命和科技进步引起的传统工业的衰落，必然造成结构性危机。

其次，国家垄断资本主义的副作用。国家垄断资本主义的形成和发展，对于资本主义和人类历史进程都是一种重大的历史现象和因素。当代资本主义各国普遍运用财政与货币政策刺激经济发展，遏制经济危机。这虽然限制了周期性经济危机的破坏作用，但阻碍了货币流通量和信用规模随经济周期的运行而自动地收缩和扩张，从而造成了严重的通货膨胀和信用膨胀。通货膨胀反映了货币供应量与商品流通实际需要货币量的比例失调，信用膨胀反映了信用规模与社会再生产规模的比例失调，它们并非经济周期运行机制所造成，而是人为干扰即国家干预机制造成的恶果。由这两种失调引起的货币贬值、物价上涨和金融危机，本质上是一种结构性危机。可见，国家垄断资本主义的发展，即使对资本主义也必然产生不良后果或副作用，包括造成多种比例失调和结构性危机。

再次，旧的国际分工体系和国际经济秩序遭受了一定的冲击。旧国际分工体系和建立在它上面的旧国际经济秩序，都是帝国主义长期殖民统治的产物。旧的国际分工体系，就是未被根本改变地延续到20世纪70年代的垂直分工体系：殖民地从事初级产品生产，为宗主国提供原料；宗主国向殖民地输出高价的工业品。以如此不平等交换为基础的旧国际经济秩序，从多方面和多层次把殖民地的利益严重受损固定化了。到了20世纪70年代，已获得政治独立、走上发展民族经济道路的广大发展中国家，掀起了争取建立“国际经济新秩序”的斗争高潮，从而导致了资本主义世界的原料危机和石油危机。此后，发达国家推行新殖民主义，凭借资本和技术优势进一步剥削发展中国家，这又导致了国际债务危机。直到目前，发展中国家争取建立“国际经济新秩序”的斗争和努力，仍在以多种形式继续。

最后，资本主义不平衡发展规律依然发挥作用。资本主义的经济发展和政治发展从来是不平衡的，商品经济和市场经济决定了这种不平衡发展是必然规律。二战后，日本和联邦德国经济发展速度曾长期超美国，在世界经济中的地位不断提高；而美国在世界工业、世界贸易、国际金融等方面的地位都江河日下，商品竞争力下降，国际收支大量逆差，黄金储备急剧减少。自20世纪60年代始，国际金融市场出现抛售美元、抢购黄金的风潮，改革国际货币制度的呼声随之而起。以美元为中心的二战后国际货币制度瓦解后，由于各国经济发展速度不同，通货膨胀率不等，国际收支状况悬殊，致使国际金融市场长期动荡不安。同时，发达国家之间的贸易战、科学技术制高点争夺战、发达国家与发展中国家关于世界贸易规则与问题的谈判之争，不仅旷日持久而且愈趋复杂。从80年代至今，经济全球化趋势愈益明显，因而世界经济区域化、集团化的势头也在发展；同时，南北发展差距日渐拉大，世界贫富鸿沟继续加深。所有这些，从不同侧面表明，资本主义发展不平衡在加剧，世界经济的矛盾冲突趋于深刻和复杂化。在这样的世界经济格局和状态中，各种各样的结构性危机的酿成和爆发，是必然的而且十分自然。

四 金融危机

金融资本作为垄断资本的核心，在当代发达资本主义国家发生的一系列的变化，使金融资本的统治更加广泛和深入。同时，这一方面显示出国家垄断资本主义在向国际金融垄断资本主义发展，另一方面使金融资本的寄生性和腐朽性空前加重。金融资本在当代资本主义条件下的昂首阔步和肆无忌惮，不仅使资本主义基本矛盾趋向深化和复杂化，而且违背和扭曲了资本主义商品生产和经济运行一向就有的规律，从而引起了金融危机。这种金融危机到20世纪末和21世纪初，已不单纯是金融危机，同时也是并进而引发经济危机。

1. 金融资本的新发展和新作用

列宁第一个完整、系统地提出了金融资本的形成及其统治的理论。他指出："生产的集中；由集中成长起来的垄断；银行和工业的融合或混合生长——这就是金融资本产生的历史和这一概念的内容。"而"二十世纪是从旧资本主义进到新资本主义，从一般资本统治进到金融资本统治的转折点"。[①] 根据列宁的思想，金融资本是垄断资本主义条件下银行资本与工业资本融合生长出的更高形态的垄断资本。

在当代资本主义条件下，银行垄断资本与工业垄断资本相互融合而形

① 《列宁选集》第二卷，人民出版社1972年版，第768、769页

成金融资本的过程，已衍生为各种形式的金融业垄断资本和各种形式的产业垄断资本相互融合而形成不同形式的金融资本的过程。在货币和信用高度发达的资本主义国家，经济活动越来越仰赖金融体系在资金和资本上进行融通和调节，金融成为经济运行的血液和命脉，金融业资本是积累最快的资本形态，而其集中和垄断程度也不断提高。

在当代发达资本主义国家，其金融资本的发展呈现下述特征：

第一，银行垄断资本的实力仍在加强。首先，表现在银行持有资产的规模进一步扩大。例如美国，1988 年资产超过 5 亿美元的银行有 580 家，只占银行总数的 4.4%，而拥有的资产却高达 23105 亿美元，占银行总资产的 73.8%。其次，银行除了控制巨额信贷资金外，还垄断了大规模的私人信托资金，建立起广泛的分支银行网络，占领金融业务市场。例如，英国 9 家最大商业银行在国内有近 1.5 万家分行和办事处，它们 1989 年占英镑存款的 56.8% 和银行业总资产的 31.7%。再次，银行业兼并风潮不断，出现了超巨型银行。例如日本，1971 年 10 月第一银行和劝业银行正式合并，成立了第一劝业银行，现已发展为世界最大的商业银行，1990 年资产额高达 4064.04 亿美元，净收入 93 亿美元。垄断银行的合并，加强了金融资本在国内的垄断地位，又增强了国际竞争力，形成了众多跨国银行。

第二，非银行金融机构快速发展。发达国家庞大的金融体系中，除了占主要地位的商业银行以外，为数众多的各类非银行金融机构发展十分迅速。非银行金融机构包括三类：一是储蓄组织，如信托储蓄银行、储蓄和放款协会、互助储蓄银行等；二是投资组织，如从事投资银行业务的各种证券公司和投资公司、金融公司、投资信托基金、20 世纪 70 年代末以来盛行的货币市场基金等；三是契约性质的专业金融机构，如人寿保险公司、灾害保险公司、养老基金等。非银行金融机构的资产增长很快，例如，美国非银行金融机构 1970 年持有金融资产为 8250 亿美元，1988 年上升到 67330 亿美元，年均增长 12.4%，资产额已是商业银行资产额的 2.8 倍。各类非金融机构在激烈的竞争中也实行了混合兼并，转向多样化的金融服务。尽管各种非银行金融机构之间有特定的分工领域，但相互间的渗透和业务交叉却日益加深。而 20 世纪 80 年代以来席卷全球的金融创新浪潮，进一步推动了金融机构功能多样化的趋势。同时，在金融业中，非银行金融机构还与银行互相联合。凡此种种表明，当代资本主义条件下的金融组织已发展成为以银行为核心的金融混合联合公司，其经营范围大扩张是以往所不能比拟的。

第三，跨国银行大量涌现。自20世纪60年代以来，发达国家的跨国银行迅猛发展，美国的跨国银行率先向全球扩张，西欧和日本的跨国银行奋起直追，触角已遍及世界每个角落。这意味着国家垄断资本主义正在向国际垄断金融资本主义转变。在当代资本主义条件下，跨国银行建立在高度垄断的基础之上，是产业资本国际化的产物，与跨国公司的全球经营活动与要求相适应。在全球设立银行网络，拥有庞大的海外资产，积极从事国际性业务，这就是跨国银行的重要特色。美国的跨国银行总行1960年仅有8家，1986年发展到158家，海外分行达885家。美国跨国银行海外资产的增长速度超过国内商业银行，1960—1990年商业银行年均增长速度为0.9%，而海外分行的资产增长速度为18.4%，1990年达到5569.25亿美元。按1990年资产排序，世界最大的前10家跨国银行中，日本占7家，法国占3家。20世纪80年代以来，全球金融一体化进程加快，跨国银行的活动方式更加灵活；同时，许多商业银行发展为跨国银行，不少保险公司、证券投资公司也纷纷进行国际化经营。跨国银行和跨国公司已成为金融资本的两大支柱，对当代资本主义世界经济产生了深远影响。到20世纪末，国际垄断金融资本控制的全球跨国母公司已达6万余家，它们控制的海外分支机构有50多万家；这些跨国公司控制着世界生产的40%、国际贸易的近60%、国际技术贸易的70%、对外直接投资的90%以上。

第四，中央银行拥有特殊地位。在国家垄断资本主义阶段，国家不再是简单地凌驾于金融体系之上的一种法律和政治的规范力量，而是深入到金融体系的运行过程之中，在金融体系中扮演重要角色，甚至成为金融资本的组成部分。中央银行因此进一步成为特殊的金融机构：作为发行的银行、政府的银行、银行的“银行”、执行金融政策的银行，代表政府管理金融。国家垄断金融资本在当代资本主义金融体系中的作用，正是主要通过中央银行的活动来实现的。

当代发达资本主义国家的金融业资本，已成为一张纵横交织的巨大密网，把社会各经济部门、各种经济活动全部笼罩起来。其作用的新发展主要有如下：

首先，以发放个人信贷给劳动人民套上债务锁链。个人信贷主要包括消费信贷和住宅抵押贷款。在当代资本主义条件下，信用经济急剧膨胀，因而以往不是商业银行主要服务对象的消费者个人也变成了重要对象，政府则把扩大个人信贷作为刺激社会总需求的手段。而信用膨胀和个人信贷结成了稳定的互为因果的关系。例如，美国联邦住房政策最主要的措施，就是对个人住宅抵押贷款的利息实行税收扣除，实行抵押贷款担保，开办二级抵押市场，从而使普通公众也可以利用信用手段而扩大消费。向消费者提供信贷，早已成为发达国家特别是美国的商业银行、人寿保险公司最大的贷款项目之一。发放个人信贷，一方面刺激了当前需求，有助于缓解资本主义生产过剩的矛盾；另一方面给工人阶级和劳动群众套上了债务锁链，使他们在未来必须更多地出卖自己的劳动力。自 20 世纪 80 年代以来，个人信贷之于银行的主要意义已经超过工商企业；各大银行纷纷采取各种手段扩大这项业务，个人信贷成为金融业角逐的新领域，稳定的个人贷款利息日益成为金融业利润的主要构成部分。同时，分期付款和连续的劳动工资扣除，使工人阶级和劳动人民必须为偿还提前消费的债款而不断地出卖劳动力，并从消费者的角度沦为金融垄断资本的债务奴隶。

其次，以金融业务多样化加深企业对银行的依赖。在当代资本主义条件下，垄断金融组织，一面继续经营传统的信贷业务；一面积极涉足租赁业务和中介性业务领域，为企业提供日益全面和多样化的金融服务。租赁业务属于商品信贷业务，有些大垄断银行可以出租各种大型机床、精密仪器等一切先进设备，而有些大垄断金融组织本身就是租赁物的所有者。中介性业务包括信托业务、清算业务、承兑保证业务、信息咨询业务、外汇业务。工商企业尤其是大型跨国公司，既可以委托垄断金融组织发行和推销有价证券、代筹资金、承兑汇票、提供担保，还可以借助垄断金融组织的各类高级专家获取全球经济信息。20 世纪 80 年代以来金融创新迅速发展，企业要使用各种规避风险的金融工具，就更加倚重垄断金融组织及其指导，从而垄断企业和垄断金融组织之间的相互依赖更加深重和稳固。

再次，以向政府提供各种融资而介入国家干预经济的过程。垄断金融组织采取向政府贷款、代销和持有公债、利用存款倍增效应扩大或收缩流通货币量等方式，为资产阶级政府提供金融服务，弥补政府财政资金的不足，从而实际地参与对社会经济生活的干预。二战以后，在凯恩斯主义影响下，各发达资本主义国家的财政开支普遍快速增长，而大举发行国债则是资产阶级政府筹集资金的主要方式，国库券成为金融市场上流通的最主要金融工具之一。商业银行、保险公司等金融机构在协助政府发行、承销、自身持有国库券方面十分活跃，发挥作用极大。例如美国，1990 年私人投资者购买的政府债券占 68%，其中商业银行、货币基金、保险公司三类金融组织持有政府债券占 16.8%；而到这一年，美国政府的累积债务余额达 33648 亿美元。日本政府 1990 年发行的国债中，个人投资者仅购买了 9.6%，各主要金融机构则承购了 53%。由此可见，若无垄断金融组织相助，政府根本无法解决面临的资金困难，因而国家对经济的干预也将严重受阻。事实上，正是由于垄断金融组织积极致力于国家干预经济，国家信用与银行信用便更加紧密地联系起来。

最后，金融资本的膨胀对社会经济生活发生了复杂的作用和影响。这一点是具有根本性和总括性的，因而需要在此略予论说。

金融资本的新发展乃至金融资本膨胀，既是不可避免的，也有某种积极意义。其一，金融资本的构成方式进展到垄断资本家集团控制，为容纳社会化程度更高的生产力水平创造了条件，使资本主义基本矛盾在一定时期内得到某种缓解，并为资本主义最后被更高社会形态取代准备了更坚实的物质基础。其二，以大银行为中心的金融体系，能够以种种信用手段动员企业将未来的投资能力和人民大众未来的消费需求转化为现实的需要，扩大了市场容量，支撑了群众对住宅、汽车等耐用消费品的支付能力，也一定程度地缓解了资本主义生产过剩的危机。其三，金融业资本与产业资本的纵横渗透和混合生长，有利于宏观上促进生产部门的协作分工深化和联系加强，同时，有利于控制企业的微观经济行为，使其尽力提高资金使用效率，寻求生产要素与资源的最佳结合，从而提高整个社会生产的效率。其四，私人金融资本与国家相结合，既有利于国家对经济进行广泛全面的干预调节，也有助于私人金融资本以国家为依托而进行扩张，从而增强了以协调方式解决矛盾、减缓和推延危机的可能性。

金融资本的膨胀及其统治的强化，必然对资本主义的发展产生不利的作用与影响。其一，虚拟资本空前膨胀，投机狂潮迭起。庞大的虚拟资本愈益独立于实物资本的运行，致使投机丛生和规模不断扩大。尽管虚拟资本与实物资本的分离能延长金融动荡危及生产过程的时滞，却会使短期因素、突发因素对金融市场的冲击加剧，使金融体系的基础更为脆弱。1989 年 8 月末，日本国内债券余额和以现价计算的股票余额总计达 856 兆日元，相当于上一年国民生产总值的 2.3 倍。这终于导致其泡沫经济于

1991 年崩溃。自那时至今 20 余年，日本经济绝大多数年份为负增长。其二，国内外债务日益沉重。政府、企业、居民都成了债务人，整个经济在负债基础上运行。美国是这方面的最突出代表。到 1990 年，美国政府和非金融私人部门累积债务余额达 97904 亿美元，比 1959 年增加了 12.9 倍，年均增长 8.9%；美国公司债务金融为 21300 亿美元，利息支付占公司流动资金的 30%。当前美国信用评级下调和欧盟严重的债务危机，就是经济长期负债运转的后果之一。其三，造成了信用扩大和通货膨胀。各国政府为刺激社会需求，大行赤字财政和增发货币，终于导致了 20 世纪 70 年代的滞胀局面和通病。80 年代各国为治理通货膨胀，紧缩信贷，不得不放慢经济增长。到目前为止，资本主义经济总是在通货膨胀和增长的两难中艰难地寻求平衡。其四，诱发了以金融危机为特征的经济危机。当代金融业垄断资本作用的扩张，为企业提供了融资便利，也加大了债务锁链断裂造成金融危机的风险。20 世纪 80 年代的金融自由化，使直接融资形式的作用大增，非银行金融机构与银行争夺资金和市场；银行为弥补传统业务的不景气，将资金投入证券和房地产业，而银行资产质量的恶化导致了一系列银行倒闭。这使得 20 世纪 90 年代发达国家的经济危机带上了金融危机的特征。

2. 美国 2008 年金融危机

2008 年 9 月 15 日，美国第四大投资银行即雷曼兄弟控股公司宣布破产，持续一年多的美国“次贷危机”升级为金融危机，并迅速引发为一场波及全球的大规模金融风暴。此即我们这里所称美国金融危机的由来。

美国这个当代头号资本主义国家，成了这场席卷全球的金融危机的策源地。2007 年 7 月，美国发生“次贷危机”；2008 年，危机迅速传递至美国的实体经济，当年下半年，美国经济开始全面衰退，并激化为全面的金融危机；2009 年，美国的全面金融危机、经济危机像瘟疫一样蔓延至全世界，至今仍未见底。这是一场自第二次世界大战以来，甚至是 20 世纪 30 年代大危机以来最严重的经济灾难。

与 20 世纪 30 年代的大危机相比，本次国际性的金融危机和经济危机至少有三个显著特征：第一，前者始发于工业生产领域，工业经济低迷两年之后才爆发全球性的货币和金融危机；本次危机一开始就具有金融危机的性质，而“次贷危机”本质上已经是金融危机。第二，前者一开始即鲜明地暴露出是生产相对过剩引起的经济危机；此次危机，从本质和深层次原因看，仍与生产相对过剩有很大的关联。第三，前者所重创的主要是资本主义国家，广大落后国家所受影响并不严重；而此次危机虽肇始于美国，但灾害遍及全球，世界各国无一幸免。

由美国引发的此次国际性金融危机所具有的上述三个显著特征足以证明，当代资本主义不仅依然不能摆脱基于其基本矛盾的经济危机，反而使危机在新的历史条件下复杂化了，并把危机的灾害直接加给整个人类。我们对这一点必须有更充分的和新的思想认识。

那么美国是怎样由“次贷危机”走入全面金融危机的呢？

从较为表层但又较为重要的社会历史原因来看，“次贷危机”与美国人的举债消费模式直接相关。而举债消费既是美国资本主义发展和一系列历史因素演变的结果，又被作为刺激经济增长的一种方式。事实上，随着美国跃居世界第一经济强国，它便开始由一个生产型为主的社会转变成一个消费为主的社会，主流社会的生活价值观发生了重大的变化，勤俭持家为炫耀或消费所取代。20 世纪 90 年代以来，美国在全球化中获得了大量的资本和利益，不断扩张的需求和消费信心使得消费在国民生产总值中的比重不断增加。房贷、车贷、信用卡的出现，既给美国的消费方式推波助澜，也使美国人“消费未来”的习惯成为重瘾。但正是这种举债消费，从一个方面为“次贷危机”埋下了根苗。

简略些说，“次贷危机”是直接由于无力购房的大众借助于宽松的贷款条件而购房所引起的金融危机。美国人一直希望有一套自己的房子，但房价长期远远超过大众的购买力。而在美国新经济破败之后，房地产业成为支柱产业之一，起着带动经济增长的作用。为了以不断扩大的贷款规模推动住房需求，便产生了住房次级抵押贷款，即所谓“次级贷款”、“次级贷”、“次贷”。与传统意义上的标准抵押贷款不同，“次贷”是指一些贷款机构向信用程度差和收入不高的借款人提供的贷款。它的特点是，前两年还贷的利息很低且固定，两年后实行浮动利率因而还贷压力激增，贷款利率比一般抵押贷款高很多。那些因信用记录不好或偿还能力较弱而被银行拒绝提供优质抵押贷款的人，会申请次级抵押购买住房；而事实上这种贷款对低收入而欲购房者有极大的吸引力。但也正因为如此，“次贷”的还款风险比正常抵押大得多。

在利润的强烈驱使下，抵押贷款公司或机构纷纷放宽信贷标准而抢占市场。它们依赖信用评级机构对个人信用的评级，而不对借款人的信用情况与还贷能力进行深入的调查。就是在这种情况下，抵押贷款公司和机构争先恐后地大量投放次级贷款，到2006年年底，次级贷款就达到6000多亿美元。随着次级贷款市场的兴旺，大量金融投机资本纷纷涌入房地产抵押贷款市场。与住房抵押贷款市场的火爆相适应的是房地产市场的繁荣，而这又吸引越来越多的大规模的投机资本进入，推动房产价格越来越高，泡沫越来越大。

为了分散和转嫁次级抵押贷款的还款风险，抵押贷款机构借助于金融创新，把抵押贷款证券化，再把证券化了的资产转卖给投资银行，然后由各级金融机构层层打包重组销售，而抵押贷款机构由此取得了巨额利润。随着金融衍生品的不断膨胀，抵押贷款公司和投资银行又发行了证券化的债券，创造出一种信用衍生品——次级债，它是基于次级抵押贷款的资产证券化的债券，最典型的是债务抵押债券。次级债一般由投资银行打包次级抵押贷款，经信用评级机构对债券评级后，在债券市场上发行，它因而把“次贷”风险分散给愿意且有能力的承担者。次级债是一种高收益的投资，因而金融机构、养老金公司、共同基金、政府以及其他公司纷纷购买这种衍生债券。而且，由于美元的霸权地位，以致全世界的投资者也大加追捧和购买。所有这一切，使实际资产的虚拟化发展到了极高程度。

但是，在“次贷”和次级债的强刺激下，美国房地产业一片红火，房价不断上涨。而房产业兴旺和房价持续上涨还有另一重要原因，即银行长期的低水平利率。由于新经济或互联网经济泡沫破灭，美国经济在2000年前后陷入困境。为了刺激经济增长，美联储于2001年1月到2003年6月连续13次降息，将联邦基准利率从6.5%下调到1%，并一直保持到2004年6月。这便助推了如下行为：消费者大肆进行“次贷”贷款，投资商不断进行投资，投机者不断投机和推波助澜。在种种错乱、泡沫和风险之中，美国仿佛迎来了这样一种美妙光景：房地产永远升值繁荣，银行低水平利率从此不会上扬，一切都令人欣喜向往。

然而十分明显的是：“次贷”和次级债由以建立的基石不是美国居民真实的信用和现实能力，而是他们关于房地产不断升值、银行利率持续低水平的企望和心理幻想；或者不如说，其真正基石就是虚拟出来的资本，是金融、信贷和经济的种种泡沫。无论美国怎样发达和善于花样翻新，都不能阻碍市场经济的这一规律发生作用：被发达的金融和信用体系拉长了的债务链，当其某一环节不能顺利支付时，危机由可能向现实的转化就大大增强和加快。

事实上，随着经济局势的严重化和某种恶化，为了对抗通货膨胀的压力，美联储从2004年6月开始到2006年年底，连续进行了17次升息，联邦储备基准利率从1%提升到5.25%。这样一来，一方面房地产市场的投机之风和投资者的利润受到抑制，违约现象层出不穷，致使房地产市场大幅降温；另一方面，“次贷”借款人还贷压力激增，次级抵押贷款违约率和拖欠率不断攀升，而拖欠率到2006年第四季度上升到13.3%。次级抵押贷款的违约率和拖欠率的大幅攀升，造成了抵押贷款机构的现金断流，从而爆裂了房地产市场的泡沫，动摇了投资者与社会各界对房地产的信心，加速了“次贷”市场的恶化。随之而来的是以“次贷”为基础的次级债大厦的倒塌。

2007年3月12日，美国第二大抵押贷款公司——新世纪金融公司宣布：公司从此不再发放新贷款。由于没有现金付给摩根斯坦利、花旗和高盛等债权人，公司已收到上述债权人的偿债致函。受此消息影响，该公司的股价很快跌至87美分，被证交所迅速停板。新世纪金融公司的破产，成了“次贷危机”大规模爆发的标志。一年后，“次贷危机”激化为全面的金融危机，从而金融风暴席卷全球。

3. 金融危机的根源和实质

关于美国金融危机以及由之引发的全球金融危机的原因，国内外经济学界已有许多不同的分析和解读。我们这里只打算强调以下几点。

（1）金融危机根源于资本主义基本矛盾，其实质依然是资本主义生产相对过剩。

金融危机的爆发和全球蔓延，固然有着复杂的背景和原因，但归根结底起源于资本主义固有的基本矛盾，而且实质上仍然表现为资本主义生产相对过剩的危机，是资本主义周期性经济危机的一种新形式。在国家垄断资本主义阶段，由于国家对经济干预的作用，经济危机形成的具体原因和爆发的具体形式也必然发生变化。尤其是20世纪70年代之后，经济危机主要不再以传统的商业危机的形式，而是以金融危机的形式爆发。据世界银行统计，20世纪最后20年，全球共发生大大小小的金融货币危机108次，其中，80年代45次，90年代63次。如果可以设想没有资本主义基本矛盾，以及由它引起的生产相对过剩，那就没有资本主义的任何方面和任何形式的经济危机了。

资本主义剩余价值生产的性质，决定了它不会通过国民收入的合理分配来扩大市场，而是采取扩充信贷的方式来刺激市场的扩大，从而维护资本主义再生产的正常进行。面对生产力的不断发展和扩张，避免出现生产过剩危机的唯一办法，就是必须提高民众的消费需求。而美国政府采取的办法是让民众借钱消费，即通过分期付款、信用卡、购物、次级房贷等而“透支消费”。然而，如此刺激消费需求，还是不能从根本上解决生产过剩问题，只不过是把当下的危机推延到未来，而危机总有一天是必定要爆发的。所以事物的面目和逻辑就是这样：生产过剩导致了过度消费，而过度消费又引发了金融危机。打压过度消费，生产过剩就将浮出水面；而要解决生产过剩，就必须过度消费。因此，只要资本主义生产方式和资本主义制度的存在，生产过剩和消费过度的矛盾与难题就永不会消失，因而经济危机也绝不会断绝。

作为美国此次金融危机源头的次级住房抵押贷款，本是在住房商品生产过剩的条件下解决供需矛盾的一种手段。它虽在一定范围和时段内缓解了住宅市场供需不平衡的矛盾，但不能根本解决消费者购买力缺乏的问题，反而人为地掩盖了它。所以，在人为制造的房地产繁荣的泡沫随债务链断裂而破灭时，住房商品供需不平衡的矛盾便集中爆发了，这时：一方面是大量的住宅供应，另一方面是大批的购房者无力还款；一方面是大量购房者因无力还贷而失去住房，另一方面是大量住房商品积压因而大跌价。这样，无力还贷和房价下跌致使次级抵押贷款市场首先崩溃，接踵而至的是房地产资本市场、股票市场、债券市场的危机爆发了，整个金融市场的危机爆发了。因此，从本原上看，金融危机就是虚拟资本过度泡沫化导致虚假需求和生产过剩，再由生产过剩拖累而导致金融泡沫崩裂的过程。而这个过程更加凸显了原本就有的生产过剩。

这次金融危机的实质，依然是资本主义生产不顾消费需求的限制，为追求利润而无限制地扩大再生产和消费的矛盾冲突。表象地看，金融危机是由虚拟资本自身的特殊运动产生的；但实际上，现实资本的内在矛盾及其运动才是整个危机的基础，资本主义基本矛盾才是金融危机的根本原因。当消费的增长减缓时，扩张的生产与狭小的消费的矛盾就猛烈地暴露出来了，生产过剩的危机爆发了。就消费需求单方面说，如果美国民众都能凭自己已有的支付能力而不靠贷款去购房，那么还会有次级住房抵押贷款吗？因而，还会有由它引发的此次金融危机吗？而“次贷”本身不是客观地反映了民众购买力缺乏和生产过剩的现实吗?

(2) 虚拟资本过度膨胀为金融危机创造了直接的现实条件。

根据马克思的研究论述，虚拟资本是依据一定的收入比例虚构出来的资本，这种虚构出来的资本能够给它的持有者带来一定的收入。马克思就此举例说："假定平均利息率是一年5%。如果500镑的金额转化为生息资本，一年就会生出25镑。因此，每一笔固定的25镑的年收入，都可以看作500镑资本的利息。但是，这总是一种纯粹幻想的观念。""这种资本（马克思以国债为例来说明——引者注），即把国家付款看成是自己的幼仔（利息）的资本，是幻想的虚拟资本。"①

马克思深入全面地研究了他所在时代的各种虚拟资本形式，如国债、股票、汇票、银行券等具体的虚拟资本形式。马克思明确指出，虚拟资本只不过是不包含任何价值的所有权证书。他写道："所有这些证券实际上都只是代表已积累的对于未来生产的索取权或权利证书，它们的货币价值或资本价值，或者象国债那样不代表任何资本，或者完全不决定于它们所代表的现实资本的价值。"② 马克思指出："不管这种交易反复进行多少次，国债的资本仍然是纯粹的虚拟资本；一旦债券卖不出去，这个资本的假象就会消失。"③ 当代资本主义的借贷信用和银行信用体系完善而高度发达，创造出了更多的金融产品，如期权、期汇、期货等。但根据马克思的思想和思路，这些在传统信用工具和金融产品基础上广泛衍生出来的金融产品也都是虚拟资本。

在现实资本的基础上产生但又与现实资本相分离，本身没有价值却能获得利息收入，以票据、股票、债券、期货、期权等形式而存在的虚拟资本，有其以下基本特点：第一，形成虚拟资本的独立或独特的运动。马克思论述道："每一个确定的和有规则的货币收入都表现为资本的利息，而不论这种收入是不是由资本生出。货币收入首先转化为利息，有了利息，然后得出产生这个货币收入的资本。同样，有了生息资本，每个价值额只要不作为收入花掉，都会表现为资本，也就是都会表现为本金，而和它能

① 《资本论》第三卷，人民出版社1975年版，第526、527页。

② 同上书，第531页。

③ 同上书，第527页。

够生出的可能的或现实的利息相对立。"[①] 这是一个完整的、独立的、脱离实体经济的虚拟资本运动过程。第二，投机性。之所以说有这种"投机的性质，因为它不是由现实的收入决定的，而是由预期得到的、预先计算的收入决定的"[②]。在现实经济活动中，这种投机性：一方面表现在虚拟资本的交易过程中，另一方面的表现是实体经济中产生的过剩资本会选择进入虚拟资本领域。第三，高风险性。由于虚拟资本本身的模糊性和不确定性，盲目的心理预期和不能禁绝的市场欺诈成为金融市场经常震荡的因素；强大的投机心理和赌博游戏使虚拟资本价格大起大落，加大了虚拟资本本有的风险。"因为财产在这里是以股票的形式存在的，所以它的运动和转移就纯粹变成了交易所赌博的结果；在这种赌博中，小鱼为鲨鱼所吞掉，羊为交易所的狼所吞掉。"[③] 而结果是，财富占有在这个过程中不断地分化。第四，寄生性。在虚拟资本存在和活动的条件下，"赌博已经代替劳动，并且也代替了直接的暴力，而表现为夺取资本财产的原始方法"[④]。虚拟资本"再生产出了一种新的金融贵族，一种新的寄生虫，——发起人、创业人和徒有其名的董事；并在创立公司、发行股票和进行股票交易方面再生产出了一套投机和欺诈活动"[⑤]。第五，运行的周期性。现实资本或实体经济的周期现象，必然会在虚拟资本上得到体现，从而造成虚拟资本在运行上的周期性。通常的情形是，随着实体经济的发展，虚拟资本或虚拟经济的泡沫逐步形成，到了一定阶段某一环节出现问题，泡沫就迅速破灭，危机就发生了。在危机劫难之后，虚拟资本重新爬起，站稳脚跟，继续上路，一如既往地循环存在和周期性地活动。

以金融系统为主要依托的虚拟资本独立循环运动，形成与现实经济（实体经济）相脱离的虚拟经济。这可以看作虚拟资本的最基本意义和作用。但是，没有现实资本（实体资本），虚拟资本就没有任何意义和作用。虚拟资本与现实资本的关系就是这样：虚拟资本只是它所代表的现实资本预期收入的凭证，因而其变化应当以并且归根结底以现实资本的变动

① 《资本论》第三卷，人民出版社 1975 年版，第 526 页。

② 同上书，第 530 页。

③ 同上书，第 497 页。

④ 同上书，第 541 页。

⑤ 同上书，第 496 页。

为前提；从现实资本中衍生出来的虚拟资本，一旦形成自己的独立运动，其价格涨跌便与现实资本的变动无关。而在社会现实中，虚拟资本市场上的供求关系、价格状况与其代表的实际价值往往相背离。因此，虚拟资本的作用就有积极方面和消极方面。虚拟资本的积极作用在于：其高流动性和高效益性可以吸收大量的社会资本，提高现实经济中的资金融通能力；有助于分散经营风险，降低交易成本；可以提高现实资本的运动效率，促进资源的优化配置。虚拟资本的消极作用是：虚拟资本过度发展会扰乱现实经济的正常合理运行，虚拟经济过分扩张会占有现实经济的资金，影响现实经济的发展；必然性的投机行为会破坏虚拟经济与现实经济的平衡关系。

由虚拟资本的性质、特点和作用可知，虚拟资本的过度发展以致膨胀，必然导致金融危机。但是，以美国为首的当代资本主义发达国家，恰恰走上了这条不归路。自 1972 年第一个金融衍生品——外汇期货诞生以来，发达资本主义国家引领的金融创新步伐从未停止，而美国则是全球金融创新的核心地带。随着金融衍生品的出现，虚拟资本发展到了一个更高的阶段。金融期货、指数期货、期权等衍生品，不仅是虚拟中的虚拟资本，而且是无中生有的虚拟资本。现在，在物质生产之外，发展起了一种纯粹的票据交易生产；在现实经济之外，发展起了一种虚拟经济。这样，以虚拟资本为中心，形成了一个由富有阶层、银行家、投机者和小资本所有者组成的，以虚拟资本交易为内容的自我循环体系，虚拟资本在这一过程中加速膨胀，一切都具有了颠倒的形式。现在，虚拟资本的虚拟价值与现实资本的价值相比，可以几十倍甚至上百倍地增加增大，虚拟资本与现实经济的距离就越来越远。

据国际清算银行的估算：金融衍生品市场交易日成交量总金额，1998 年为 1.4 万亿美元，2001 年为 2.2 万亿美元，2004 年为 4.5 万亿美元，2007 年 7 月高达 6.2 万亿美元；金融衍生品市场的柜台交易日成交量，1998 年为 375 亿美元，2001 年为 575 亿美元，2004 年为 1200 亿美元，2007 年突破 2000 亿美元，总计金融衍生品日交易额为 8.2 万亿美元，为世界商品和服务日交易量的 290 倍①。这是一幅怎样的图景以及为什么会

① 《中国证券报》2008 年 10 月 22 日。

如此呢？归根结底地说，对于金融寡头们，虚拟资本是取之不尽的金钱的源泉，资本增值的内在冲动使虚拟资本发展到了登峰造极的地步。这幅图景正是金融垄断资本的寄生性和腐朽性的写照。

不断增值的虚拟资本，增加了企业和个人投资的账面资产，这反过来扩大了企业和个人的投资能力，于是金融泡沫不断涌现。与此相随伴的，还有丛生不息的金融欺诈活动。在金融衍生品过度泛滥的情况下，只要利率等信用工具稍遇风吹草动，就会在证券市场、银行、金融机构、金融投资者等任何一个地方和环节上出现连锁反应，从而触发金融危机。我们前面叙述过的美国“次贷危机”引发的金融危机，是极其自然而又必然的。

虚拟资本的过度膨胀，金融衍生品的恶性泛滥，造就了引发金融危机的主要机制。这个机制是忠厚老实的，履行了它的使命。而这又不能不归因于金融资本的寄生与腐朽的本性。这正如马克思主义创始人明确指出的：“一切资本主义生产方式的国家，都周期性地患有一种狂想病，企图不用生产过程作媒介而赚到钱。”①

（3）经济全球化为危机向全球迅速扩散提供了便利。

自20世纪80年代以后，经济全球化蓬勃发展。到目前为止，经济全球化的核心是金融全球化，金融全球化则为经济全球化开辟道路，两者相辅相成并相互促进。这一过程在实践上的突出表现，是金融垄断资本进一步把以货币和金融手段赚取剩余价值、进行资本积累的活动扩展到全世界；同时，大量的国际投机资本不断扩大自己的势力范围，通过全球性滚动而获取高额回报，从而国际金融垄断资本成了盘踞于这一过程和世界经济体系顶端的吸血巨兽。而这一过程在意识形态方面的最重大突出的变化，是自80年代起即在美英等国流行的信奉私有化、市场化、自由化（尤其是金融自由化）的新自由主义逐渐取代凯恩斯主义，并且成为美国等国际金融垄断资本集团的主导意识和政策之源。新自由主义完全符合国际金融垄断资本在全球范围内自由流动和自由掠夺的意志，因而成为国际金融垄断资本向全球扩张及其制度安排的理论依据。新自由主义为国际垄断资本的全球大举进攻鸣锣开道，国际垄断资本则以掠夺和投机欺诈的行为实践新自由主义。这就是经济全球化进程中的一种无法掩盖的逻辑和十

① 《资本论》第二卷，人民出版社1975年版，第68页。

分醒目的轨迹。

由于国际金融垄断资本与新自由主义联手行动，20 世纪后期资本主义发展过程中的经济金融化、金融泡沫化加快了，更为显著了。经济金融化的集中表现是：现实资本的流动和运行越来越多地受到金融资本左右，现实资本创造的利润越来越多地为金融资本占有，因而金融资本相对于现实资本和实体经济迅速膨胀。接下去，无论国内金融垄断资本还是国际金融垄断资本，都不再满足于作为生产资本之配角的从属地位，逐步与曾生养它的实体经济脱节，最终完成了由服务于生产资本向主宰生产资本的转变和异化，毫不手软地争夺生产资本创造出来的剩余价值，并且造就了力量绝不弱于实体经济的虚拟经济。这一切都是在高擎的“金融创新”的旗号下进行和完成的。在同一旗号下，国际垄断金融资本把全球的股市、基本债券市场等变成了同实体经济完全不相干的大赌场。所有这些，就是金融全球化的根本点和实质内容所在。而金融全球化，在很大程度上也就同时是金融泡沫化。

由上述可知，以金融全球化为核心并由它引导和推动的经济全球化，使资本主义国家尤其是发达资本主义国家的经济具有了同构性，即实体经济增长困难或相对萎缩，虚拟经济快速发展以致膨胀和过度膨胀，金融泡沫泛滥肆虐。这本身就已经为金融危机的全球扩散备下了传导条件，所暂时欠缺的只是何处成为危机的爆发点罢了。美国作为现存世界经济体系的中心，因而也是影响世界的经济的中心，所以其金融危机爆发犹如第一块多米诺骨牌倒下，引起连锁反应并迅速传遍世界，激起席卷全球的金融风暴。而这也正是现有国际经济秩序和国际金融秩序下经济全球化发展的必然结果。

五　两个法则下的危机

当代资本主义的经济危机，除了上述严格意义上的或典型形态的经济危机之外，还有其他意义上的经济危机。这后一类危机，同样根源于资本主义私有制和资本主义生产方式，而且与资本主义的发展阶段或时代相关联。关于这类危机我们打算叙说两种，这里先说第一种，即由资本主义生产和经济活动的两个法则所必然造成的危机。

我把贯穿于资本主义生产过程的两种生生不息的规律性的现象，即掠夺和破坏自然，生产能力过剩，称为资本主义生产方式的两个法则。这两个互依互存的好似循环的持久运动，造成了一场人与自然界的战争。这场由早起的资本主义生产发起和示范的人与自然界的战争，不仅早已扩大到整个资本主义世界，而且由于资本主义生产方式的本性而至今不能善终。但是，这场战争持续下去，那就不仅是资本主义经济危机的问题，而是资本主义生产方式的毁灭。在这种意义上，由资本主义的两个法则导致的危机，比其生产过剩危机、结构性危机和金融危机，是一种更加深刻彻底的、更为恐怖的危机，如果长久延续下去，它将造成人类社会的自然物质基础系统的崩溃而致使资本主义生产方式焚为灰烬。

1. 破坏自然法则

人类的物质生产或生产劳动，正如马克思所科学地指出那样，“首先是人和自然之间的过程，是人以自身的活动来引起、调整和控制人和自然之间的物质变换的过程”；“是为了人类的需要而占有自然物，是人和自然之间的物质变换的一般条件，是人类生活的永恒的自然条件，因此，它不以人类生活的任何形式为转移”①。但是，资本主义生产方式和资本主义商品生产的崛起，使人类物质生产过程及其面目发生了有史以来最为深刻和剧烈的变革。这扼要地说：一方面，迅速发展和创造出来的巨大的生产力，使征服和掠夺自然界的能力和行为普遍化了，很快到空前的程度；另一方面，“只有资本主义的商品生产，才成为一个划时代的剥削方式，这种剥削方式在它的历史发展中，由于劳动过程的组织和技术的巨大成就，使社会的整个经济结构发生变革，并且不可比拟地超越了以前的一切时期”②。资本主义生产的掠夺和破坏自然的法则从此形成了。这个法则的动机和目的就是生产剩余价值或赚钱，而生产剩余价值则不仅要剥削人的劳动力，而且要尽可能地剥削自然界。因此，掠夺和破坏是资本主义生产方式的必然性法则。

工业革命的历史，为以后的资本主义发展开辟了一条具有典型意义的道路。工业化了的市场经济之所以在全球取得成功，原因不仅在于新机器的发明，而且在于它建立了一套有效地使用机器的生产组织方式，在于由此扩大和增强了利用、征服与掠夺自然界的能力和思维，并使之具有造福

① 《资本论》第一卷，人民出版社 1975 年版第 201—202、208 页。

② 《资本论》第二卷，人民出版社 1975 年版第 44 页。

人类的合理外观。但是，随着资本主义生产方式的全球征服和扩展，随着一批资本主义国家走向发达，资本主义工业文明对自然的破坏性已达到了难以复加的地步，地球上生态系统和自然资源面临的压力越来越重。就一些具有基本意义的指标来看，从1950年到1997年之间，木材的消费量增加2倍，纸消费量增加了5倍，捕鱼量增加了4倍，谷物消费量增加了近2倍，化石燃料消费量增加近3倍。空气和水资源急剧恶化，自然生态被严重破坏，物种大量灭绝和急剧减少。经济增长越来越快，然而经济依赖的生态系统却不能得到改善。

自资本主义开创的工业革命以来，光明和阴影便成为它自始至终的伴随物。在工业文明给人类造成的阴影中，垃圾是十分可怕的阴影。自然界存在着成千上万种生物，一些生物分解和利用另一些生物代谢物，使之变得无害，从而自然生态系统维持其平衡。工业革命开始以前，自然生态未遭破坏，人类社会几乎不生产垃圾；大多数产品来源于自然界的物质，它们在自然循环中又回到自然界，而不留下什么痕迹。但是，垃圾则是工业文明的产物。在地球发展史上，地表上及其太空覆盖层内，由于工业而第一次每天生产新材料，而且还生产各种各样的垃圾，它们数量持续增加而没有相应的分解过程使之消灭。大量的工业设备每天制造的大量代谢物，永久地改变着我们这个地球；这一独特的过程的产物，没有办法通过自然界来化解，因为大自然不能生产它们。正如不停地向一个容器中注水，最终水会溢出来一样，有害物质的不断增加，自然界的平衡早晚会消失。一个有限的系统，不可能承受无限制地制造垃圾。

今天，治理一条被有害垃圾污染的河流所耗费的资金越来越多，依照资本主义逻辑，这笔资金被归入生产成本中去。老牌的工业国，例如德国和意大利，垃圾年复一年地以相同的数量增长，它们已没有空间用于存放工业垃圾和生活垃圾。一个欧洲人或日本人平均每年生产半吨不可分解的垃圾，这是他们目前私人生活的一般产量。美国人均垃圾量则是欧洲人或日本人的两倍，并且垃圾处处都在增长。垃圾中很多成分会严重污染地下水。在美国，一半的地下水被农药、硝酸盐、农家肥和其他排放物所污染，一旦毒化便将无法根治。在德国，约有5万个垃圾处理厂给地下水带来危险。发达资本主义国家普遍采取一些补救措施建立复杂的污水净化系统，而把这方面的投资计入国民生产总值的贷方，从而对自然的不断破坏反倒体现了人类“福利”的增加！但是，没有任何一种完善的净化方式可以彻底分离河流和蓄水坝地表水中的有害物质。水中不仅含有重金属，而且含有多种生物化学工业的残渣。没有人能估计得出，饮用水中到底有多少混浊液体和有害物质分子因化学反应而生成的残留物。

工业生产过程中产生的有害物质所带来的负担是更沉重的。这些有害物质的数量是人均生活垃圾数量的两倍，它们的处理成了一个迫在眉睫的问题。在富有的工业国，有 10 万种化学材料被大量使用，而且每年还要增加几千种新材料。它们的有害影响仅有很少一部分被研究过。至于这么多材料混合在一起会产生什么反应，人们还不怎么熟知，因为众多材料不同的组合方式是无穷无尽的。而随着产品的寿命周期缩短，式样的不断翻新，产品就越来越多地变为垃圾，因而使自然界的有害物质不断增加。其中最明显的一个例子，是空气中有害物质的比例增加。整个说来，有害物质的增加一旦突破了生物圈所能承受的极限，那么整个生态将陷于无序状态。目前没有人可以断言，如果大气中二氧化碳的含量增加一倍将导致什么后果。由此可见，生态平衡面临的潜在风险非同小可。

总而言之，自然界业已遭受的各种破坏，只不过是资本主义生产方式破坏自然法则的必然结果。当代资本主义的破坏自然的法则形成了一种机制，其主要构成部分是：产品使用周期缩短，广告，竞争。

关于产品使用周期或寿命缩短。资本主义每一工业行业和企业，经常面临供给和需求不平等问题。只要国内外市场需求饱和，不仅这一问题尤为突出，而且剩余价值的生产也将难以持续。某一产品市场开始时，社会需求量很大或较大，生产能力也随之扩大。随着社会购买力的释放，需求量会不断收缩以致消失，因而厂商就会陷入两难境地。如果需求得到了满足，就业岗位就会减少；如果要保持就业岗位，就不得不发展为一种浪费性的经济，因而要忍受由之带来的种种后果。而刺激浪费的办法之一就是缩短产品的使用周期或寿命。一个产品的寿命从 10 年缩减到 5 年，它的销量就会加倍。用这种方法既可以获得个人利益，还可以保持或扩大就业岗位。但是，这种资本主义生产的逐利逻辑和行为，甚至将使后代人成为牺牲者，因为应归他们使用的资源却提前变成了垃圾。

关于广告。广告的功能和任务就是劝说人们进行消费，并以消费最大化为目标，而不考虑由此产生的结果。以客观的立场给顾客传递信息这样的社会公益功能，早已被放到次要位置，在大多时候，它甚至完全不被考虑。今天，让顾客购买商品已经是广告公开设立的直接目的。一旦出现新产品，他们就铺天盖地地用各种形式反复刺激大众，并且将去年或前年的东西贬得一文不值。其实这些新东西的科技更新成分并不高，有的只是改变了设计，变得更时尚而已。这种对顾客的劝说被称为合法的销售策略，甚至被称颂为“自由”的实现。需求被提升后，社会对此支付的价格也就增高。就是说，如果人们一开始就把产品的长期性、重复使用和重新加工作为首要目标，绵延如山的垃圾就不会持续增长了。广告虽然一般是充当生产资本实现基本剩余价值或利润的工具，不是掠夺和破坏自然的根源，但是它将浪费定为工业文明的目标，由此形成一种广告文化和消费文化，导致人们把物质产品的无限取得和消费作为生活目标，甚至是首要生活目标，因而又助推了掠夺和破坏自然。

关于竞争。资本主义生产和经济发展的动力之一就是竞争。作为资本主义生产的普遍形式，竞争表现在生产与经济活动的各个方面和各个环节，因而是极为复杂的。一般来说，每个企业都立足于本身的利益，会尽量少地投入原料和能源，同时尽量加大科技投入以求实现最大产出，从而达到降低产品价格和相应提高利润。这在某些范围内，无疑是符合当代资本主义生产的实际情况的。而且从表面上看来，资本主义生产和经济可以激发本身的力量来抑制浪费。但是，这种情形中的节约，对于整个资本主义生产体系却是从属性的和很次要的，而这个生产体系所造成的绵延不已的生产过剩的浪费洪流，轻而易举地使它消失得无影无踪。同时，每一个为利润增加而节约的企业，它力图无限扩大生产的趋势和努力所造成的一般性结果既浪费，又成倍地抵消了它的节约。而且，它们之间的激烈竞争造成的破产倒闭，则使它们共有的浪费的内在可能性赫然化成了现实。

在资本主义占统治地位的国家中，拥有强大的经济和军事力量的发达国家，可以利用原材料供应者之间的竞争而获利。另一方面，许多对西方国家负债累累的第三世界国家，只能以出卖自己的自然资源获得收入。即便没有外国的施压，穷国之间的竞争也会使它们在世界市场上廉价出售自己的自然资源和能源。由于这个缘故，许多产品的原材料价格在总成本所占比例极小，而能源节约并不能使经营具有太大的竞争优势。因此，到20世纪末，以至目前在某种程度上，自然资源实际上没有什么收益。但是，人类社会赖以生存的自然界，已在不断的人为破坏下而千疮百孔。

当代资本主义的竞争，在浪费方面有两种不同的作用。一方面，企业在较便宜的生产过程中感兴趣于节约使用必要的材料，它们的价格在生产过程中一般占有一定比例；另一方面，它们更感兴趣的，是向市场推出尽可能多的产品。前者出于间接增加利润，后者直接为了更大范围的和持续的利润，并且是实质性的和主导性的。产品的使用价值和出售后的命运如何，它们一向是不关心的，而关心的则是价值的收回和价值增值，是剩余价值的实现。因此，在不引起消费者疑虑的情况下，产品更新得越快和生产得越多，对它们越有好处。这些企业都采取双重策略，在生产方面，它们没有限制消费的积极性和理由；在销售方面，它们甚至不惜一切去鼓励浪费，以便把生产出的产品尽可能多地卖出去。所以，节约对于企业来说，永远是为了达到目的的临时性措施。而产品销售最大化这一生产过程的终极目标，使得节约无法起到根本性作用，反而被限制在一个狭小的框子里。因此，与资本主义生产方式相联系的竞争，在总体和大局上的作用，不是表现在保护自然或促进这一点上面，而是体现在浪费和垃圾的不断增长上面。事实上，这已为当代资本主义的历史和现实所证明。

2. 生产能力过剩法则

破坏自然的法则使资本主义生产与经济从根本上面临不可持续性的危机，而生产能力过剩法则也以另外的形式起同样的作用。

从工业革命开始，资本主义经济就处在生产能力过剩的法则之下，受这一法则制约。生产能力过剩，需要从物质生产力本身的性质和水平方面加以理解，但更主要的是从发展和利用物质生产力的社会生产方式来理解。当代资本主义的生产能力过剩，包括绝对性的过剩，即由高度发达的科学技术武装起来的空前发达的生产力，其生产物质产品的能量强大得难以计量，以至可以迅速使任何一类市场和人们的任何一种需求达到饱和。这是单纯就生产力的发达程度来说的。而在社会物质生活中，生产能力过剩通常表现出来的是相对过剩，即相对于人们有支付能力满足的需求，生产能力已经远远过剩。在这种情况下，已高度发达的现实生产力不能充分发挥，受到社会制度的压抑，从而其自身被外部强行植入了潜在浪费。与生产力的发展程度相适应，早期资本主义的生产能力过剩主要是相对过剩，当代资本主义的生产能力过剩则主要地、愈益明显地表现为绝对过剩。

但是，作为法则或规律，生产能力过剩是资本主义生产方式的必然产物。而生产能力过剩本身，则是一种病态的过剩。马克思指出："因为资本的目的不是满足需要，而是生产利润，因为资本达到这个目的所用的方法，是按照生产的规模来决定产量，而不是相反，所以，在立足于资本主义基础的有限的消费范围和不断地力图突破自己固有的这种限制的生产之间，必然会不断发生冲突。”“资本主义生产方式的矛盾正好在于它的这种趋势：使生产力绝对发展，而这种发展和资本在其中运动、并且只能在其中运动的特有的生产条件不断发生冲突。”① 由此可见，资本主义是为生产利润或剩余价值而发展生产力的，由此发展起来的生产力导致生产过剩和经济危机，因而历史地形成的相对过剩的生产能力，无论对于工人阶级还是社会，一开始就是病态的，并且至今依然如故。

受其本质规制，资本主义生产方式必然“无限制地增加生产，为生产而生产，无条件地发展劳动社会生产力”，“好像只有社会的绝对的消费能力才是生产力发展的界限”。② 这样一种过程，使资本主义的生产力绝对性地增长和发展起来，因而形成了生产能力的绝对过剩或绝对过剩的生产能力，而当代资本主义则使之日益突出。不顾消费范围的有限，不惜以经济危机爆发为代价，持续不断地、绝对地发展起来的生产力，由之形成的、绝对过剩的生产能力，同样是一种病态的生产能力，而且是更深广的、意义倍增的病态生产能力，因为其中蕴藏着更为巨大的造成经济危机的能量和破坏自然的能量。

生产能力过剩，无论就其相对意义还是绝对意义来说，都是资本主义生产方式必然的、至今不能摆脱的法则或规律。而生产能力过剩的实质，决不在于物质生产力本身，不能由此理解和说明。它的实质是资本的生产能力过剩，是资本的统治力无限制地发展，是资本作为异化的社会权力愈益强大地发挥作用。在资本主义的历史发展中，“资本越来越表现为社会权力，这种权力的执行者是资本家，它和单个人的劳动所能创造的东西根本没有任何关系；但是资本表现为异化的、独立化了的社会权力，这种权力作为物，作为资本家通过这种物取得的权力，与社会相对立”③。这就是我们对于发展至今的资本主义生产能力过剩的实质的清醒认识。

在当代资本主义条件下，生产能力过剩始终存在，并且达到了更高的程度。而生产能力过剩作为资本主义自身的法则，作为资本主义生产的规

① 《资本论》第三卷，人民出版社 1975 年版，第 285—287 页。

② 同上书，第 279、548 页。

③ 同上书，第 294 页。

律，一方面在社会生产过程中起作用，另一方面又通过生产过程而对自然界发生日益强烈的作用。前一方面使生产相对过剩的经济危机绵延不断，深化经济危机并滋生新形式的危机，从而造成自然资源的浪费和生产力的破坏与浪费。后一方面是对前一方面的有形或无形的深化和拓展，穿透前一方面而把一种人为的强力施加于自然，起到破坏自然法则的作用或者实际地转化为这一法则，从而不断给自然造成灾难和追加灾难。

资本一刻也不能停止运动，否则它就不再成为资本。过剩的生产能力必须占有和利用，否则就不能生产更多的剩余价值，就不能快速地进行资本积累。但是，这包含着不可克服的矛盾，并将造成尖锐激烈的冲突和一系列的混乱和浪费。

在资本统治权力之下，生产能力过剩必然形成不惜一切代价促进经济增长。在这种情况下，增长和发展已经不产生于需要，而且与之彻底脱离。因此，这种发展一开始就是病态的，并且具备了强迫的性质和色彩，是强迫发展。目前发达资本主义国家的发展，尤其具有强迫发展的性质和特点。开始时的生产繁荣在许多部门同时出现，过剩的生产能力似乎被有效利用。但实际上，这种繁荣本身就是过剩的、危机性的繁荣，它加重不稳定，加倍造成整个经济的不平衡，加速进入危机的步伐和诸多情况的裂变，因为产品的供给大大超过了消费者的购买能力。无视需要而强制地推动生产只能导致破坏。接下来的经济危机和萧条，吞噬了大批资产，使成千上万的员工被解雇，整个社会和政治机构经受着严峻考验。这一切都是强迫发展、一味病态地扩张的结果。

在生产过程和经济的运行中，企业为了追逐自身利润，把增长作为永久的政策，把自己定位在最大的需求上，因为赢利的多少直接与生产数量相关，所以除了发展它们别无选择。而从员工角度看，所有保证他们就业岗位的措施都是好的。在客观上，工业生产的衰退或不景气会使工人受到巨大损害。雇员们不大清楚不计代价提高生产所造成的后果与影响，但他们需要甚至迫切需要工作，因为这关系到他们的幸福或生存。这样，双方都需要扩充生产，企业由此获得利润，工人由此得到薪水或提高工资。但一当市场饱和、危机到来时，这种一致就解体了，而且利益的对立不断升级。与此同时，无处不在的竞争也以其力量从各环节推动生产扩张。持续性的扩张不仅产生剧烈的波动，而且会造成巨大的生产过剩。这时，广告手段、公共消费、减轻税收这些刺激需求的努力都会失效。当剧烈的景气波动扩及主要产业时，许多行业内部也会同步产生生产过剩，然后整个经济就会走入死胡同。于是，经济危机爆发了，生产能力过剩的后果显现了，混乱和损害从社会各个方面表现出来。人们不再考虑投资，价格开始螺旋形地下降，购买力收缩，经济的未来一片黯淡。而这之中造成的各种各样的破坏，无疑加剧了人与自然的对立。

把过剩的生产能力移入发展中国家，在那里获得满意的利润和高效益，这已是老早就有的世界性现象。但是这不能根本解决生产能力过剩问题，反而是生产能力过剩法则的运用和必然表现，因而造成多种不良后果。首先，当这些过剩的生产能力也就是资本转移出去以后，国内企业的一部分甚至大部分份额则由外国资本来控制，资金全球流动使这一点不具有怎样的障碍。而当这些资本回流时，就会造成利率下降，企业资产负债表失衡，国内的经济会全面衰退。即使仅仅为着减轻或限制负债而扩大经济规模，就是说，通过生产扩张来取得高税收从而减轻负债压力，那也不会有什么疗效。因为，从长期来看，负债与增长的抵消运动不会使这种企图和政策取得胜利。而很可能的倒是，利息机制会使负债更快地增加。其次，移入发展中国家的资本，可以利用不平等的经济性生产获得超额利润。但是，它们生产出来的产品侵占了西方市场，或者说确定了新的世界市场价格。在这种廉价的情况之下，老牌工业国或发达国家的生产将格外过剩，而且其工业基础会遭到逐步的、自下而上的瓦解。再次，上述行为和情况，会加重世界经济与贸易中固有的矛盾，使许多行业都表现出生产能力过剩，造成结构性危机，诱发金融危机，从而使整个世界经济体系风险环生和脆弱不堪。

由前述我们看到，资本主义生产方式下既已形成的过剩的生产能力——而且至今还在不断增长，经由资本的驱使与合其目的地运用，不仅愈发突显了生产能力过剩法则，而且它也就愈是发挥规律性的作用，产生合规律的结果。这种过程和它导致的一切，归结起来，就是愈加不能摆脱危机，愈是陷入深化了的、形式发展了的危机。因此，当代资本主义的商品生产和市场经济，在看起来比较平静的外观之下正不可逆地趋向新的、更严重的不平衡。它总是而且无法不去生产过剩的商品，生产过剩的生产力，促进不计代价的增长，从而使整个经济发展成了强迫性的发展。强迫性的发展是注定要引来强迫性的危机的。这些强迫性归根结底必然铸成对自然界的强迫性，使自然界遭受的破坏直至无以复原。

同时，生产能力过剩法则会增强破坏自然法则的威力。而且它本身在很大的程度上，也就是破坏自然法则。实际上，人类的生存与发展之间面临不可持续的险境，是与资本主义所形成的这两大法则的不止息的运动相一致的。这两大法则相互促进、联手并行、循环不息由来已久，当代资本主义则使之达到新的程度和高度。人类发展的不可持续性因此而趋于加深。这愈加证明和突显了资本主义生产方式本身的不可持续性质。在这种意义上，当代资本主义所面临的已经不单单是金融危机、经济危机以及不可能摆脱它们的问题，而是资本主义生产方式毁灭的问题。如果它一如既往，资本主义生产方式连同整个资本主义制度的毁灭，是没有什么力量可以阻挡的。

六　正在来临的新危机

当代资本主义的非传统型的经济危机，除了前述两大法则下的危机，还有以多种形式正在来临的新危机。这些危机，与当代资本主义以及人类的物质生产和经济活动所处的历史时代直接相关。这一时代，就支持物质生产的日益重要的新因素、力量和条件方面说，可以用“高新科学技术时代”、“信息化时代”、“知识经济时代”、“新经济时代”、“经济全球化时代”等来简略描述。在这种意义上，无论对哪种生产方式而言，经济的存在和运动，确实进入了一个新的时代。但正是这样一个时代，给资本主义生产方式带来了先前料想不到的挑战，使当代资本主义面临着前所未有的经济危机。进入21世纪以后，这些危机的逻辑愈益明显和强劲，正以不可遏制的势头向当代资本主义步步逼近。

1. 利润意识形态与新经济尖锐冲突

历经几百年发展的资本主义社会的意识形态，其内容构成是多方面的、丰富的、复杂的。但是，资产阶级或资本主义的全部意识形态，都是以资本主义生产方式为基础的，是由资本主义经济关系所决定的。而资本主义生产方式以及资本主义生产的实质、决定性动机、永恒不变的目的，就是生产剩余价值或利润，就是使资本增殖或赚钱。因此，利润和利润观念或利润意识，是资本主义意识形态由以构成的基础性的东西和轴心。在资本主义的整个意识形态中，找不到任何否定、排斥、颠覆利润或与之相冲突的因素和结构，所有的只是肯定、维护、扩大利润的观念、概念、论证和设定。利润意识和观念是资产阶级意识形态的基础、灵魂和维系者，资产阶级意识形态总归起来就是利润意识形态。这种意识形态是资本主义生产方式和资本主义社会所特有的。而对于当代资本主义，利润意识形态仍然是一个生死攸关的问题，因为正如马克思所说："如果从观念上来考察，那么一定的意识形式的解体足以使整个时代覆灭。"①

追求利润这种意识形态，自从资本主义生产方式确立时起，就是资本主义生产以至资本主义社会发展的强大动力。但是，这种意识形态现在遭遇到了前所未有的新挑战。这种挑战首先来自新经济和它的特征。这里所谓的新经济，主要指"信息经济"，部分地包括"知识经济"。这两者作为不同时代的经济形态，后者是前者的发展，因而比前者更高。但它们又具有同根同源同方向性：两者都以知识和信息的生产、传播和利用为基础，两者的发生和发展都以信息技术的不断发展和广泛应用为契机，两者的发展保持同根同源的伴生关系且目的相同。目前人类已使"信息经济"崛起，但"知识经济"也已萌芽，两者在现实中很难截然分开。基于这些，并且为着表达上的方便，我把这两者形成的现实经济形态称为新经济。

新经济作为与工业时代的经济主体即"物质经济"相对的一种经济形态，是减少产品和劳务中的物质消耗，提高其中的智能和信息比重的经济。在每件产品和每个劳务中，事实上，都存在物质和信息的比例关系问题。例如：在铅锭中，物质的比重大于信息；而在盒式录音机中，则是信息的比重大于物质。以机械化程度不断扩大、劳动分工不断专业化、掠夺性耗用大量自然资源为基本特征的物质经济，其产品和劳动中的物质部分的比重大于信息所占比重。由于自然界的物质资源的有限性，由于廉价的资源和能源时代一去不复返，物质经济本身便难以再维持下去。一旦以物质和能源为基础的经济转变为以信息为基础的经济，就是物质经济转到了信息经济或新经济。新经济决非完全否定物质经济，而是在自身发展中不断吸取物质经济中必取和可取的东西。与物质经济相比，新经济是依靠更多的知识信息，生产出物质和能源消耗更少而质量更好、更耐用的产品的经济。新经济要求产品中包含的知识信息比重最大限度地增加，而物质比

① 《马克思恩格斯文集》第8卷，人民出版社2009年版，第170页。

重最大程度地减少。

主要由高新科学技术发展而在物质经济之上形成的新经济，有以下四个要素方面或特征：一是以信息技术为基础设施；二是由知识要素驱动；三是信息和知识成为主要资本形态；四是以互联网为运作工具。与资本主义的整个既往历史情形完全不同，这四个要素不具有私人产品的性质，其社会性鲜明强烈到不容许任何私人、少数企业或集团所占有，因而与资本主义传统经济所依赖的资本有质的区别。新经济的增长来源于一种新的资本形态——信息和知识资本，其核心主要是特定人才和技术的组合所拥有的创造能力及这种能力的持久性。在新经济中，战略性的资源已不再是传统的生产资本和金融资本，而是知识和智慧；经济的动力源已非物质能量，而是以计算机和网络为载体的信息。所有这些，都将给资本主义私有制和生产方式带来严峻的挑战和深刻的打击。

高新科学技术不仅会推动新经济的持续发展，而且它自身在未来的发展，必将使利润意识形态更加无法与之匹配，从而逐步走向解体。

首先，科学技术尤其是高新科学技术，具有不同于传统有形资本的特性。有形资本的价值在使用中不断损失，可以对它占有和垄断。但科学技术，例如信息技术，则大不相同，其使用价值无穷，不但创造新价值，而且创造新技术。高新科学技术，由于网络的出现，使知识能在广大范围内迅速为人们所共享，从而改变传统生产方式和生产过程的面貌。它本身要求共有和分享，其内在逻辑与公有制相吻合、相一致，而与私有制相冲突和相背离。这是资本主义私有制和生产方式所遭遇的深层的新不幸。

其次，在高新科学技术的生产和发展环节方面，人力资本的投入，智力资源的开发等，日益表现为社会化以至国际化的过程。这与资本主义私有制和生产方式的固有本性相冲突，而且长远地看，也是以私有制为基础的资本主义社会所难以承受的。即使在新经济的目前阶段，许多核心技术的发展需要大规模的非营利性的公共投资，因而与追逐利润的资本主义意识形态格格不入。在高新科学技术的进一步和持续发展中，这种格格不入将加倍表现出来。

再次，从科学技术特别是高新科技的使用和结果上来看，其发展同样要求、愈来愈要求公有制度和社会共享局面与之相适应，而绝不是相反。仅以信息技术和生命科学技术为例，信息主体对信息的垄断已经越来越困难。这就意味着，利润意识形态越来越受到无情的限制。

最后，科学技术的发展，为整个资本主义世界乃至全人类社会的生产，提供着进行计划性管理的手段。而在深远的意义上，将给未来社会和时代的计划经济提供足够充分的物质技术条件和手段。这样看来，当代资本主义的利润意识形态，在科学技术发展的过程中，将越来越难以固守，越来越难以在经济上实现。

新经济与高新科学技术是互生共荣的。它们不可逆地长足发展，终将致使资本主义利润意识形态解体。而在目前看来，这已是当代资本主义面临的一种十分深刻的新危机。

2. 无法占有新的社会生产力

资产阶级和资本主义曾经拥有过的一切，从土地、原料、雇佣劳动、机器、厂房、生产流水线、资本市场，到社会分配权直至国家机器，归根结底，是拥有既经形成的生产力及其保护力量的表示。当代资本主义也是一样。然而，自从进入新经济时代以来，资本或资产阶级对最新生产力的占有能力，都意想不到地显著下降了，而且必将持续下降下去。

为什么会这样呢？把各种现实原因和因素归结起来，就在于最新的、最具有价值创造力的生产要素，或者不如说最新的生产力，已不再是上列各项，而是科技和知识及其存量与流量，是科技和知识的人格化即“人力资本”。这一点，无论对于资本主义或人类发展史，都堪称划时代的变化。

人类物质生产过程不仅表明，劳动资料、劳动对象、劳动者这三者结合构成一般生产力，而且表明知识就是生产力。在生产劳动过程中，一切劳动资料要靠知识的物化，劳动对象要靠科学来扩展和延伸，并使其范围越来越宽广，劳动者则更需知识化。没有科学知识的武装，劳动者只能是简单的劳动者，因而不能驾驭科学生产工具，不可能在更大范围内开辟新的劳动对象，也不能创造高度发达的社会生产力。因此，知识并不与“三要素”处于同等地位，它渗透到构成生产力诸要素的一切领域。生产力的知识化程度受生产力要素知识化水平的影响；而生产力要素的知识化，取决于知识被生产要素所吸收与运动的程度。

知识遵循的是不守恒定律。知识的创造和发明，离不开科学的思维工具，特别是人的理性作用。强大的理性使知识向生产能力转化，并远远超过转化前的原始能量，这就是知识之所以能成为强大的现实生产力的根本所在。生产知识的劳动，相对于直接的劳动过程，是一种间接的劳动；然而是科学的劳动，生产科学知识的劳动，使直接劳动或物质生产劳动发生深刻变化以至革命性变化的劳动。科学知识，表现为生产和财富的宏大基石。它“既不是人本身完成的直接劳动，也不是人从事劳动的时间，而是对人本身的一般生产力的占有，是人对自然界的了解和通过人作为社会体的存在来对自然界的统治，总之，是社会个人的发展”。它使“劳动表现为不再象以前那样被包括在生产过程中，相反地，表现为人以生产过程的监督者和调节者的身分同生产过程本身发生关系”，使“工人不再是生产过程的主要当事者，而是站在生产过程的旁边”。①

科学和知识的不断积累和持续行进，终于开创了一个与既往生产劳动完全不同的新时代，即新经济时代。这个时代，已不能单纯靠消耗极度的自然资源和能源进行能量转换；而能量本身，也要从主要表现为消耗自然能源和劳动力资源，转变为最大限度地发掘人的智慧，即利用科学知识的力量。我们把劳动力、能源、科学知识三者看作生产力的能量。而生产力能量的相对比重，已经经历了从劳动力密集到能源密集的转变，最后必然向科学知识密集转变，直到转变的彻底完成。这是生产力能量相对比重转变的规律。

自然能源不论怎样丰富，总是有限，不论怎样转换，总是守恒。人力资源也是有限的，单纯靠体力的简单劳动，实质上是一种生理机能的能量转换，而且与人类社会发展的方向相违背。科学知识则完全不同：在其传递和转换过程中，一方的获取不以另一方的失去为代价或前提，相反地，对方的获取反而推进了传递方知识总量的增长。知识之所以具有这种特殊能量，本质上因为它是精神与物质的复合体。知识在社会生产力中的无以估价的能量，在于人的理性对于实践过程的能动认识力量。知识的无限创造力，揭示了一个个自然规律，这些规律在生产力中的巨大作用，远远超过为获取它而耗费的能量。

在作为第一资源的自然资源之外，人类找到了永不枯竭的第二资源，即由人类创造并将继续创造下去的知识资源。这是人类生存发展的智慧结晶，是人类可持续发展和自由全面发展的可靠保障。这是新经济时代到来的导航仪和支柱；而新经济本身，必将日益倚重知识与科学技术而发展

---

① 《马克思恩格斯全集》第46卷（下），人民出版社1980年版，第218页。

繁荣。

由上面我们看到，生产力要素知识化和生产力知识化的不断发展，使得新经济时代的社会生产力达到了这种境界：生产力能量的相对比重已经很大程度地移到科学知识上，因而生产力的能量无可比拟地空前强大，科学知识成为最新的生产力。在资本主义的既往，占有生产资料即可占有生产力，即可占有作为生产力因素的、尚未强大独立起来的科学知识。但是现在，资本主义已经难以占有、越来越不能占有这种最新的生产力。前面所述的全球金融风暴和经济危机，实际上就是当代资本主义不能真正占有这种最新的生产力，反而遭其冲撞的一种表现。

生产力的本性是革命的。而最新生产力的革命性之强烈，革命能量之巨大，是既往水平的生产力不能相提并论的，因而是资本主义生产方式不可能依照先例占有的。它一旦力图占有，就遇到深刻激烈的矛盾冲突。只要它长期勉强为之，结果不会是资本主义生产方式的稳固，而是它的崩解。

就人力资本即科技和知识的人格化来说，那就愈加不是资本主义生产方式能够获得和占有的了。

由于已经高度发达的科学知识以存量和流量两种方式释放能量，在社会生活各方面持续发挥作用，这将使社会主体和作为劳动者的人，相当快地在更高的程度和层次上为它们武装起来，从而成为生产力的主导和动力，创造出发达的生产力。我把历史发展的这种结果，即科学和知识的人格化，科学和知识的力量在劳动者身上的内化和表现，称为人力资本。马克思把资本家视为资本的人格化或人格化的资本。科学和知识当然也会人格化，这就是人力资本。所以，这里所称的人力资本，与舒尔茨提出并在西方经济学中流行的人力资本完全不是一个概念。在那里，人力资本是用以形成和完善劳动力的各种开支，是通过对人力的投资而形成的资本，说到底，是增殖资本的劳动力。

由科学和知识的人格化而形成的人力资本，体现的是高度发达的新生产力，是这种生产力中的主体生产力，它只是生产发展历史和人们智慧不断发展的结果，绝不是资本家可以投资的。它无须资本家投资就会自然地形成，就像资产阶级不会投资无产阶级革命而革命依然会发生一样。假定资产阶级有心投资这种人力资本，那么根据资本主义生产的逻辑，却没有市场，没有价格，没有各种信号，没有适应的环境，一切都是茫然的，因而终归无以投资。但是，有一点是资产阶级和资本主义社会必然做得到的，那就是面对这种人力资本望而生畏。

与既往生产力水平与能量具有不可同日而语的差别，这种人力资本无论如何不能为资本主义生产方式获得和占有，它将迅猛地投向新的生产方式，而冲破资本主义制度的外壳。这必将引起的决不仅限于当代资本主义的经济危机，但必然首先造成它的经济危机。

3. 贫富分化矛盾的加剧

资本必须不止息地运动，资本主义生产方式必须不停顿地发展生产。但是，这个过程是以资本主义基本矛盾存在为基础的，又使这种基本矛盾不断发展，为它的必然性作用的发挥提供条件。这对于当代资本主义来说，是一模一样的。在当代资本主义条件下，资本主义生产不仅是一般性地不停顿地发展，而且达到了强迫性地发展的地步，从而使所有的发展呈现为一种强制强迫性的发展。这绝不是其基本矛盾的解决或解决它的办法，这必然是其基本矛盾深化加剧的过程和不自觉地加剧它的办法。与此相反的结论是得不出来的。

当代资本主义既像历史上的资本主义一样不停顿地发展生产，又超越它把发展变为强制性的发展，这不过是对发展本身已无可奈何、越来越不能驾驭它的特有表征罢了。另外，当代资本主义之如此发展生产，有两点却是始终清醒的和一以贯之的：一是追逐剩余价值或利润；二是为解决存量财富造成的巨大不平等，企图通过增量财富的创造和增长来使这一问题控制在资本主义制度之内，而不至于造成资本主义制度的崩溃。就这一点来说，当代资本主义在20世纪之内达到了目的，取得了成功。但是，到目前为止，从现在向不远的将来看，这种老调子已经唱完，这套老把戏已经要不下去，代之而现的将是既没有导演和演员，也没有观众的历史的空场。

随着资本积累的不断扩大，特别是高新科学技术的持续深入发展，一方面，资本有机构成不断提高的趋势将更加强劲，因而资本对雇佣劳动力的需求必然进一步相对减少，甚至会出现绝对性的减少。另一方面，则是劳动力供应的绝对增加。这一切是不能用历史上的情形来比照说明的，也是这种思维方法所无力说明的，因为看起来类似的清醒却属于两重天地，而今天的问题深重得不知多少倍。这个尖锐的矛盾和直接的冲突，将使当代资本主义通过增量财富的增长来缓解财富分配本身巨大不平等的办法，愈益失效以致彻底无效。

财富分配的巨大不平等，是无法与资本主义生产方式分割开来的，是资本主义制度的必然产物和天然景观，是资本主义生产方式和制度自身既无法消化，也无法消除的。正因为如此，它对当代资本主义成了一个生死存亡的关键问题。这个问题在新经济时代空前扩大了和加重了，从而使资本主义这个与生俱来的矛盾发展到了难以对付的程度。如果不能有效地减缓这个矛盾，降低其中蕴藏的破坏力，新经济将遭重挫和受打击，从而使资本主义生产方式的生命力快速和突然地萎缩。如果继续选择和发展新经济（这是无法退避的），那么资本主义生产方式则是深重的障碍，而且越来越成为障碍。这种从未有过的极为尖锐激烈的矛盾冲突，现在让当代资本主义正面碰上了。

同样地，经济全球化从稍长一点的时段看，也不能消除这一矛盾冲突，反而会使之达到顶点。经济全球化的勃兴：从一方面看，一开始就是资本力量自发作用、资本逻辑自然延伸的表现和结果；另一方面，则是发达资本主义国家为转移矛盾和压力而精心刻意倡导助推的成果。这两方面都反映了资本积累加速的趋势，也就是资本有机构成进一步提高的必然趋势。这样，就产生了两个方面的后果或结果。首先，在资本主义国家内部，经济全球化带来了强资本和弱劳动态势的日益强化，同时，劳工抗衡资本的能力则受到移民和发展中国家劳动力成本低廉的影响，因而导致发达国家内部贫富差进一步拉大。其次，在整个资本主义世界，经济全球化虽然促进了生产力水平提高和全球经济的发展；但全球资源的有限性和全球经济运行的无序状态，使各国在分享经济全球化的利益上矛盾冲突日益尖锐。全球化没有使各国利益自动趋同，反而很可能使利益矛盾冲突激化。同时，发达国家利用其初始财富优势，利用资本和技术输出手段，控制全球劳动分工格局，从而成为全球新的劳动分工的支配性力量。因此，经济全球化加剧了世界范围的分配不公和贫富差距，而这将反过来制约和降低资本的运行效率，也将最终造成世界体系内资本主义经济发展的更为深刻、巨大的新危机。

4. 经济全球化带来的新危机

如果把资本主义比作一座大厦，那么它成长的高度则取决于基础的深度。只有把越来越多的、不发达或落后国家组合进它早已创建起来的、“中心—外围”这个等级制的世界体系中来，它才能获得新的生长空间。

这对于当代资本主义来说，是它的历史使命和新的事业，是它必须走的根本发展道路。历史上的资本主义，曾通过构造这个等级制度的一系列血腥活动，消灭掉了它的敌人，即封建经济和封建生产方式，从而在它的敌人的尸骨上发展起来。现在，当代资本主义所要推动的新事业，则是同类相残，如同大鱼吃小鱼，由此使少数发达国家稳立资本主义大厦的顶层，而使众多“外围”的同类永远充当大厦的基础。这就是经济全球化的真实动机和目的。而到今天为止的经济全球化为什么由发达资本主义国家主导，为什么充满“社会达尔文主义”的声响和光影，不仅是不难理解的，而且是必定如此的。

在当代资本主义条件下，世界经济体系并没有形成以西方为样板的一元化的统一模式，依然是“中心—外围”的二元对立的结构状态。在这种结构状态下：第一，“中心”结构支配外围结构，即在资本国际循环中，发达国家通过不等价交换以及其他形式的剩余价值转移，从发展中国家进行资本积累。第二，垂直分工是这种世界经济体系的基本特征，即在国际分工与交换中，发达国家主要生产高附加值产品，发展中国家主要生产低附加值产品，两者相互交换。第三，发达国家掌握了大部分资本品和服务资讯，而发展中国家则极其缺乏。整个说来，国际垂直分工构成了世界经济体系中二元结构的物质基础。所有这些，就是经济全球化由此推行的最现实和最根本的基点。发达资本主义国家不只是心仪于此，而且有足够的力量和策略去推动，有条件从事这项新的事业。

自近代以来的世界经济进程表明，外部性始终伴随着资本主义发展过程。这种外部性，在原始积累时期表现为迫使“外围”国家成为殖民地和半殖民地；在工业化时期表现为“中心”和“外围”国家的不平等的国际交往，对“外围”国家的各种自然资源的掠夺性开发。而当代资本主义，特别是其发达国家，仍然建立在剥削国际资源、利用国际机遇、通过不等价交换对欠发达国家进行国际剥削的基础之上。一句话，资本主义的发展始终需要一个外部世界来承担其必然产生的外部性成本。因此，经济全球化无疑会成为当代资本主义发展必取的路径和目标；发达资本主义国家则希望经济全球化自始至终是他们主导和控制的经济全球化。而事实上，发展到目前的经济全球化的确是如此。

但是，经济全球化不会长期使资本主义好梦成真，反而会加剧造成资本主义的危机。

经济全球化的本质，绝不是市场经济或金融全球化，而是资本增殖关系的全球化。只有资本增殖，才反映着资本主义商品生产发展的基本性质、特点、机制和规律。市场经济和金融等的全球化，只不过是商品经济发展时代的资本增殖关系全球化的必要条件和外在表现。资本增殖关系的全球化：一方面强化了所有资本主义国家的资本主义生产方式的性质；一方面愈加突显和强化了发达资本主义国家的优势地位，从而为经济全球化中一切必然和可能的矛盾、冲突和复杂局面的到来埋下了酵母一样的种子。当然地，它也必然是经济全球化过程中资本主义经济危机加剧的种子。

经济全球化丝毫不会削弱资本主义生产固有的、无限扩大的趋势，反而会使这种趋势更加增强和明显。然而，其扩张却无法摆脱不同生产部门的比例和社会消费力的制约。无视和破坏客观上应有的比例，必然导致经济危机；不顾社会消费力，则是经济危机发生的直接原因。马克思指出："社会消费力既不是取决于绝对的生产力，也不是取决于绝对的消费力，而是取决于以对抗性的分配关系为基础的消费力；这种分配关系，使社会上大多数人的消费缩小到只能在相当狭小的界限以内变动的最低限度。"①在经济全球化条件下，世界市场的消费力不取决于世界各国的绝对生产力和绝对消费力，而取决于世界范围内以不平等的分配关系为基础的消费力。世界范围内不平等的分配关系：一方面使世界绝大多数人口的消费力缩小到仅能在最低限度内实现的境地；另一方面，少数富裕国家的消费力则受到资本积累和扩大生产规模的限制。因此，经济全球化过程中，资本主义生产无限扩大与有限的世界市场形成了不可克服的矛盾，这个矛盾的复杂发展必然造成经济危机。

资本增殖关系的全球化：一方面给资本运动开辟了新的空间，甚至使资本运动在一段时间展现出生机；另一方面也把资本主义内在矛盾引向深入，使之在全球范围内放任和充分地发展。在资本主义内在矛盾运动于其内的全球无政府状态中，发达国家与发展中国家经济关系的实质，仍然是控制与反控制、剥削与反剥削的关系。而事实上，资本主义世界体系中的南北贫富差距迅速扩大了。而且，据联合国开发计划署预测，到 2030 年，

① 《资本论》第三卷，人民出版社 1975 年版，第 272—273 页。

世界最贫穷者年收入将低于325美元，而工业发达资本主义国家的人均年收入将达到4万美元。这不过是资本的本性在经济全球化中的进一步暴露罢了。但是，南北贫富鸿沟的加深，也必然同时是资本主义世界市场的萎缩。

整个说来，经济全球化使当代资本主义的发展走进了一个二律背反的历史时空。经济全球化的加速发展，不仅会使资本主义世界的各种矛盾愈趋深化、复杂化和激化，而且资本主义经济发展过程中的外化成本的释放空间必然缩小和日趋缩小，从而使资本主义世界陷入前所未有的巨大难测的经济危机。目前全球性的生产过剩，全球金融风暴和经济危机，欧美严重的债务危机和财政危机，就是较为明显的前兆和预演。

七　经济危机的发展趋势

我们前面论说了当代资本主义截至2013年所发生的各类经济危机，以及正面临着的一些新的危机。现在我们要简要地研究叙说当代资本主义经济危机的发展趋势。

资本主义基本矛盾的继续存在，决定了当代资本主义以后的发展仍将摆脱不了经济危机。这一点是没有任何疑问的。当代资本主义经过近70年的变迁，取得了进步和新发展，但更为深刻和根本的则是，其基本矛盾深化和加剧到了前所未有的地步。从根本上表明这一点的：一方面是高新科学技术和社会生产力达到了空前发达和强大的程度；另一方面是生产关系调整的余地已接近于资本主义制度的极限。这两个方面的情形，越是对发达资本主义国家，就越是如此实在；而对于现今还不发达或较落后的资本主义国家，则预示着它们的未来景象。因此，整个资本主义世界未来经济危机的根源只有共同的一个，即其基本矛盾，而其表现则必然是多样的和繁杂的，或者不如说呈现为一致性中的多样性局面。

1. 传统经济危机仍是基础性经济危机

所谓传统经济危机，就是我们前面叙说过的以生产相对过剩为实质的周期性经济危机。这种经济危机自1825年在英国首次爆发、1847年演化为资本主义世界性经济危机以来，始终是资本主义经济危机的正统形式。它在第二次世界大战之后呈现出的一些新特点，不过是它在特定历史条件下不能不有的一些形式上的变换；这些形式变换，不是对传统经济危机的否定，而是对它的肯定。我们甚至可以从特定角度说，当今全球贫富分化的加深和加剧，不过是生产相对过剩的世界性升级的表现。

为什么说生产相对过剩的周期性危机是未来资本主义经济危机的基本表现形式呢？

首先，生产相对过剩的周期性危机与资本主义的基本矛盾具有完全的同在性，前者是后者的必然而直接的结果。马克思主义创始人关于资本主义基本矛盾以及它的两种派生性矛盾或必然表现，必然导致资本主义经济危机的科学分析和论证，至今仍是颠扑不破的真理。当代资本主义基本矛盾的发展变化，使得经济危机具有了新特点或变形，因而在资本主义制度范畴内表现出历史进步性；但是，这不是对资本主义基本矛盾的消除，而是对它的调和。这种调和所以能够进行和一定程度地实现，不过是因为垄断资产阶级、金融寡头、资产阶级国家政权的力量强大罢了。但是归根结底，资本主义基本矛盾作为客观存在，是无法依靠资本主义制度之内的不断调和而消除的，因而生产相对过剩的周期性危机就将持续存在。这样的逻辑和命运是资本主义未来发展逃脱不了的。

其次，生产相对过剩的经济危机是资本的掠夺本性和资本的限制的必然产物。资本的本性和它固有的独特职能，是无限止地生产和掠夺剩余价值。因此，在资本主义生产过程中，资本不顾下列各点限制："（1）必要劳动是活劳动能力的交换价值的界限；（2）剩余价值是剩余劳动和生产力发展的界限；（3）货币是生产的界限；（4）使用价值的生产受交换价值的限制"①。由此造成生产过剩。"资本主义生产的真正限制是资本自身，这就是说：资本及其自行增殖，表现为生产的起点和终点，表现为生产的动机和目的；生产只是为资本而生产，而不是相反：生产资料只是不断扩大生产者社会的生活过程的手段。以广大生产者群众的被剥夺和贫困化为基础的资本价值的保存和增殖，只能在一定的限制内运动，这些限制不断与资本为它自身的目的而必须使用的并旨在无限制地增加生产，为生产而生产，无条件地发展劳动社会生产力的生产方法相矛盾。手段——社会生产力的无条件的发展——不断地和现有资本的增殖这个有限的目的发生冲突。"② 这种矛盾和冲突的必然和直接的结果，就是生产相对过剩的

① 《马克思恩格斯全集》第46卷（上），人民出版社1979年版，第400页。

② 《资本论》第三卷，人民出版社1975年版，第278—279页。

经济危机。只要物质生产还是资本主义生产，相对过剩的周期性经济危机就无法避免。

再次，资本主义商品生产和市场经济是生产相对过剩的经济危机的基础。马克思主义创始人早已科学而详尽地证明：在简单商品经济中就蕴藏着危机的一般可能性，即买卖脱离的危机和支付危机；经济危机由一般可能性转变为资本主义经济危机的可能性，是在商品生产转变为资本主义商品生产条件下实现的；资本主义私有制与社会化大生产之间的矛盾，使危机变为现实，造成以生产相对过剩为本质的经济危机。这种深刻内在的逻辑之强硬和不可扭动，以致在资本主义经济发展史上一再重现，而且国家垄断资本主义的干预和调节也无可奈何。全部问题在于，资本主义生产和经济的客观规律，是不会向资产阶级及其国家政权的意愿让步的。在现已形成的全球市场经济体制下，世界市场经济作为世界商品、劳务、资本、技术等交易关系的综合已有重大发展：市场主体日益多元，主体数量和类型日益增多，交易对象与交易方式日益多样化，以至于各类经济资源和由之形成的衍生品都进入交易领域，有形市场和无形市场各类交易都成倍扩大。但是，这一切愈加使市场经济成为生产相对过剩的经济危机的基础，而绝不是相反。因为资本主义基本矛盾及其表现扩充于全球市场经济，资本主义商品生产、流通、消费以及各个方面的矛盾空前扩大和相互作用，整个资本主义世界经济在更高的程度上表现为无政府状态。

最后，资本主义不断积累的过剩的生产能力，为相对过剩的经济危机准备了有史以来最为充足的条件。目前的资本主义世界，除被称为“第四世界”的部分非洲国家外，大约半数的资本主义国家都程度不等地存在生产能力过剩问题，发达国家尤其突出。在资本本性的驱使下和资本主义基本矛盾的运动中，如此过剩的生产能力，不仅会使生产相对过剩的经济危机更为频繁地发生，而且可以说易如反掌。

由上述可知，在资本主义经济危机的未来发展中，生产相对过剩的经济危机，不仅依然不可避免，而且更易发生，不仅是基本形式，而且具有基础地位。如果仅就危机本身来说，没有生产相对过剩的传统型经济危机，其他形式的经济危机或者难以继生，或者不能得以展现；而它们无论多么显赫和肆虐，都无法取代传统经济危机而成为危机的基本形式。这是因为，传统性经济危机直接根源于资本主义基本矛盾，是资本主义商品生产必然的和最直接的产物，因而与资本主义生产方式共存亡。

2. 结构性危机趋于多发和复杂化

当代资本主义自20世纪70年代起，在资本主义发展史上明显增添了一种新类型或新形式的经济危机，即结构性危机。我们前面叙说过的这种结构性危机，在资本主义世界未来发展中将会趋于多发和复杂化。

我把这个判断由以得出的基本事实和根据简说于下：

第一，发达资本主义国家自然资源不足问题越来越严重。据统计资料，目前发达国家所需石油的75%、主要农产品和矿产原料的60%要依靠发展中国家供应。这些资源的大部分是不可再生的。随着资源的减少，供求矛盾在增加增强，加之环境保护等方面的原因，致使发达国家经济发展的资源约束日趋增强。从根本和长远势头看，这种情形不可能得到缓解，相反地，会变得日趋严重。

第二，发达资本主义国家的劳动力问题同样是越来越严重。这并不是它们客观上就缺乏劳动力，而主要因为它们的劳动力过于昂贵，同等技能的劳动力比发展中国家贵几十倍乃至百倍。与此相联系的是，发达国家的劳动密集的产品不仅在国际市场上，甚至在国内市场上也丧失了竞争力。这种情况及其中蕴藏的矛盾，是很难根本解决的。

第三，上述两点造成了发达国家资本和产业结构的弱点，尤其是劳动和天然资源密集的产业连同它们的资本和技术都逐步“夕阳化”了，成了“垃圾财产”和淘汰对象。而如何为这些资本和技术寻找出路，向发展中国家转移，使之继续给资本家带来财富，则成了发达国家面临的重大问题。

第四，发展中的资本主义国家，大体上不存在上述三大问题的困扰，却被其他诸多问题所困。例如，生产力不发达甚至很落后，经济结构单一化和畸形，国民经济体系不健全或者脆弱，科学技术能力弱乃至低下；相当数量的国家自然资源缺乏，国际债券繁重，长期处于贫困状态，从而在资本主义体系中的发展举步维艰。

第五，发达国家在国际分工、国际贸易、科学技术以及资本输出等方面支配着发展中的资本主义国家，但它们的经济增长对发展中国家的市场以及这些国家的经济形势的依赖越来越强。发展中的资本主义国家经济不景气会直接间接地影响到发达资本主义国家的经济。据估计，发展中的资本主义国家经济年平均增长速度每下降3%，发达资本主义国家的经济增长速度就要下降1%。至于双方经济消或长的每一具体结果如何，很大程度上要取决于其矛盾和利益冲突的发展状态，因而具有深刻复杂的不确定性。

第六，由美国2007年“次贷危机”引发的全球金融危机，既是结构性危机的一种表现，已经对生产领域造成了危害，加重了资本主义经济危机，而且必将成为深化既有结构性危机、诱发新的结构性危机的显著力量。目前仍在持续的全球金融危机，包括欧盟的债务危机，实质上是20世纪70年代后资本积累空间开发殆尽的结果；而其真正和直接的原因，是膨胀起来的虚拟资本找不到足够的剩余价值源泉继续支持现有金融方式的资本增殖。但是，资本主义国家到目前为止所采取的全部措施，只是解救金融体系遭受的直接威胁而不使之崩溃。这虽是它们的当务之急，但绝不可能由此彻底解决当前的危机。而且从实质上看，既有的一切救助措施都是维护金融垄断资本利益的措施，都是资本主义政府拿劳动人民创造的财政收入，去维护金融垄断资本所构造的价值增殖体系。这必然引发或加重经济的、政治的、社会的诸多矛盾与问题。

结构性危机即经济结构在非周期性因素影响下而严重失调，即使仅仅由于上述问题所带来的复杂困难局面，也必然会呈现多发和深化的趋势，而决不会相反。同时，决不应当忘记，结构性危机与周期性危机是存在一定联系的，就是说，其发生、发展和复杂化是受周期性危机影响的。特别是在考虑到当前的金融危机给资本主义国家的生产、贸易、债务等带来的巨大冲击和困难，使其遭受的生产停滞和严重的经济衰退，那就愈加可以肯定，多发和复杂的结构性危机将是资本主义国家普遍面临的景象。

3. 金融危机仍将周期性地发生

在资本主义社会，商品生产是资本主义生产方式下社会物质生产乃至社会经济生活的一般形式，因而社会物质产品取得了与其使用价值的自然形式不同的价值形式。而价值的货币形式则成为财富的一般体现或代表，成为人们在经济活动中直接追求的东西。因此，“资本主义生产本身并不关心它所生产的商品具有什么样的使用价值”①，而只关心价值和剩余价值。这样，商品生产和商品经济就成为直接为取得货币的经济活动。

资产主义生产方式的特殊性质，不仅使商品的价值与货币形式成为追

① 《资本论》第三卷，人民出版社1975年版，第218页。

求财富的直接目标，使占有剩余价值成为资产阶级经济活动的根本内容，而且也因此模糊了甚至使人看不到价值生产背后的物质联系，使价值拜物教和货币拜物教成为根深蒂固的普遍观念。生产服从于少数人追逐剩余价值，这一点使资本主义生产内在地具有危机的种子和倾向。而矛盾积累到一定程度，危机就成为现实。

资本主义生产领域的剩余价值生产，赋予了生产条件以及财富的一般形式即货币以资本的属性，因而即使在生产领域之外，也可以通过价值形式实现对生产条件所有权的控制，占有生产领域工人创造的剩余价值。货币的资本属性不仅产生了借贷资本，而且进一步发展成虚拟资本、土地价格、众多的价值增殖工具。它们的运动远离物质生产领域，但它们却不能从根本上摆脱实际物质财富的运动，从而产生了在金融领域触发危机的可能性与现实性。

到20世纪70年代，当代资本主义此前20余年的黄金时代结束，进入了一个包括平均利润率下降趋势在内的矛盾多出的新阶段。自那以后，当代资本主义发展的突出特点表现在：资本的增殖和积累更多地在货币金融领域寻求突破，因而使世界货币与金融领域的矛盾日益突出，资本主义基本矛盾也更多地在这一领域展开。

事实上，20世纪70年代的货币变革，使世界货币即美元脱离了其价值基础，仅仅成为一种纯粹的价值符号，并由此开创了经济金融化时代。在经济金融化时代，借贷资本成为垄断资本占有剩余价值的主要途径；金融垄断资本在金融市场上不断对信用工具进行花样翻新，在扩大贷款对象和贷款规模的同时，通过创新信用工具来回收货币资本并转嫁金融风险。信用工具的创新又使资本市场上债券价格不断涨落，为投机性金融资本获利带来新机会，使资本既远离生产活动又能更迅速和便捷地赚到钱。20世纪80年代以后，经济全球化蓬勃兴起，金融垄断资本进一步把以货币、金融手段，赚取剩余价值、进行资本积累的活动扩展到全世界。国际垄断资本通过对外投资的利润、不等价交换以及各种虚构的服务收入等方式占有剩余价值，形成发达国家金融垄断资本赢利的来源。金融垄断资本通过发行债券将剩余价值形成的剩余资本加以集中，用集中起来的剩余资本发放贷款，并再发行证券以集中货币资本。这样，金融垄断资本获取剩余价值的当代新机制就形成了。

然而，资本主义基本矛盾对资本积累的限制始终存在。没有价值基础的货币，使产业资本的循环在国内外市场上的不确定性增强。贷款对象的扩大，必须以生产领域的相应发展为前提，而生产的扩大又必须以市场的扩大为条件。经济的金融化并未消除资本主义基本矛盾对资本积累的限制，而金融资本力图突破这种限制的方式，就是通过扩大贷款来强行地扩大市场。但是，借贷资本收入的最终源泉只能是生产领域形成的剩余价值，发放消费信贷所获取的利息收入也间接来源于剩余价值。当金融垄断资本将既有的剩余价值源泉开发殆尽，转而将非剩余价值收入作为攫取对象时，危机就成为不可避免的了。而当前资本主义世界的金融危机，正是20世纪70年代以后形成的资本增殖与积累的新领域被开发殆尽的结果。

可以确信，自2007年以来的资本主义世界金融危机，构成当代资本主义发展中的一个重要节点。就是说，它的进一步发展，必须有资本增殖方式的重大调整，或者只有资本开辟出新的增殖领域、找到新的增殖形式，才有实现的可能。但是它能够在多大可能与程度上做到这些呢？根据前面所述的事实、逻辑和结果来看，其可能性与程度已经越来越有限和越来越小，而绝不是相反。因此，经过这次金融危机的重创，包括发达国家在内的当代资本主义的发展，将非常艰难。

问题还不仅仅如此。当代资本主义的未来，仍将不可避免地、周期性地发生金融危机。其根据主要如下：

首先，在资本主义生产方式的基本结构和内在矛盾不被根本改变和消除的前提下，国家垄断资本主义和金融垄断资本不会放弃用货币和金融手段获取剩余价值，由此进行资本积累的逻辑和路径，因而一如前面所述，金融危机必将一再发生而无可避免。决不能想象，为避免金融危机再度重来，资产阶级能够废弃资本主义生产方式，金融垄断资本可以改变或忘掉它的本性。决不要在这方面设想和制造神话。

其次，利润率在资本主义积累体系中具有根本性质和基础地位，而资本主义的长期趋势则是平均利润率下降和普遍的生产过剩。马克思主义创始人深刻、全面地揭示阐明了的这两大规律，即平均利润率下降规律和生产过剩规律，对资本积累和资本主义生产方式始终是深刻、内在和不可解脱的限制，而且已由资本主义发展历史所证明。由于这两大规律的作用，由于这两大问题始终存在，当代资本主义的未来发展，不仅必然周期性地遭遇金融危机和相对过剩的经济危机，而且其生产方式下的经济增长将越来越全面地走向不可持续。

再次，金融部门的发展和金融资本的膨胀具有历史性，就是说，是在一定历史条件下应运而生的。这次全球性的资本主义金融危机，就是在实体经济部门的利润率长期低迷、实体资本及其利润转入金融领域、新自由主义大肆鼓吹金融自由化的条件下逐渐积累并最终爆发的。由于利润率下降趋势、生产能力过剩和投资机会减少，资本主义金融领域今后也必然具有内在的不稳定性，资本主义金融工程、金融创新、金融市场的建设性的外表必然包藏着破坏性内核。金融垄断资本和金融寡头的贪婪本性到处都是一样的，绝不仅存于华尔街。由于这样，资本主义将来也不可能建立起真正为实体经济运动服务的金融体系，从而经过一定时期必然有金融危机卷土重来。

最后，当代资本主义未来的金融危机，不仅不可避免，而且依然表现为生产过剩和金融过度的双重结果。当代资本主义的积累体系，一方面是生产过剩，另一方面是金融过度。生产过剩是资本主义生产方式的不治之症，并且需要通过金融过度来消化；而金融资本的掠夺本性则直接推动或助长金融过度。这两个方面既相互依赖又相互破坏，使当代资本主义积累本身具有深深的无政府性质，因而金融危机必然在一定条件下爆发。这种由当代资本主义自身所呈现的内在逻辑和规律，是它的未来发展跳不出和改变不了的。因此，金融危机根本不是依靠所谓金融监管就能避免的，而且一定会作为生产过剩和金融过度的双重结果而周期性地来临。

4. 多重危机相互交织

上述当代资本主义经济危机的各种趋势，无论在理论上还是在经济的实际运动中，都不是孤立存在的和彼此隔绝的；相反地，它们不仅相互影响、相互作用，而且总体上相互交织。因此，在当代资本主义的未来发展中，各种经济危机的实际表现、周期的长短、冲击力与破坏力的大小等，会随现实条件的变化而不相同；但是，它们在任何条件下都必然成为危机系统，从而形成整个经济体系全面危机的时代性景象。这种情形和景象将一步步地、实际地化为资本主义生产方式和经济增长的牢笼。

我们前述的当代资本主义的各种经济危机，都是资本主义经济现实中的客观存在，并在资本主义经济运行中不断表现自己。它们一方面与资本主义生产方式下的经济和经济运动构成有机统一体；另一方面它们自己越来越明显地形成系统，即危机系统。前者根源于资本主义基本矛盾，因为这种矛盾及其运动而成为统一体；后者则是它们在资本主义基本矛盾运动变化基础上逐步发展的结果。可见，资本主义基本矛盾、资本主义经济运动、资本主义经济危机发展，是步调一致的。而经济危机已经形成为一个明显的、相对独立的系统，则是当代资本主义所产生的一个突出而重大的新现象。

有一种流行的观点认为，当代资本主义经过这次金融危机的重创之后，将会出现新一轮的或重大的调整，从而又将打开新境界、走上新台阶。这是一种抽象化的、简单比附资本主义既往情形的粗糙见解，是一种得来容易、没有充分根据、因而很廉价的观点。

我们应当从一般性方面看到，当代资本主义仍有一定的生命力，因而今后仍然会出现发展变化。但是，就经济危机这一问题来说，看来当代资本主义已没有什么更好或更有效的克服办法，而且办法越来越少。当代资本主义造成的历史事实和发展逻辑证明，它既没有克服传统经济危机，反而在 20 世纪 70 年代以后增添了结构性危机，并把 1997 年东南亚金融危机发展到 2007 年以来的全球性的资本主义金融危机。到此为止，当代资本主义已使形态分明的三大经济危机齐备，大大加剧发展了资本主义的经济危机。因此，通观当代资本主义既有的进程就一目了然：它既在竭力克服经济危机，又在发展和创新经济危机；它用以克服危机的办法不是越来越多，而是越来越少。随着各种危机的交织演变，以致危机的系统性、整体性逐渐增强，当代资本主义就将束手无策，被它无力以对的危机所克服。

那种流行观点，实质上把当代资本主义看成无所不能的，把它的调整看成轻而易举至少是不难的，把它的发展看成没有什么大问题的了。在已被当代资本主义丰富发展起来，已经形成系统，甚至连发达国家还惊魂未定的经济危机面前，那种观点则近乎是这样的：承认或倾向于承认资本主义会永世长存。这即便不是自觉的，那也是糊涂可笑的。

我们说当代资本主义仍有一定生命力，因而还会有发展变化，这如果不作空论而从现实性上来看，那将在很大程度上取决于它克服危机的能力，并将由此来实际地证明。而这两者之间的对立的、矛盾的、冲突的关系，不是趋于缓和松弛，而是空前尖锐和紧张。正如前述，当代资本主义对付危机的办法越来越少，而它对付危机的能力也接近于极限。随着各种危机相互交织和逐渐深化，当代资本主义也将走入一个整体性经济危机的黑暗时代。

第三章

当代资本主义的政治发展与危机

以否定封建专制政治、开创人类民主政治而享有巨大历史功绩的资本主义民主政治，其在当代的发展，就是在资本主义私有制基础上、在既有制度架构下的发展。这种发展只是表现为资本主义民主政治形式上的丰富与变换，而不表现为实质的改变。由于资本主义私有制的制约以及政治自身的限制，使得发展充满无法克服的内在矛盾，只能走形式主义路径，因而面临着摆脱不了的各种危机。内在矛盾既是危机的根源，同时又是危机的特定形式。当代资本主义民主政治的发展，始终是矛盾中的、与危机相连并行的发展。而如此发展起来的繁茂的民主政治形式，因其经济基础和政治本质的狭隘，不仅愈加表面化、空心化和畸形化，而且必然诱发或加重政治的危机。以深广的历史视野从多方面加以考察，当代资本主义民主政治的发展的确已经走上了末路。

一　资本主义民主政治基本构造

在考察论说当代资本主义政治的发展与危机之前，有必要对资本主义政治的构造加以系统而简明地叙说。这是因为，后者历史地表现为前者的既成基础，因而是我们理解、认识和判定前者的确定性的前提。

如果用涵盖丰富、深度很大的话语加以表述，或者从实质上说，资本主义政治就是资本主义私有制和生产关系基础上的社会上层建筑，就是资产阶级专政和资产阶级民主的统一，就是由此形成的资产阶级的统治。只要是资本主义，它的政治的实质和根本面貌就依然如此。

同时，资本主义政治又是民主政治，确切些说，是资本主义或资产阶级的民主政治。这种政治作为资产阶级的历史性创造，大大不同于此前的君主政治或专制政治，从而开创了人类民主政治时代。正像资本主义私有制比封建私有制高级、精致、强大得多一样，资本主义民主政治比专制政治要进步、规范、精细、复杂，因而强健得多，并且是逐步取代封建专制政治的结果。

资本主义政治之所以是民主政治，之所以在人类政治的漫漫时空里彰显出民主性质，其根本在于以下两点：其一，国家权力掌握者已由国王或君王一人变为一个阶级即资产阶级，因而实现了“多数人的统治”，亦即资产阶级的阶级统治。其二，国家权力的运行已由单向性变为双向性，即形成了权力自上而下地施行和自下而上地制约的新状态；也就是说，先前一味自上而下施行、要求其指向者绝对服从的权力，受到了以一定形式实现的、创新性的自下而上的约束。这两者在人类历史中所显示的，决不纯粹是形式上的意义，而其中的第二点则造成了专制政治与民主政治的根本分野。正是由于这两者，人类上千年的政治才进到民主政治新形态和新时代。

资本主义民主政治，作为资产阶级反封建的成果和创造物，作为资本主义社会的社会存在和社会政治生活，是一个由思想体系、原则体系、制度体系构成的而以制度为根本的复杂系统。以下作为资本主义民主政治之构造的基本部分或方面而加以叙说的，它们本身都既是政治思想和政治原则，同时又是或者体现为政治制度[①]。在这里，对它们分别从以上三方面给予详细论说，暂不构成我们的任务，而只把它们作为以上三者的统一，在其一般性上来叙说。这样做不仅是适宜的，而且完全合理。

1. 人民主权

主权即国家的最高权力和国家的本质属性。主权的归属表明国家政治制度的本质和最显著特征，而且决定了与之相应的国家政治制度的其他特征。因此，一定时代和一定社会的政治及其发展，总是由其主权决定和统辖的，与其主权要求相一致的。

人民主权，作为思想体系的形成，作为政治原则和政治制度的确立，在人类发展进程中无不具有巨大而深远的历史意义。此前漫漫时空里，主权曾经归属于神或天，曾经归属于君主，即所谓主权在天和主权在君，因而政治表现为混合着残暴与愚昧的神权政治、君主政治或专制政治。在这两种政治时代和状态之下，众生、大众、人民都不是为政治而生存的，都

---

① 例如三权分立或说分权制衡：作为思想体系主要经历了从洛克、孟德斯鸠到联邦党人的发展；作为政治原则又是不可动摇的；而在政治制度方面，则不仅是根本制度，而且构成整个政治制度的基石。

不过是政治中的消极被动的构成材料，始终远离政治却又一直充当政治权力的对象。而人民主权首先以学说形态，从思想政治理论方面否定以致颠覆了上述政治状态。法国古典政治学家布丹首创近代主权观念，但他只能从反对封建割据状态出发，赞同神权基础上的君主主权；霍布斯坚持集权专制，主张君主主权，但坚决反对君权神授；洛克从巩固资产阶级夺得的政治权力出发，提出议会主权，反对君主主权；卢梭则进一步地、极大地发展了资产阶级的主权思想，系统地阐述了人民主权学说，从而完成了人民主权思想体系。

人民主权学说是资产阶级反封建的第一大思想理论成果，是国家学说发展史上的一大飞跃，并且构成资产阶级民主思想和资产阶级民主制度的核心。它在其固有的局限性中也显示出了超出资本主义制度范围的下述意义：主权属于人民，因而政府的建立应经人民同意，政府权力应受人民监督；政府的权力来自人民，人民就有权要求政府为人民服务。这些人民主权学说的核心思想，对今天的社会主义是同样适用的。

正是由于人民主权学说具有深远的人类历史意义，马克思、恩格斯和列宁在吸取其思想精华的基础上将之改造成为马克思主义的人民主权思想理论。自美国《独立宣言》和法国《人权宣言》确认人民主权原则以来，世界上各类国家的宪法无不确认和体现了人民主权原则。这主要表现在：明确规定人民主权原则；通过规定人民行使国家权力的形式来保障人民主权；通过规定公民广泛的权利和自由来体现人民主权。

就资产阶级或资本主义的人民主权来说，其阶级的和历史的局限主要如下：首先，主权所归的“人民”实际上只是资产阶级；其次，人民主权的理论基础是历史唯心主义的，其立论基础是无以证实的“自然状态”和“社会契约”之说；再次，人民主权仅仅涉及政治权力，而作为其基础的社会经济则未能涉及。这些局限也必然而且十分自然地使资本主义民主政治带有先天的局限性。

2. 分权制衡

所谓分权制衡，就是把国家权力划分和分立为不同的部分，使之相互监督、相互牵制和平衡，以达到权力的正当行使和保障公民权利。就分权来说，包括立法、行政、司法的横向分权，以及中央和地方的纵向分权。就制衡或权力制约而言，各资本主义国家的体制、模式和政治传统存在差异，但精神实质却又相一致。

分权思想和原则作为西方权力监督制度的理论基石，有着源远流长的理论传统，最早可以追溯到亚里士多德和其名著《政治学》。近代资产阶级革命前的资产阶级启蒙学者和思想家所创立的自然权利说和社会契约论，是近代分权学说赖以产生的思想基础。而其中对分权理论做出重大贡献的主要是洛克、孟德斯鸠和汉密尔顿为代表的联邦党人。洛克作为近代分权学说的创始人，把国家权力分为立法权、行政权、对外权（联盟权）；主张立法权由立法机关掌握，后两权由国王为代表的执行机关掌握并服从立法权。他的分权理论实际上是两权的分立及对抗，即立法权和行政权的分立与对抗。孟德斯鸠继承和发展了洛克的分权学说，成为近代分权学说的完成者和典型代表者。他不仅明确地把国家权力分为立法权、行政权和司法权，三权分别由议会、君主和法院行使；而且明确主张，三权之间要相互制衡，在统治者内部要防止滥用权力。汉密尔顿在美国建国之初，特别是制定1787年宪法的政治实践中，根据洛克和孟德斯鸠的分权思想，论述了美国政府的建制，提出了立法、行政、司法三权分立并相互牵制与平衡的原则。这样，美国成为第一个实践分权制衡的国家，至今仍是这方面的代表或典型。

资产阶级思想家和政治家极力论证和倡导分权制衡，直至分权制衡成为资本主义的政治原则、政治制度和政治现实，这绝不是随意的和轻而易举的。其中的历史成因和动机可以梳理如下：首先，专制权力的噩梦效应。总结王权统治的沉痛经验，出于对封建专制王权的恐惧和憎恶，因而必须实行分权，以避免极权和暴政。其次，防止权力的滥用。关于这一点，孟德斯鸠的思想认识最为深刻和清醒："一切有权力的人都容易滥用权力，这是亘古不易的一条经验。""有权力的人们使用权力一直到遇有边界的地方才休止。""从事物的性质来说，要防止滥用权力，就必须以权力制约权力"。[①] 这种饱含历史经验的观点，如同明确无误的和振聋发聩的时代呐喊，必须用分权和制衡来防止权力的滥用。再次，对抗人性恶。从人性论出发而进一步强调分权制衡不可或缺的，当首推汉密尔顿。他坚持认为，一个国家的统治者和被统治者都不是天使而是人，固守西方世界的人性恶的传统观念。他说："如果人是天使，就不需要任何政府

① ［法］孟德斯鸠：《论法的精神》上册，张雁深译，商务印书馆1982年版，第154页。

了；如果是天使统治人，就不需要对政府有任何外来的或内在的控制了”；而领袖也总是“各种野心勃勃、争权夺利，而无意为公益而合作”的人①。因此，“野心必须用野心来对抗”，制约统治者必须实行分权制衡。

我们今天运用马克思主义理论加以分析，可以得出这样的思想认识：在资本主义制度范围之内，分权制衡是遍及全社会的有产者私人利益及其广泛的矛盾与冲突的内在逻辑，是资本主义私有制基础上的政治上层建筑的自然而必然的要求，是整个资产阶级借以动态地平衡其利益矛盾与冲突，实现其阶级统治的聪明的、理性的甚至是最恰当的选择，因而的确是资产阶级的历史性的创造。它有广泛多样的社会历史条件，饱含着资产阶级的智慧、心血、不懈追求和除旧布新的精神，推动了人类政治文明的巨大进步。但是，没有资本主义私有制或者离开它，分权制衡就无以建立和实现，就不能得到最深刻和彻底的理解。

分权制衡自建立和实行至今，在权力制约和监督上的实践效果如何呢？这里概括如下：第一，在权力的利益协调效果方面，分权原则的实施，使权力主体相对分散、相对独立、相互制约，因而多元化了，从而防止了权力集中于某一集团；但也导致了党派斗争、利益集团冲突不断。第二，在权力的运行效果方面，由于分权原则的作用，权力的行使、运转严格遵循一套精心设计的法律规章制度，减少了各种人为的主观性、偶然性、特殊性对权力的影响，保证了权力运行的规范性、稳定性、连续性和一贯性；但同时造成了官僚主义、形式主义种种弊端。第三，在权力的民主效果方面，分权原则为民主权利的实现提供了法律保障和一套相对健全的制度形式，例如司法监督、议会监督、政党监督、舆论监督等；但分权原则派生的种种民主制度形式，保障的实质上是少数掌权者而不是大多数民众的民主权利。第四，在防止权力滥用的效果方面，分权原则的实施，使权力执掌者受到了一整套外在的规章制度的强制制约，因而减少了权力由于个人主观因素而被滥用的可能性；但权力腐败、权力出租、政治丑闻等现象并未消除。

分权制衡在实践中依然存在甚至导致了种种弊端，但这并未改变资本

① ［美］汉密尔顿等：《联邦党人文集》，程逢如等译，商务印书馆1982年版，第264页。

主义国家对分权原则的奉行、对分权制度的确认。究其原因主要如下：首先，自资产阶级革命至今，分权原则作为资本主义宪法所确认的民主制度而必然部分已深入人心，分权制衡作为资产阶级的创造性成果已成为一种精神崇拜。其次，面对权力泛滥所滋生的种种世界性难题，目前人类尚未发现比分权制衡更好的办法和措施。

3. 法治

法治即“法的统治”，是指统治阶级按照民主原则把国家事务法律化、制度化，严格依法管理的一种治国理论、治国体系和运行状态。其核心内容是：法律至上，依法治理国家，法律面前人人平等，反对任何组织和个人享有法律之外的特权。法治与“人治”相对立，并且是对“人治”的否定，因而与民主政治天然相联系。它始于资本主义时代，是资产阶级的堪称伟大的创造。由于法治，人类古老的政治形态发生了革命性变化，政治被法律化、规范化、有序化、细致化了，从而造成了人类政治文明的大跃升。

法治的思想渊源，在西方世界可以上溯到亚里士多德。而正是他，给出了法治的经典定义，宣示了“法律的统治而非人的统治”的法治思想。他明确指出：“法治应包含两重意义：已成立的法律必须获得普遍的服从，而大家所服从的法律又应该本身是制定得良好的法律。”[①] 这个定义之经典和包含丰富，不仅一向被资本主义世界奉为权威，而且至今得到了世界性的认同。与此同时，亚里士多德系统地批驳了人治观念，阐明了法治的优越性，明确提出并坚持法治优于一人之治。

资产阶级反对封建的过程，同时也是其法治思想渐成体系、法治原则日趋稳定、法治制度逐步创立的过程。洛克曾说：“法律一经制定，任何人也不能凭自己的权威逃避法律的制裁；也不能以地位优越为借口，放任自己或任何下属胡作非为，而要求免受法律的制裁”；“法律不论贫富，不论权贵和庄稼人都一视同仁，并不因特殊情况而有出入”。[②] 卢梭则公开宣称：“我将选择一个立法权属于全体公民的国家作为我的祖国”；“不管一个国家的政体如何，如果在它的管辖范围内有一人不遵守法律，其他所有的人就必定会受到这个人的任意支配”；“不论是我或任何人都不能

① ［古希腊］亚里士多德：《政治学》，吴寿彭译，商务印书馆 1981 年版，第 199 页。

② ［英］洛克：《政府论》（下），叶启芳、瞿菊农译，商务印书馆 1983 年版，第 59 页，第 88 页。

摆脱法律的光荣的束缚”。[①] 卢梭作为法治的忠诚追求者和法治理论的伟大阐释者，深入而系统地探讨和论述了法治的一系列问题，提出了许多深刻和影响久远的思想，从而成为近代法治理论的奠基人和伟大代表。此后，一代又一代的资产阶级思想家和法学家继续探究和论述，使其法治思想体系不断丰富完善。

自资产阶级夺取国家政权、建立起政治统治以后，法治就作为治国的根本性理论、原则和方法，渗透到政治制度之中，贯通于政治实践的全过程，从而成为民主政治的基本精神和保障，并形成了深厚的法治文化与传统。纵观各资本主义国家，无不以宪法确认法治，无不以法治为宪法的基本原则。以宪法原则规定和体现的法治，一般包括以下内容：第一，宪法是国家的最高法律，其他任何法律、法令不得与之相抵触，一切机关组织和个人都必须以宪法为根本的活动准则；第二，法律面前人人平等；第三，未经正当法律程序，不得剥夺任何人的权利和自由；第四，各国家机关的职权由宪法和法律授予，其权力必须依法行使；第五，司法独立。

人类政治存在了几千年，而法治则是政治文明的最伟大成果。而且我们可以说，不经过社会主义的法治过程和时代，共产主义是不会到来的。

4. 选举制度

选举制度是一国统治阶级通过法律规定的关于选举国家代议机关代表和国家公职人员的原则、程序与方法等各项制度的总称。在其广义上，选举制度包括选举代议机关代表和特定公职人员的制度，因而选举主体与范围比较广泛；狭义选举制度是指选民依据选举法的规定选举代议机关代表的制度。各国选举法都具体规定了选民资格、选民划分、选民登记、投票程序、选举诉讼等具体制度。

选举制度作为近代民主制度必然要求的重要组成部分，既是资产阶级学者提出的天赋人权学说、人民主权学说在资产阶级政治实践中的产物，也是资产阶级反对封建世袭制、等级授职制的结果。它诞生之初有三个特点：一是被选举者往往是代议机关的代表或议员；二是形式上采用普选制；三是有一套比较完整的法律为指导。资产阶级革命胜利以后，随着代议政体的出现，选举制度作为合理分配与组织国家权力的有效而民主的形

---

① ［法］卢梭：《论人类不平等的起源和基础》，李常山译，商务印书馆 1962 年版，第 51—53 页。

式，得到资本主义各国以至全世界的普遍重视与采纳。而在现代社会，选举制度已成为调整国家权力活动的基本途径。

资本主义国家的选举制度有两个显著特征。首先，选举制度与资产阶级的议会制度相联系。这是因为，组成议会的议员都要通过不同程度和形式的民主选举产生。议会选举制度最早在英国产生，随后在美国和法国出现，后来通行于所有资本主义国家。其次，选举制度与资产阶级政党制度相联系。这两种制度作为近代政治制度的重要组成部分，差不多是同时产生的，两者反映着相同的阶级本质。选举制度与政党制度的关系主要表现在：资产阶级政党在形式上通过选举制度才能执政；政党的执政和下野，一般通过选举制度的运行来实现。资本主义民主政治发展中的一条明晰轨迹就是，选举制度与政党制度的相互渗透、相互作用越来越明显。

在资产阶级的政治理论和法学理论中，选举和选举制度是资本主义民主政治的逻辑起点，没有选举就没有民主和民主政治。而依据资产阶级民主政治原则，权力的合法性来自选举，不同的权力主体通过不同的选举方式产生。因此，选举制度在资本主义民主政治实践中发挥着下述主要作用：第一，为选民选出自己信赖的代表组成国家机构和实现国家权力的转移提供了制度保障，从而成为解决间接民主或代议制民主的基本矛盾——国家权力所有者与行使者相互分离——的根本途径；第二，为选民监督权力行使者，并在一定条件下更换权力行使者提供了重要而可用的手段；第三，选举制度是促进民意的形成与表达，促进选民意识提高的重要条件；第四，它还是缓和社会矛盾、解除社会危机、维持社会安定的重要措施。整个说来，资本主义历经风暴与灾难而能走到今天，与其选举制度的存在和完善是分不开的。

资产阶级建立选举制度的目的，是保证国家权力系统中各种权力主体在法律规定的期限内实现必要和平稳的调整或转换。这种权力主体或权力的调整或转换，通常只能发生于原有统治阶级的内部，但在一定条件下也可能局部地发生在不同的统治阶级之间。因此，选举行为和选举制度的意义便有了普遍性，而公民投票选举则成了受宪法保障的个人政治行为和权利。在实践过程和现实生活中，普遍而频繁的公民投票行为，使国家权力日益具有超阶级的假象。再者，由于选举政治对国家权力结构的构成具有一定影响和制约作用，统治阶级就必须注意治理好国家、缓和社会矛盾、了解民众意向，并要善于对选民作出某种程度的、不超出资本主义政治制度容量的让步，以换取选民支持和有利的统治环境。此外，决定选举结果的因素主要是党派政治的作用。资本主义国家的选举工作向来都是在资产阶级政党的操纵把持下进行的，从而一方面资产阶级政党在选举中起主导作用，另一方面选举活动成了资产阶级政党的工作中心和重点。每逢选举年，各政党都倾注全力投入选举活动，精心组织竞选机构和挑选候选人，控制和操纵选举，保证为议会和政府输送忠实于资产阶级利益的代表和人物。

5. 政党制度

作为资本主义民主政治的构成部分和基本内容，政党制度是有关政党的地位和作用，特别是有关政党执掌、参与或影响国家政权的各种制度的统称。自政党在人类近代产生以后，政党制度已成为近现代国家政治制度的重要组成部分。

政党在人类历史上是随着阶级和阶级斗争发展到资本主义阶段以后才产生的，因而历史上最早出现的是资产阶级政党。就实质和一般性来说，政党是阶级社会中一定阶级或阶层的中坚分子组成的，为实现其经济利益和政治目的，特别是为取得和保持政权而奋斗的政治组织。它通常有五个特征：有鲜明的阶级性；有明确具体的政治纲领；有明确的政治目标；有定型的组织系统；由领袖集团主持。这些使政党不同于利益集团。而两者的主要区别在于：政党以夺取和保持政权为主要目的，利益集团则以影响国家政策为主要目的。

政党的主要职能是夺取政权和维护政权。具体地说，就是形成政党制度和政党政治，执掌或参与国家政权，治理国家或社会。显然，政党的职能与政党的阶级性质必然相联系、相一致。就资本主义社会的资产阶级政党来说，其职能主要如下：代表资产阶级执掌政权；控制、公布并宣传其政纲；争取选民的支持和获得议会的席位；在议会中致力于国家立法和政府监督，争取领导或参与政府；在政府中控制并实施各项政策。资产阶级政党的这些职能的形成和发挥，在历史上所起的重大进步作用归结起来就是：使古代君主个人终身统治的专制政治，变成了近现代政党领导或参与的民主政治，变成了政党民主政治。

在资本主义社会，政党政治在国家权力系统中具有双重身份。一方面，政党特别是执政党的精英分子或核心领导成员，与国家权力系统的领导层存在着部分的重合，如英国首相必须是议会下院多数党的领袖，这使政党实际上参与了国家权力的决策过程和行使过程。另一方面，政党的成员或政党的支持者同时又是选民，是对国家政治生活具有重要影响的社会力量，而主要政党就更是如此。由于历史传统、阶级关系、政体形式的不同，资本主义国家的政党有“一党居先”、“两党制”、“多党制”等政党体制的分别，多数政党都参与议会政治。而政党力量的对比、政党体制的变化，对国家权力结构和政府政策有着决定性的影响。

资本主义的政党制度，总体上说：对国家政治生活具有非常重要的作用；但其具体作用则因政权机制和政党体制而存在不同。其中很重要的一点是：在英美等国两党制国家，政权机制通常是两党轮流执政，一党操持大权执政，一党在野监督批评；在欧洲大陆国家，以多党为基础的政府在议会制度下常不稳定，政党四分五裂，其竞争时断时续，关系时分时合，从而使政府软弱无力。再者，即使同为两党制的英美等国，也各有其特点。例如，英国政权机制的特点，在于通过两党竞争达到行政和立法的统一，即议会中的多数党就是执政党，政党与政府不仅彼此协调，而且合而为一。而在美国，国会中的多数党却不一定是执政党，只有赢得总统选举的政党才是执政党。

上述五个方面，是资本主义民主政治的最基本和主要的构成部分。没有它们就没有资本主义民主政治，资产阶级的统治就无所依凭。而它们作为资产阶级的历史性创造，在资本主义民主政治的实行和实践过程中，是统一的和相互依存、相互支持、相互渗透的。它们的交融和运动，不仅规定了资本主义民主政治的基本存在方式、基本内容和总体面貌，而且形成了资本主义民主政治的运行机制。

二　当代资本主义民主政治的一般发展

当代资本主义民主政治，是在既有资本主义民主政治基础上发展的。如同当代资本主义经济的发展尚未达到对资本主义私有制的否定阶段一样，当代资本主义政治的发展，依然表现为对资本主义民主政治的肯定和继承基础上的发展。这种发展到目前为止的基本情况，可以概要叙说如下。

1. 法治进一步发展

法治作为资产阶级治理国家的传统思想观念和根本方略，在当代资本主义条件下不仅广受关注，而且得到了切实和进一步的发展。这集中起来有以下几个方面：

首先，以宪法强调分权制衡原则和法治。

分权制衡原则对资本主义国家权力的有效运行，从来都是至关重要的。作为社会的统治阶级，当代资产阶级内部结构更为复杂，利益集团林立，矛盾冲突不断出现，这从某种角度上讲，蕴藏着动摇资本主义民主制度的能量与可能。同时，国家权力的意向和行使往往是各种不同利益集团政治合力的结果，这种过程尽管可能会暂时伤害某些集团的利益，但绝不会因此伤害整个资产阶级的根本利益和长远利益，动摇资本主义的统治。而资本主义国家权力的阶级实质，实际上也最集中地表现在这一点上。为维护资本主义制度及其统治，为对资产阶级内部矛盾和冲突进行极为重要的动态调整，就必须坚持分权制衡原则以保证其政治制度的运行。而如果动摇了分权制衡，法治便失掉了直接基础和依据。

因此，当代资本主义国家普遍地用宪法强调和更充分地体现分权制衡原则，为制约统治阶级内部权力结构和国家权力运行提供最重要的法律强制力量。对资产阶级内部的矛盾冲突进行任何动态调整，都不得违反宪法，任何违宪行为都将受到法律制裁。宪法所规定的三个权力主体的结构形式和活动方式，构成了当代资本主义国家权力系统的最高层次。所有这些，为资本主义民主政治和法治的发展，提供了更充分的保障。而发达资本主义国家，在国家权力系统最高层次范围内倾注了大量精力，积累了丰富的经验，从而使其政治制度和法治进入成熟阶段。

同样地，当代资本主义国家普遍确立法治为治国原则和方略，而首先将法治原则确立为宪法原则。从当代资本主义各国宪法对法治原则的体现方式来说，主要有两种：一是在宪法序言或者宪法条文中明确宣布为法治国家；二是虽不直接使用“法治”一词，但其文字或条文清楚地表明该宪法奉法治为基本原则。

其次，法治思想理论更加深入和丰富。

1959 年在印度召开的“国际法学家会议”通过的《德里宣言》，将法治大致概括为三条原则：一是立法机关的职能在于创设和维护使每个人保持“人类尊严”的各种条件；二是不仅要为制止行政权的滥用提供法律保障，而且要使政府能有效地维护法律秩序，借以保证人们具有充分的社会和经济生活条件；三是司法独立和律师自由是实施法治原则的必不可少的条件[①]。到20世纪60年代，美国自然法学家富勒提出了法治的八项原则：一般性或普遍性；公开性；不溯及既往；明确性；不矛盾或避免矛盾；有遵守可能；稳定性；官方行为与已公布的规则的一致性[②]。1981年，法国一些学者认为，应该从三方面对法治进行分析：一是法律秩序观念在社会中实现的状况；二是国家受法律约束的状况；三是现行法律内容的科学论证和技术完善水平[③]。到90年代，西方一些学者进一步强调宪法和法律不仅要限制国家权力，而且要保障国家权力有效运行，这使法治理论又得到了新的发展[④]。

再次，政权结构的法律化加强。

当代资本主义国家通过宪法和法律，使国家权力的行使和政权结构的布局，以及国家权力结构中的各种权力主体的活动均纳入法制范围。这方面法制强化的程度，在资本主义历史上是前所未有的。

当代资本主义国家如此强化法制的主要动因如下：第一，为了防止法西斯势力复活，资本主义国家必须普遍加强国家的法治建设。第二，加强法制，一方面是统治阶级在工人阶级争取自由和平等权利的斗争压力下作出让步的结果，另一方面也是统治阶级试图以其法制对工人阶级和人民大众进行控制和约束的表现。第三，国家对经济生活的干预和调节的大大加强，不仅涉及社会各阶级、各阶层、各集团的利益，而且要使它们之间的利益得到一定的协调，而不致发生尖锐冲突，这必然要求加强法制建设。

就发达资本主义国家来看，以宪法和法律为核心内容的法制建设的强化，呈现以下几方面的特点：第一，二战后初期，加强法制的首要目的是防治法西斯主义复活和压制革命运动；此后数十年，法律已经涉及各个领域，对国家权力结构中各个权力主体的活动，对社会集团的政治生活、经济生活、文化生活，均有详尽的规定和普遍的强制效力。第二，法治的强化，一方面维护了资产阶级国家权力和资本主义政治制度的运行，另一方面也不可避免地使公民的民主权利和社会经济权利得以扩大和加强。第

① 王人博、程燎原：《法治论》，山东人民出版社1989年版，第131页。

② 张文显：《当代西方法哲学》，吉林大学出版社1987年版，第93—95页。

③ 沈宗灵主编：《法理学》，高等教育出版社1994年版，第185页。

④ ［美］斯蒂芬·L. 埃尔金等：《新宪政论》，周叶谦译，生活·读书·新知三联书店1997年版，第153页。

三，资产阶级一向倡导的自由、民主、分权、制衡、人权等原则得以全面深入地实施，从而资本主义民主政体在世界范围内呈现不断发展和加强的趋势。

当代资本主义国家的法制化，是以维护和加强资本主义统治为宗旨的，但也具有一定程度的社会进步意义。它一方面进一步约束了资产阶级政府的行为；另一方面导致了公民权利的扩大，并为劳动群众依法维护自己的合法权益提供了依据。法制化不意味着资本主义国家政权的性质发生了根本变化，但有利于工人阶级和劳动人民及其政党进行合法的斗争。

2. 国家职能发生新变化

国家职能在马克思主义国家学说里是两重性的，即国家具有政治职能和社会职能。这是马克思、恩格斯和马克思主义经典作家在分析国家职能，特别是资本主义国家职能问题时所持的根本观点。所谓政治职能，就是阶级压迫和阶级统治的职能。这种职能直接根源于国家的本质，即国家作为阶级矛盾不可调和的产物，是“一个阶级用以镇压另一个阶级的有组织的暴力”①。所谓社会职能，是指政治职能以外的维护国家安全和社会秩序、协调社会阶级矛盾包括统治阶级内部的矛盾、管理社会经济生活等职能。社会职能是国家的不可或缺的职能，因为“政治统治到处都是以执行某种社会职能为基础时才能继续下去”②。而社会职能的内涵，显然会随着社会历史的发展变化而日趋广泛。

当代资本主义国家职能的新变化，可以简明概括为：政治职能出现积极动向，社会职能得到大大扩充。

当代资本主义国家的政治职能，依然具有政权机构的阶级压迫和暴力的特征。但国家的统治方式发生了巨大的变化：国家作为阶级统治工具越来越趋向于通过赢得大众支持的方式来维持其统治，而传统的暴力镇压逐渐转向社会生活的控制和管理。这可以看作资本主义政治文明的一种进步。

国家政治职能变化的积极动向，可以归纳为如下主要几点：首先，分权制衡原则和政权结构法制化的加强，使社会各阶级、各党派、各集团的行为都被纳入法制的轨道，而法律至少在形式或表面上对它们不偏不倚和

① 《马克思恩格斯全集》第4卷，人民出版社1982年版，第491页。

② 《马克思恩格斯全集》第20卷，人民出版社1982年版，第195页。

一视同仁。其次，“第四议会”即各种新的监督、协调和咨询机构，特别是一些宪法委员会、宪法法院之类机构的出现，使得国家机关直至总统违反法律的案件可以专门进行审理。再次，在发达资本主义国家，选举制度更加完善，选举权扩大，公民普遍而频繁地投票选举国家权力系统中的各种职位，而且公民的选举权受宪法和法律的保障。最后，政党制度得到巩固和发展，党派政治的活跃，各种利益群体的形成和发展，这对国家权力的运行机制，以至对国家权力本身施加的压力或影响趋于增强。

当代资本主义国家的社会职能，不仅成为国家对内职能的主要内容，得到空前的扩展，而且具有进一步扩大的趋势。其中：国家在经济方面的职能已经扩展和增强到史无前例的程度；而这一点，正是当代资本主义国家职能变化的最突出的标志。大规模进行公共事业，实行部分国有化，扩大对外项目，干预和调节经济运行过程，协调各阶级、各阶层、各利益集团的经济利益，干预和调节社会收入再分配，协调社会阶级矛盾，应对经济危机和金融危机，建立和实行一整套社会保障制度等，都是国家社会职能极大扩展的表现和证明。整个说来，当代资本主义国家除履行其政治职能外，更多的则是履行其社会职能。

当代资本主义国家在政治职能方面的变化，与其在社会职能方面的变化是一致的。它们都是资本主义的高度发展的产物，并且反映出国家垄断资本主义的特点和当代资产阶级的成熟。从另一种意义上说，所有上述变化并非完全出于资产阶级的自愿，反而在一定程度上是被迫的。当代资本主义国家只有更多、更广泛地履行它的社会职能，它才可能继续进行统治。

3. 行政权力加强

当代资本主义的整套政治制度，如同历史上的资本主义一样，是以三权分立、分权制衡为基础和原则的，国家权力被划分为立法权、行政权、司法权三部分，由国家权力结构中的三个主体即议会、政府、法院分别掌握行使。然而，在政治实践中，也与历史上的情形一样或相似，完全均匀的、绝对相等的三权分立，三个权力主体完全均等的三足鼎立，并不存在。相反地，在不同历史时期和不同国家，以三权中的某一权和某一权力主体为主导，这并非偶然现象，甚至是一种常态。

就三权分立有史以来的大体经历和变化来看，整个 19 世纪，立法权一直是最重要的权力，因而议会是最重要的国家权力机构。20 世纪以来，随着垄断和国家垄断资本主义的发展，议会的中心地位或主导地位受到怀疑和挑战。事实上，行政权力的扩大在二战前就已初露端倪，二战后逐渐成为当代资本主义国家政治制度演变的总趋势。

当代资本主义国家的行政权力的加强，是有多方面的历史原因的，而且与对议会制的批判性认识有关。一些资产阶级学者和政治家认为：首先，议会民主作为一种统治方法有一定局限，而对于某些必须迅速决定、需要专门知识才能决定的事项，尤其显出局限性；在实行多党制的国家，议会制并不一定是有效率的，因为它仅仅是消极地通过“权力摩擦”即议会政治去避免专制和权力的滥用，而不能积极地促进国家权力的有效行使。其次，新的历史环境条件某种程度上要求加强行政权力。二战以后，资本主义社会的经济、科学技术和社会生活的发展与变化，客观上对政府行使权力的速度、效率和质量都提出了更高的要求，如不能满足这些要求，整个统治阶级的利益就会受到损害。再次，党派政治趋于稳定和成熟，为行政权力的加强和创造了条件。最后，二战后来临的“冷战”格局和局部战争，是导致发达国家行政权力强化的一个外部因素。由于上述原因，当代资本主义国家的行政权力便有了普遍性的加强。这一点，某种程度上反映了当代资本主义政治制度更趋成熟以及它的某种适应能力。因为，只有加强权力结构内部的协调，运用强化了的行政权力，才能更及时、有效地干预经济和社会生活，更有效地实现资本主义发展的根本目标。

行政权力加强的表现，在当代发达资本主义国家主要如下：

第一，委托立法或称授权立法数量剧增。传统上掌握立法权的议会，通过委托或授权立法的方式使部分立法职能转移到政府，因而行政机构的权限得以扩充。这种情形，在英国自20世纪50年代开始，在美国从70年代开始大量出现。授权立法产生和流行的主要原因，是社会政治、经济环境的变化，以及政府面临的任务趋于复杂繁重。它已成为发达国家政治决策过程中的带普遍性的倾向。

第二，政府对传统立法权的侵蚀。依照当代资本主义国家的宪法或议会组织法的规定，享有立法创议权的主体有多个，但大多数立法创议权实际上为政府所独享。这种现象被称为政府对立法权的“侵蚀”或“渗透”。在英国，政府的绝大多数提案可以成为正式法令，其修正案也极易成为法律。在意大利，政府一直是二战后享有立法权最多的一个主体。

第三，行政首脑的权力扩大。与行政机构的权力增大相一致，国家权力日渐集中到行政首脑手里，甚至出现某种集权倾向。这一点在当代资本主义世界是一种十分明显的趋势，而在美国、法国、英国、德国则尤为突出。行政首脑权力扩大的主要表现：一是行政机构规模扩大和行政费用增加，二是行政首脑在外交领域的作用增强，三是行政首脑拥有在紧急状态下发动战争的权力。

4. 议会的权力和地位相对削弱

这一现象和轨迹，与政府行政权力的增强形成鲜明对照，并且是政府权力增大的必然表现与结果。凡政府权力扩大增强的事实和表现，也都在相反性质或意义上属于议会。

议会的权力和地位相对衰落的主要表现和证明如下：第一，委托立法的广泛出现和飞速发展。第二，绝大多数立法创议权已被政府实际掌控；而美国国会的重要议事日程基本上由总统决定，总统报告等成为国会立法活动的指南。第三，议会对政府的监督能力实际上在下降。议会固有的基本职能即监督政府的职能，随着行政权力的增强已经有所下降。行政机构的举动不仅能够设法绕开议会监督，甚至能够偶尔地瞒过议会的耳目。这种情形，在美国、英国、法国等国多有发生。

但是，议会权力相对削弱和行政权力加强，这两者看似矛盾，其实又不是那样。它们都是历史发展的结果，都是当代资本主义国家权力结构变化中的合理现象。一方面，议会权力的相对削弱并不影响立法的加强，因为所涉及的部分立法权只不过是转移到了政府机构，而绝没有丧失或遭到破坏。另一方面，行政权力是在法制轨道上行驶的。这两个方面都展示着当代资本主义法治的特定发展，只是其表现形式与正宗传统不大相符罢了。

5. 政治参与扩大

所谓政治参与，简明地说，是指公民在政治过程中的作用，特别是对国家权力产生的影响作用。在严格完整的意义上，政治参与是普遍公民通过各种方式参与政治生活，从而影响政治体系的构成、运行方式、运行规则和政策过程的行为。就其一般性而言，公民政治参与是人类政治的内在必然性，而且是代议制政治或间接民主所不可或缺的要求。

在实践过程中，政治参与作为自下而上影响国家权力的行为方式，自其产生以来就与社会阶级结构中被统治阶级的政治活动密切相关。当代资本主义国家权力具有暴力和法治的两重性。但是，随着国家职能向更多的社会职能转变，法律上的公民民主权力的扩大，表达公众舆论的合法渠道的创设与增加，于是就出现了这种情况和局面：统治阶级在不放弃暴力手段的同时，越来越多地使用“合法性原则”等多种手段，争取被统治者的“同意”或“默许”。这种情形，在发达资本主义国家已是一种带普遍性的倾向。在这种意义上可以说，当代资产阶级的政治统治，前所未有地实现了自下而上的政治参与和自上而下的国家权力运行的结合。这种局面状态：一方面表明当代资本主义民主政治有了重要发展；另一方面也符合资产阶级政治统治的目标要求，即通过被统治者的政治参与而疏导和减轻社会压力和冲突，从而稳固资本主义制度。

半个多世纪以来，伴随着民主化的浪潮，发达资本主义国家的公民政治参与的程度和范围，已有不可否认的提高和发展。其具体表现是：公民在法律允许范围内，较广泛地通过个人的政治与法律行为，或者通过团体、组织、政党等集体的政治与法律行为，例如，选举投票，全民公决，民意测验，竞选，参加有组织的罢工、游行、示威、请愿等活动，对国家政策的控制与执行施加压力，从而对国家权力意向的形成和权力的正当有效行使产生影响。

公民政治参与的发展，很重要甚至最重要的表现是选举制度和选举形式的发展。到目前为止的当代资本主义世界，选举不仅实现了普遍选举和平等选举，选举制度也由代议制民主的间接选举发展到直接选举或者半直接选举。选举制度更加完善，选举程序更为周密，法律制度更加健全。这使得公民政治参与的形式日益多样化，从而为资本主义国家特别是发达国家在全球赢得了“自由国家”、“民主国家”、“法治国家”的美誉。公民政治参与的扩大与发展，既标志着当代资本主义民主政治趋于成熟，也是资产阶级政治统治相对稳定的一个重要原因。

6. 政党政治复杂演化

政党是当代资本主义国家政治制度、政治过程中不可或缺的组成部分。在特定意义上，既有的资本主义政治也就是政党政治。在当代资本主义世界，政党制度和政党政治都有了重大发展变化。这可以概括为以下几点：首先，在发达国家，资产阶级政党在组织竞选、掌握政权、制定政策、控制社团中仍起决定性作用，政党在政治过程中的作用呈现不断加强的趋势。其次，在不发达国家或者第三世界，争取民族独立解放运动产生了许多政党，从而这些国家的政党制度得以建立和发展，政治逐渐走上政党政治轨道，或日益具有政党政治色彩。再次，西欧国家党派政治几乎无孔不入。一般情况是，代表资产阶级利益的党派，如保守党和自由党，在政党体系中占据主导地位；无论执政党还是在野党，都可以通过议会影响国家权力的行使；不少社会民主党、共产党也曾参与执政。最后，近些年来，“绿党政治”崛起，极右翼政党复兴，党派政治在意识形态界限趋于模糊的同时，党派活动又日渐活跃。

若就发达资本主义国家而言，其政党制度和政党政治的变化主要有以下三方面：

第一，新党增多和党派林立。二战后至今，无产阶级革命的形势没有出现，经济利益格局的变化，阶级内部和集团内部的利益分化与聚合加剧等，必然导致党派斗争的地位上升和政党政治格局的改变。据英国学者统计，二战后近 20 年内，西欧北美等国产生了 233 个政党。党派林立主要表现在多党制国家和一些实行议会共和制的国家。这些政党没有一个能形成绝对优势，彼此间不断抗衡，通常由其中利益相近的几个政党联合形成议会中的多数，组成多党政府。但政党联盟内部矛盾的发展变化，又往往导致联盟破裂和党派分裂。这种情形，在意大利、法国、英国、日本等国尤其突出。

第二，政党制度的法制化加强。二战后，在政党作用不断增强的同时，重视政党立法已成为一种具有相当普遍性的趋势。有些国家一改法律上对政党和社团不加区分的传统方式，在宪法和法律中增加了关于政党的专门规定。其中突出的，如法国 1958 年宪法、联邦德国 1967 年的《政党法》、葡萄牙 1976 年宪法等，都对政党作出了专门规定。而德国的《政党法》则是世界上第一部专门规定政党制度的单项法典，也是世界政党立法史上迄今为止最完备的政党法律。俄罗斯也于 2000 年制定了政党法。政党制度法制化的加强，使资产阶级政党制度在国家政治体系和政治生活中具有更明确稳定的法律地位和法律保障，从而政党活动更加规范化了。

第三，政党政策趋同化。自 20 世纪 70 年代以来，各资产阶级政党，不论在西欧还是北美，不论执政还是在野，都宣称或以实践努力表明，其推行的政策既不左也不右，而是要超越两者，开辟一条全新的道路。这就是政策趋同化的要领和实质，而其简明的表达就是所谓“第三条道路”。

政策之所以趋同化，从总体上说，与当代资本主义的经济、政治和社会发展状态密切相关，并且是与之相适应的。而其最直接的原因则是中产阶级的崛起。以受过良好教育的知识型劳动者为主体的新中间阶层，在新的社会历史局面中，不仅不断发展扩大，而且普遍养成了求稳、惧变、怕乱的心态，厌倦党派斗争，不满极端保守或极端自由，因而普遍抱有偏爱中间路线的政治倾向。这是任何政党所不能不正视和重视的，从而对政党活动和政策产生了新的必然性的影响。

7. 宪政生生不息

宪政作为资产阶级在反对封建政治和王权、建立资产阶级政治统治过程中的追求，以及由此形成的政治事实和深厚传统，在当代资本主义民主政治的理论和实践过程中依然被坚守，而且依然具有举足轻重的意义和地位。

所谓宪政，就是以宪法为前提、以民主政治为基础、以法治为途径、以保障人权为目的的政治形态和政治过程。考察资本主义政治建立和发展的整个历史过程，通观近代以来的资产阶级的政治哲学和法哲学，宪政如此的本来面目与特质，都是明晰的、稳定的和一以贯之的。

因此，宪政不简单地等同于民主政治，不简单地等同于法治，更不简单地等同于宪法。可以说，宪政是它们的概括和综合，因而是多样性的统一，而其根本目的或者说最终目的在于保障人权。如果同民主政治这个更深广的范畴相联系，那就能够说，宪政是民主政治的内核和内在价值或内在精神。宪政本身包含三个不可或缺的要素：民主，法治，人权。

民主的精髓是“人民主权”，即人民掌握和管理国家和社会的权力。因此，没有民主就无以理解宪政，民主是宪政的基础和实质内容。但是，有民主不等于实现了宪政，因为民主并不绝对排斥专制，反而会在一定条件下导致暴政。所以，民主政治的理想形态或状态的形成，需要得到法治的支持。

法治的基本含义和关键在于用法律规范权力，而且法治意味着严格依照法律治理国家的政治主张、制度体系和运行状态。法治：在功能上表现为对专制权力的决然否定，对民主政治的维护和完善；在价值取向上意味着对正义的追求，对人们的自由权利的保护。因此，法治是实现宪政的途径或手段，是保障人权的工具。

人权即人作为人应该享有和实际享有的权利，具有自然的和社会的双重来源和属性，而且要用法律加以规定和实现。因此，完整意义上的人权包括三个方面或层面的人权：道德上的、法律上的、社会现实中的人权。保障人的权利是宪政的目的。民主与法治相对于人权而言，都是手段，都是实现人权这一目的的手段。而宪政就是要通过民主与法治而实现保障人权这一目的。

宪政必然涉及两种具有矛盾性质的关系：一是国家机关之间的关系，也就是国家权力的分立与制衡的关系；二是政府和公民之间的关系。而政府与公民的关系则是宪政的基本矛盾或主要矛盾。宪政意味着在政府和公民的关系中对政府进行限制，在被统治者的权利与政府权力的有效行使之间谋求平衡。宪政与无限的权力是不能共存的，它要求把国家权力或公共权力纳入法律的严格控制之下，纳入法制的轨道，强调权力的合法性。因此，限制权力就是宪政的主题之一。

建立有限政府是宪政的基本追求和基本精神。而这又必然地具体表现为两个宪政原则：第一，国家机关的权力是人民通过宪法授予的，不得行使宪法没有授予的和禁止行使的权力；第二，国家权力不得侵犯宪法所规定的公民权利，而且有义务保障公民权利及其实现。通过对国家机关权力的限制和约束，防范权力侵犯权利，使政府成为有限政府，以达到对公民权利的切实保护，这就是宪政的主要内容和不变的精神。

宪政的主要制度和观念起源于中世纪末的英国。1215 年的《自由大宪章》作为英国最早的宪法性文件，其核心内容就是“限制王权以保障民权”。此后形成于不同时代的《权利请愿书》、《人身保护法》、《权利法案》以及《王位继承法》等一系列文件，无不以限制权力和保障权利为核心内容和根本精神。就资本主义世界的现代宪政而言，无论是其思想观念还是具体制度，都源自近代西方，尤其是以英国和美国为首的英美法系、以法国和德国为首的大陆法系的宪政成果。这些宪政成果主要是：三权分立，议会制，司法独立，内阁制、总统制政府形式或体制，违宪审查，依法行政，人权保障，正当程序，国家赔偿，文官制度，行政救济，行政诉讼，平等选举，全民公决等。

当代资本主义世界，在继承近现代的宪政成果和精神的基础上，使其宪政获得了进一步的发展。这种发展在发展程度不同的国家是有差别的，但其共同点却是稳定和鲜明的，即宪政理念进一步普及，宪政制度进一步完善。就当代西方资本主义宪政的发展与变革来说，呈现出以下四个基本趋势：第一，始终贯穿宪法至上的理念，维护宪法的权威。第二，强调人权保障，许多国家奉行“福利国家”政策。第三，国家政治活动的中心由议会转向政府或内阁，三权分立原则在某种程度和意义上已有所突破。第四，开始确认国家主权的相对性，传统的绝对主权原则已受到某种限制，强调国际间的相互合作，遵守国际条约和惯例。

由坚定不移地信奉宪政而造成的宪政生生不息，使资本主义世界的政治文明在相对稳定的政治局面中得到新发展，而发达国家的政治文明则上升到了一个不容低估的新高度。

三 当代资本主义民主政治的内在矛盾

这里所谓当代资本主义民主政治的内在矛盾，不是从哲学辩证法意义上说的，不是哲学命题的表达。可以在这种层次和意义上加以研究和论说的相关问题，在这里暂时还构不成我们的对象。这里说的这种内在矛盾，是指资本主义民主政治所包含的内在冲突，是资本主义民主政治体系的一些要素或因素之间的相互否定、相互拆解、相互排斥的关系和趋势。这样的矛盾、关系和趋势，不只是运用理性分析可以明确发现，而且也表现于政治现实的运动之中。

当代资本主义民主政治的内在矛盾，是资本主义民主政治固有的这种矛盾的延续，或者说是其继承和发展。从总体上说，这种继承和发展到目前为止，很少表现出对历史情形的否定，而主要表现为对这种固有矛盾的进一步的、更全面的展开。需要提一下，我们下面的概括和论说只是初步的。事实上，这在目前还是一个很少有人致力深入研究的问题。

1. 经济基础与民主形式的矛盾

资本主义民主政治，自始迄今都是建立在资本主义私有制上面，建立在无产阶级与资产阶级的划分、矛盾与对立上面的社会的上层建筑。

无论在理论逻辑上还是在历史过程中，对于资本主义民主政治具有决定意义的是：社会生产资料的资本主义占有制和雇佣劳动制。这一点，首先，构成了资本主义国家权力特有的物质力量基础；其次，决定了资本主义国家政治生活的基本价值取向和运行规则；再次，决定了资本主义民主政治和资本主义国家所可能有的变化和发展。在资本主义社会历史形态之内，资本主义民主政治的本质，它在任何时候的真实面目，都是维护生产资料资本主义所有制和雇佣劳动关系的政治形式或工具。很自然，资本主义民主政治所主张、所推行、所维护和所涉及的政治生活、方针政策、实际措施，本质上都维护资本的权力和地位，都是适应资产阶级利益最大化的原则和要求的。

资产阶级民主或资本主义民主政治，由于其经济基础的特定性质而先天具有不可克服的限制和局限性。但是，也正是在这种限制和局限之中，其产生和发展却标志着人类政治的一次飞跃。关于这一点，我们在此作如下归结：第一，它推翻了封建专制制度，消除了封建等级和特权，解放了束缚于封建生产关系中的生产力，从而推动了人的解放进程。第二，资本主义民主政治的确立，适应了科学技术、社会生产力、物质生产劳动过程发展的需要，又成为促进这些发展、满足这些需要的强大力量，因而客观上为人的全面发展提供了前所未有的物质基础与可能。第三，资本主义民主政治的制度、体制、运行机制的复杂而有一定多样性的构造，为人类民主政治创立了第一个制度模式，即资本主义民主政治模式，因而成为人类政治文明进程中的不可低估的结晶。第四，资本主义民主政治的法治精神以及法制化、规范化、程序化及其发展，一方面为资本主义国家的工人阶级和生产劳动者提供了政治参与权利和言论自由、结社自由、罢工自由等合法武器，因而有利于他们与资产阶级斗争和维护自己的民主权利；另一方面则为社会主义民主政治的建构、完善、改革和发展，提供了可资借鉴的思维和历史性的资源。所有这些，使资本主义民主政治在社会主义政治文明充分发展起来之前，取得和达到了人类政治文明几千年发展的最高成就。

资本主义民主政治具有克服不了的内在矛盾：资本主义私有制基础和资产阶级民主形式的矛盾。

这一矛盾的实质性内容和各种表现，归结起来就是这样：产生并发展于狭隘的资本主义私有制和经济关系基础之上的资产阶级民主形式，资本主义民主政治的繁杂构造，与其基础比起来，呈不相匹配的、膨胀的、游离的以至基础不能支撑的状态，因而必然包含着虚幻的、不能实现的、欺骗人的、麻醉性的成分和功能。因此，资本主义民主政治的发展始终是在相当大的自发状态中运动的，它唯一自觉的根本点和必守目标，就是维护资本主义生产方式，尤其是维护雇佣劳动制度和雇佣劳动关系，从而维护资产阶级的统治。

资本主义民主政治固有的上述根本性矛盾的突出表现可以概述如下：

它不能真正实现人民主权，而且背离其本意。它必然导致国家制度与劳动人民权利的分离，而它本身就是这种分离的表现和保障。在资本主义制度的格局状态下，它被标榜为社会普遍利益的集中表现，而实际上保护和实现的主要是资本的利益。法律形式上的平等主要是一种外观，而决定社会成员平等政治地位的经济事实和经济关系却是不平等的；而且，法律本身作为经济不平等的产物，又以维护经济不平等为根本使命。国家权力结构体系是分权制衡的，而它本身作为国家政权则是凌驾于劳动人民和社会之上的，因而远远不能回归于社会。它不断宣称国家权力来源于社会契约和人民的授予，但这根本就是历史的虚构和不断扩散的谎言与教条。它不能保障所有人的人权和自由，也不能实现永久的经济繁荣。

当代资本主义民主政治的发展，一刻也没有摆脱或消除上述根本性矛盾，反而在新的历史条件下深化和细化了这一矛盾，以致使资本主义民主政治愈加具有了超阶级的、超历史的、超时空的外观。就工人阶级和浩瀚的劳动者来说，他们所更多地获得的权利和自由，归根结底不过是雇佣劳动基础上的和雇佣劳动关系之内的。对于当代资产阶级来说，民主政治的发展是成就卓著的，因为资本主义私有制和生产关系、雇佣劳动制度与关系得到了保证。

2. 人民主权与三权分立的矛盾

在资本主义民主政治自始至今的发展历程中，有一个深刻而突出的矛盾一直存在，那就是人民主权与三权分立的矛盾。

自资本主义民主政治问世之时起，人民主权就是其最高原则，而且早已是资本主义社会的建立和发展在政治上的首要要求。具有先天局限性的资产阶级之所以十分青睐、热情不减地宣扬“人民主权”，这主要有三种原因：首先，人民主权是资产阶级反对封建专制、建立其政治统治的基础性的和最强有力的理论武器，而三权分立暂时还不具有这样的地位和意义。其次，人民主权所具有的某种模糊性和抽象性，利于资产阶级把自己夸张和粉饰为全社会的代表，并以之赋予自己的政治理论和主张以普遍的意义。再次，在国家与社会相脱离并凌驾于社会之上，因而国家具有相对自主性的历史时代，资产阶级必然利用国家相对自主性这种存在以实现资产阶级的统治，而这就必须确立和宣扬人民主权。

人民主权对于资本主义民主政治的形成和确立，有着极其重要的实际意义。首先，人民主权为资本主义民主政治生活造成和提供了在法律上具有平等地位和自由空间的主体即公民，因而使资本主义民主政治获得了以往时代所不可比拟的广泛的社会基础。其次，人民主权将国家的最高权力确认和规定为属于人民，就意味着使社会成为决定国家的力量，意味着明确了国家权力与社会权力的关系，因而一定程度上为消除国家权力的无限扩张提供了可能，并为这种消除从根本上即从主体方面提出了最深刻的正当性。再次，人民主权明确了政府的必然性和存在目的，明确了政府的价值取向、组织结构和运作方式，从而为民主政治的构建提供了必须遵循的根本原则。简而言之，没有上述方面则没有资本主义民主政治，而没有人民主权则没有以上诸方面。因此，人民主权是资本主义民主政治赖以建立的第一大理论基石。

关于人民主权，这里有必要提一下：一方面，它对资本主义民主政治本身具有深刻的逻辑规定性；另一方面，它本身也必然为资本主义社会的经济关系和阶级关系所规定。如果仅作理论上的分析，那么前一方面对资本主义民主政治更为重要；如果着眼于现实社会关系或历史上的实际，那么更重要的则是后一方面。事实上，人民主权的地位和意义，在后来的历史进程中遭到了削弱。

在资产阶级夺得国家政权，成为主权者之后，它先前从事过的与封建国王和封建统治阶级之间的分权，便逐步转化为统治阶级即资产阶级内部的分权，这就是“三权分立”的制度设计、制度构建和实践。从第一个设计和构建三权分立制度的美国所发生的实际过程来看，联邦党人在党派斗争中占了上风，从而起了决定性作用。他们并不真心信奉和遵循人民主权的必然逻辑，反而以实际行动颠覆了其母国即英国的“议会主权”及其传统。他们极力倡导权力分立的实际政治意图，并不是想要开辟民主的道路和广泛发展民主，而是借民主大旗并通过民主运动来平衡冲突的阶级关系，尤其是平衡资产阶级内部的冲突关系，从而确立资产阶级的政治统治。从此以后，三权分立逐渐成为资本主义世界具有普遍意义的制度和实践过程。

但是这样一来，人民主权和三权分立两者之间的矛盾冲突也就实际上形成了。当代资本主义民主政治也正是在这种矛盾冲突中发展行进的。人民主权与三权分立的矛盾冲突，是资本主义民主政治本身具有的最为显著和最为重大的冲突，因而可以表明资本主义民主政治的许多真实问题。

如果真心坚守人民主权的本意和固有精神，如果真正信奉和坚持人民主权原则，那么，在间接民主或代议制民主必行的时代条件下，资产阶级民主政治的全部构造就应当以议会为基础和核心。也就是说，应当以议会为最高国家权力机构，使政府和法院的地位低于议会，而不是与议会平起平坐或三足鼎立。在这种意义上，人民主权因为间接民主的客观必然性就转化成了“议会主权”这种根本性的实现形式或实践方式。这在思想理论和事物逻辑上，是非常坚硬、非常明确、十分畅通和无可指摘的，因而在理论和实践上都是不可撼动的。

但是，本应当以议会为根基的不可动摇的架构，从而一以贯之地实践和发展的资本主义民主政治，却为三权分立大大改变了。而人民主权则在相当的意义和程度上被三权分立颠覆了。这个事实雄辩地证明，人民主权在资产阶级社会和资本主义世界，不仅有显而易知的虚幻性，而且是脆弱的。甚至连资产阶级自己也不像反封建的时候那样地看好它了，而要降一下它的位阶了。

三权分立的制度设计和制度建构，被西方学术界奉为神明，论说得无比精巧和美妙。它的出世：被说成吸取了法国大革命的教训，即单凭人民主权必然导致暴政；被说成为了推行法治；等等。这些说法，自然不无一定道理。但是，三权分立之后资产阶级就放弃暴政了吗？或者在人民主权之下就不能推行法治了吗？这不过是形式主义和历史唯心主义罢了。

在我们看来，三权分立制度的构建与实行是同资产阶级从夺取政权到稳固政权这种发展进程和阶段相适应的，并且是由资产阶级企图建立永世统治这一目的所引导的。而从根本和实质上说，则是资本主义私有制所固有的要求，是资产阶级内部利益冲突、矛盾纠结、互相倾轧所形成的必然逻辑，从而是调解资产阶级内部的矛盾与冲突、不使之分裂而作为一个整体实施阶级统治的追求和结果。假如没有资本主义私有制这个基础和根本点，三权分立无论如何是立不起来的。三权分立制度，没有产生于封建时代，没有出现于资产阶级革命和夺取政权时期，而恰恰设计和构建于资产阶级稳固政权的必要性上升的时期，这一历史进程本身隐藏着理解三权分立的钥匙。而离开对于大大小小的资产者来说并不平等、并不均衡，因而利益冲突重重的资本主义私有制，理解三权分立的真正钥匙又总是找不到的。

自三权分立制度确立之后，资本主义民主政治的整个框架和运行，无论在理论上还是在实践中，都移到三权分立这块基石上了。即使在作为统治者的资产阶级的视野内和感觉中，人民主权已经轻飘了、瘦弱了、失色了和模糊了，它至多是还被作为宪法原则、作为权利的来源而没被遗忘，作为一种传统的观念而存在。相反地，三权分立则成了资本主义政治世界中的擎天柱和太阳，吸引着所有资产者的目光和精力，令他们在其中既忘情又痛苦、既游戏又搏杀，生死泯灭沉浮轮回不已。一句话，失去三权分立，资本主义民主政治就得天崩地裂。

从事物的根本上说，人民主权之所以不能被坚持贯彻到底，是因为它缺少应有的、相配的经济根基，即没有公有制这个经济基础。因此，即使在它真正发挥了极其伟大的作用的时期，也具有浓厚的虚幻性和欺骗性。而三权分立之所以能在后来异军突起、如日中天，是因为有资本主义私有制，换言之，是因为没有公有制经济基础。所以，这两种形式上不同的情况或相反的趋势，又可以归因于同一根源。历史已经证明，资本主义私有制没有确保人民主权的能量，但必定能够成全和确保三权分立。

在资本主义私有制这个基础之上，人民主权一开始就具有虚伪性和不真实性，而且将继续如此。相反地，三权分立总是最真实、最实在、毫无虚假可言的。它的客观实在性无论对资产阶级还是对雇佣劳动阶级和公民大众，都是同样的和不变的，都是资产阶级的统治和强韧的统治力量。因此，人民主权与三权分立的矛盾以及各种具体的冲突，就是不可避免的。从理论逻辑上说，如果把本身包含着革命性力量和因素的人民主权推行贯彻到底，那么，三权分立就会被彻底颠覆。但实际上，正如前面叙述说过的，当代资本主义民主政治发展的一个重要表现和结果，就是使最能体现人民主权之意的议会的地位和作用遭到削弱。这不过是人民主权与三权分立矛盾冲突的一种新明证罢了。

3. 代议制民主与政党政治的矛盾

代议制民主或议会民主制，本是资产阶级反封建的第一大成果和资产阶级的创造，对资本主义民主政治具有决定性意义。这是因为：第一，它以人民主权为前提和直接基础，是人民主权的恰当表现和借以实现的根本形式；第二，它是在非直接民主时代或无力实现直接民主的条件下，实行和实现民主的根本途径，因而其形式上的意义具有超时空的性质，并不受社会性质的限制。正因为这样，马克思主义创始人对代议制给予了高度评价。列宁也毫不含糊地指出：“如果没有代议机构，那我们就很难想象什么民主，即使是无产阶级民主。”① 可见，代议制对资本主义民主政治的存在与发展都是无比重要的。

但是，由于代议制的主宰者即资产阶级特有的阶级局限，由于代议制表达和完成的实际内容，代议制在资本主义民主政治中必然难以承担它本能够承担的使命，必然丧失它的某些可以发挥的功能。这方面最突出的表现是，人民选出代表组成议会之后，议会便不再由人民掌握，选民与代表从此脱节。早期资本主义民主政治是如此，当代资本主义民主政治也是这样。资本主义历史表明，代议制在资本主义民主政治中是有一定脆弱性的。但这并不能归因于代议制本身。

真正不合理、不合资本主义民主政治固有基本逻辑的是，代议制这种如此重要的根本性的民主制度，不久就被原本是代议制的副产物的政党所篡夺和掌握。政党不断将议会政党化，借助议会这个合法而位重的权力机构，成为国家政治生活的核心。这样，政党通过选举而相互竞争就成了资本主义民主制的根本特征，而议会制民主实质上变成了政党制民主。产生了政党的母亲即议会，终于沦为儿子或女儿即政党的婢女。资产阶级竟然可以这样，自己违背自己的信仰，自己扭曲自己的逻辑，自己践踏自己的追求，自己跟自己翻脸不认人。事实上，资本主义世界的民主制度，早已降为政党政治的奴仆。这是一个重大而具有讽刺意味的矛盾。这种矛盾和冲突，在当代资本主义民主政治中愈演愈烈，越来越复杂化了。

在当代资本主义条件下，政党政治即通过政党行使国家权力或干预政治的政治制度，获得了更加广泛、更加充分、更加深厚的合法性。就其在国家政权中的地位和作用来说，政党政治是资产阶级民主的标志，是资本主义民主制度协调运作的工具，也是资本主义政治制度的自我调整机制。在现实政治生活中，选举是政党活动的主要内容和重要目标，议席是政党生存发展的基础。由此形成和展现的规律就是这样：要获取议席，就要获取选票，要获取选票，就要拉拢选民；除了组织和拉拢群众或选民这个至上原则外，再无其他什么原则。在这样的条件下和局面中，政党的纲领成了一张一触即破的纸。所有的政党，无论其实际的政治基础如何，却有相同的面孔和灵魂：为选票而许诺，为许诺而大肆许诺。所有政党都已走样

① 《列宁选集》第三卷，人民出版社 1972 年出版，第 211 页。

变味，都已成为市侩，成了超级游戏大玩家。在如此陈陈相因、连绵不已的历史进程中，代议制在哪里？又以怎样的状况存在呢？它怎能不在当代资本主义民主政治的发展中被剥削呢？

政党政治严重破坏了代议制民主的几乎全部，因而对资本主义民主政治整体带来了严重冲击。同时，政党政治本身并未获得健康的发展，并未获得良好的声誉，相反地，它在发展中严重破坏了自己的体制与组织，甚至失掉了资产阶级的尊严和曾有的光荣。政党政治，一方面表现为对代议制民主的分解和杀伤，另一方面表现为自身的腐化堕落。在当代资本主义条件下政党政治不可克服的内在缺陷和固有弊端，已经全面公开表现出来，再也没有什么可遮蔽的了。

首先，“政党分肥”已使政党完全变成了毫无原则的猎官组织。政党政治发展由来已久的中心逻辑和定则是：政党在竞选中获胜，就意味着拥有了可以自主分配的国家权力，就获得了自由分配国家权力的条件和机会，即“政党分肥”。也就是说，获胜政党可以堂正地把所掌握的国家权力分给自己的党羽，送给自己的追随者。其实，这已经成为一种合法而稳定的夺取权力和分配权力的机制。这种机制的长期运转，已把资本主义国家的政党政治推到了自己的反面，使政党政治一面如日中天，一面开始失却权威，从而政党和政党政治走向危机。

其次，党内寡头专制，严重破坏了党内民主，进而破坏了议会民主制。当代资本主义国家的政治民主化进程，使党内的政治生活在制度和形式上也趋向民主。但是，这在很大程度上并没有改变党内一开始就存在的寡头专制格局。例如：在日本，自民党的派阀政治趋于严重；在英国，保守党领袖的意志决定着政党的意志；在美国，党魁在选举和“政党分肥”中往往都起着决定作用。政党内部的寡头专制，不仅必然破坏和削弱党内民主，而且必然波及代议制民主，使之难以有效运行。这是因为，议员往往不是以代表的身份而是作为议会党团中的一员进行活动的。在这样的格局下，代议制民主可以说已经名存实亡。

再次，政党腐败导致政党权威严重衰败。以多种形式表现出来的政党腐败，有漫长的历史，有多样的原因，但不论在什么时候，其直接原因都是资本主义民主政治中的选举竞争。政党腐败是竞争性政党政治不可免除的产物。20 世纪后尤其是二战后，资本主义国家努力通过一些手段乃至法律手段制止政党腐败的发生和蔓延，但成效并不理想，有的几乎没有收效，有的甚至愈演愈烈。事情之所以如此，就是因为围绕竞选而形成的金钱政治已经固化，它作为政党腐败的根源是资本主义无力消除的。

上述三方面的情形，既是资本主义竞争性政党政治的内在必然性，也是其政党政治衰败的主要表现和明证。美国著名学者亨廷顿在20世纪70年代分析美国民主危机时，就已充分认识到美国政党体制的衰败，并认为其他民主国家的政党体制中也有类似现象①。当代资本主义民主政治的发展进程充分证明，其政党政治的衰败是难以克服和阻止的。而其政党政治的继续发展，有两点是可以预见的：政党政治继续衰败下去；议会民主制将同时被破坏殆尽。

4. 核心价值即自由与平等的矛盾

自由与平等，对于资本主义民主政治，不仅是全部表征或由来已久的外观，也是其直接的基础，而且是其核心价值。因此，在价值的意义上说，没有或失掉自由与平等，资本主义民主政治就将轰然倒掉。但是正是这一核心价值却包含深刻和不可解脱的矛盾。

考察资本主义民主政治产生和发展至当代的全过程，可以清楚地发现：自由与平等从来都有很强的现实规定性和很实际的追求，即追求资产阶级的自由与平等。它们对于资产阶级绝不是一种抽象的和不可捉摸的观念；而只有对于无产阶级和劳动群众，它们才表现为抽象的观念。事实上，资本主义民主政治从来没有实现过真正的、彻底的自由与平等，而且根本不能以此为追求。

关于资本主义社会一向宣称和炫耀自由与平等，马克思早就用劳动力的买和卖一针见血地彻底揭示了："这个领域确实是天赋人权的乐园……自由！因为商品例如劳动力的买者和卖者，只取决于自己的自由意志。他们是作为自由的、在法律上平等的人缔结契约的。契约是他们的意志借以得到共同的法律表现的最后结果。平等！因为他们彼此只是作为商品所有者发生关系，用等价物交换等价物。"② 这就是说，自由与平等，对于资产阶级来说就是自由、平等地剥削劳动力，对于工人阶级则是自由、平等地出卖劳动力。资产阶级和资本主义社会的自由与平等，实质上是以雇佣

---

① ［法］歇尔·克罗奇等：《民主的危机》，马殿军译，求实出版社1989年版，第76—81页。

② 《资本论》第一卷，人民出版社1975年版，第199页。

劳动为基础的，是建立在资产阶级占有剩余价值这个根本点上面的。法律所规定的自由与平等，归根结底不过是这种经济关系在法律形式上的表现。而无产阶级和广大劳动人民，如果不摆脱这种经济关系，真正的自由与平等是不会到来的，是不可能实现的。

撇开资本主义社会自由与平等的经济基础这点不说，即使在资本主义民主政治的现实存在和实际运行中，在资产阶级的神圣意念和堂皇追求中，自由与平等也充满了矛盾冲突。

自由的价值，对于资本主义民主毋庸置疑地是最具主导性的，是基础性的。没有自由，民主就无以形成和存在；而拥护和发展民主，则是为了拥有、保护和发展自由。同时，对于历史上的和今天的西方资产阶级来说，资本主义民主主要的不是目的，而是并且一贯是手段，因而带有十分强烈的功利主义色彩和政治目的。无论什么情况下，无论资产阶级内部的恩怨情仇、胜败沉浮如何，资产阶级都以自由为民主的核心价值，都把自由作为根本指向性追求而念念不忘。

然而不幸得很，这种自由一开始就与个人血肉相连，形影不离，以致个人至上成了这种自由的现代和当代表征。这种自由，即为个人主义融化了的、与他人和社会相对立的个人自由，就是资产阶级和资本主义民主所信奉的自由的实质和面貌。自由之所以如此，其根源在于它生于资本主义私有制基础之上，没有统一的、破坏不了的共同物质经济基础。因此，这种个人自由，从来就具有坚韧的、强烈的政治攻击力和社会攻击力。它虽然由法律做了规定，被纳入法律范畴，从而有现代的制度与法律与之相对应；但是，它与制度、法律、公共利益之间的对抗，并未因法律的约束而止息，也未因此而降低或减弱。当代资本主义民主政治的发展，不过是在新的条件下以新的形式发展了这种个人自由，即具有攻击性和对抗性的个人自由。

政治平等的价值，对于资本主义则是民主存在和发展的政治基础。也就是说，资产阶级民主或资本主义民主政治是建立在政治平等之上的。但问题在于，政治平等与个人自由之间从来就是一个云雾缭绕的地带，两者之间的关系从来都是说不清道不明、随风而变的，甚至历来的资产阶级和其发展至今的政治学理论都无力透彻把握。而从事物的性质和逻辑上说，个人自由和政治平等，根本上是一种互为前提、互相依赖、互相作用的关系。因此，两者在资本主义民主政治实践和民主生活中，应当较好地体现和保持这种关系，得到基本一致和相匹配的发展，共同形成一种比较和谐的局面。无论如何，这都不能认为是对资本民主政治的无端的苛求。

但是，即使发展到当代资本主义条件下，政治平等和个人自由依然不能相得益彰，达到比较和谐的发展局面，反而是跛脚的。这集中到一点就是：政治平等比起个人自由，不仅更加形式化，而且更加脆弱。除了资产阶级内部在政治关系上从来不是平等的这一历史事实而外，政治平等本身在政治实践中时刻面临着以下重大挑战和解构：首先，现实社会不平等是对政治平等的根本否定和挑战，从而表明立于社会不平等之上的政治平等有的只是形式上的意义，其实际价值在社会意义上又是大打折扣的。也就是说，政治平等是容忍现实社会不平等的，只不过是其容忍有某种度而已。其次，无所不在的、到处膨胀的个人主义，从未停止过对政治平等的柔性杀伤和不经意的解构，甚至一定程度地掏空了政治平等。再次，政治资源的有限和缺乏，也对政治平等造成挑战和瓦解；就是说，争抢政治资源的斗争与结果，使得政治平等总是显得不平等，愈加成为形式化和口号化的东西。仅这些基本的挑战和冲击，就不仅使政治平等严重地、不可遏制地脆弱化，而且必然危及资本主义民主政治体系及其发展。

自从资产阶级提出“自由、平等、博爱”至今，资本主义社会尤其是西方资本主义社会，对资本主义民主的价值充满普遍迷信，几乎是绝对化的崇拜，仿佛它是包医百病的灵丹妙药和救世的圣水。但实际上，自由与平等在资本主义民主政治中从来没有和谐共存过，相反地，时常相互矛盾、相互冲突。其重大深刻的矛盾冲突如下：首先，在道德层面上，民主究竟应当维护怎样的生活才是合乎人性的，是以大多数人的幸福还是以个人的幸福为原则？其次，在社会层面上，在自由和平等相互冲突的情况下，什么是社会正义，由谁来确定或指认？再次，在政治层面上，是社会决定国家还是国家决定社会，国家与社会的关系到底怎样，自由与平等究竟源于什么和凭借什么？所有这些矛盾冲突，一直遍布于当代资本主义民主政治的全过程。

同时，在当代资本主义民主政治条件下，个人的实际自由状态已经发生了严重分化，走向了两极：或者是逃避自由，或者是享乐自由。逃避自由的心理和行为，一方面直接使传统的个人主义被抽空和破碎化；另一方面使民主生活的构成单位日益从个人转到了各种政党组织和各种利益组织，从而造成了政党专制，培育了多元民主。多元民主并不是民主完善化的体现，相反，它存在着违背民主精神的严重疾患：使政治不平等稳定化；扭曲公民意识；扭曲公共议事日程；使人民对议事日程的最终控制让渡给了各种组织化的“代理人”。所有这些情况，给当代资本主义民主政治带来了一系列新的矛盾和危机，从而使之出现了变形。

5. 民主选举与金钱政治的矛盾

选举是民主生活的不可或缺的前提，而且是资本主义民主政治建立的逻辑起点。而反过来说，民主的发展则为实现公正选举提供了基础。这就是选举与民主的根本关系。当代资本主义国家选举制度的发展呈现五大趋势：一是选举权进一步扩大，二是选举更加直接，三是选举程序更加周全完善，四是选举制度的运行稳定而规范，五是选举手段日趋现代化。

在当代资本主义民主政治中，竞争性选举依然是核心，它对资本主义民主政治的运行与发展发挥着四大功能，或说提供了四大支撑：首先，有效容纳政治参与。公民政治参与最基本的途径就是选举，投票则是政治参与的中心。这个过程，一方面让公民行使公民权，获得了有效的民主生活；另一方面则使政府经过选举的洗礼而重获与社会的平衡与协调。其次，沟通整合利益关系。选举实质上是一种利益表达的方式，因而构成利益冲突的大舞台，又成为利益协调与整合的重要机制。这种两面性，恰好体现了资本主义民主政治的内在精神。再次，标明和维持国家政权的合法性。在国家政治制度规范下的选举所造成的政治压力，针对的仅仅是具体的政党和政策。因此，它只导致政党的轮替、政权的更迭和政策的转换，而不会直接危及国家制度本身，反而为之增添了一层新的合法性标记。最后，实现权力的和平转移。与政党政治相适应的竞争性选举，一直是问题多生和矛盾冲突重重，但又使掌控政治权力的竞争公开化、制度化和规范化，因而客观结果就是权力的和平转移。上述竞争性选举四大功能的发挥，确实使资本主义民主政治的存在和运行获得了惯性支撑力量。

然而，在当代资本主义民主政治中，如同既往一样，选举形式或选举活动仿佛成了民主生活本身，而实质上只是民主生活的工具，只是民主的形式，只是形式上的民主。选举的这种两重性或双重关系，是决不能加以混淆和单一理解的。就其实质和根本内容而言，资本主义的民主选举依然如列宁指出的，不过是“每隔几年决定一次究竟由统治阶级中的什么人”

来“压迫人民”和统治人民[①]。资本主义民主政治发展至今的历程表明，它仅仅把选举当作民主政治实现的手段，从不以选举为民主政治本身。而选举本身，则是服从和服务于资本主义民主政治，即服从服务于资产阶级统治的。正因为选举的面目本来如此，它才必然会遭到金钱腐蚀，从而形成了民主选举与金钱政治的矛盾。

金钱政治是资本主义私有制对其民主政治和政治生活的决定作用，是资本以金钱对国家权力的一种有效控制，它所展现的是资本主义社会的“财富的无限权力”，最鲜明地体现在选举上。选举过程中的筹措资金和进行赞助，在当代资本主义国家已是一种普遍甚至合法的行为。选举费用主要用在各竞争方为选票而宣传、动员和拉拢选民上面。显而易见的是，如无大量金钱的支持，公民的选举权便无法实现或是无意义的；而在大量金钱的支持下，公民的选举权得到了实现，但只是扭曲的、变味的和走样的实现。这已成为当代资本主义民主政治的一个显赫而深刻的矛盾，已成为当代资本主义社会的普遍而日趋严重的疾患。

资本主义世界的金钱政治，在美国和日本表现得最为明显突出。在美国，州议员、各州州长、国会议员乃至总统的竞选，无不需要耗费巨大的财力。就总统竞选来说，1952 年民主党与共和党两党共花费 1100 万美元，1996 年花费 9 亿美元，2000 年花费 30 亿美元，2004 年花费 50 亿美元。1972 年，尼克松总统在竞选连任期间，从各地富商手中共获 1980 万美元的捐款。1984 年，里根为在共和党内获得总统候选人提名花费了 2600 万美元；1988 年，布什为获总统候选人提名花费了 3300 万美元。2004 年大选，小布什筹集了 4 亿美元费用。2008 年大选，奥巴马则筹集到了 7 亿多美元竞选经费。可见，通往白宫的道路是黄金铺就的。美国从警长、州长到国会议员等的竞选费用，1988 年高达 27 亿美元，1992 年达到 32 亿美元。2000 年，美国获胜的国会议员平均花掉 81.6 万美元，获胜的参议员平均花掉 700 万美元；伊利诺伊州议会的候选人竞选费用超过 65 万美元，该州最高法院的候选人费用高达 73.7 万美元。至于日本，财阀直接控制国家权力的“金钱政治”由来已久，根深蒂固，备受日本国民的谴责和诟病。

---

① 《列宁选集》第三卷，人民出版社 1972 年版，第 209 页。

当代资本主义国家的金钱政治及其发展表明，选举制度的发展及其成就是与金钱政治并存并行的，后者主宰前者，而公民或大众不过是选举的工具。金钱已把民主选举腐蚀瓦解殆尽，而且成了资本主义民主政治的动力。在这种状态下看，工人阶级和劳动人民不仅更难以进入资本主义政治机构，而且根本左右不了资本主义国家的政治过程和决策。但也正是因为这样，民主选举与金钱政治的矛盾将持续恶性发展，因而使资本主义民主政治日益畸形化。而即使在今天，民主选举已经成为资本主义民主的羁绊。

6. 民主与反民主的矛盾

资本主义民主政治从起始直至当代的发展，一方面具有巨大的历史开创性和进步性，另一方面具有深深的局限性和不彻底性。与这种不可超越的本来面目相一致，资本主义民主政治既有民主性的一面，也有反民主的一面，包容着许多反民主的因素、条件和实际作为。从这个意义上说，民主与反民主不仅构成资本主义民主政治的内在矛盾，而且可以看作所有内在矛盾与冲突的总括表达。

我们前面述说的各种矛盾，实际上都从不同侧面或层次上反映了资本主义民主政治的民主性和反民主性。这里，我们专就资本主义民主政治中的民主与反民主的矛盾加以初步论述。

第一，国家对社会的奴役加深。

资本主义民主政治的起源、民主政治生活的不竭动力，原本来自国家与社会的分离，因而来自社会决定国家、社会掌握决定国家政治生活的权力。西方资本主义民主政治典型地是以此为成长起点的，从而在这种动力作用之下逐渐走向现代化。但是，其发展则越来越偏离这个逻辑起点所规定的发展指向，即国家回归社会，结果不是增强了社会对国家的决定力量，反而使社会越来越成为国家的奴役对象，越来越陷入国家的奴役之中。这无疑证明了马克思主义的国家观：资产阶级的国家只能打碎而不会自行消亡，开始消亡的国家仅只是社会主义国家。当代资本主义的国家根本没有自行消亡的根据和可靠迹象，反而在继续异化社会，使社会柔性地国家化。这种发展情形，自然地贯通着反人民、反民主的逻辑、因素和力量。

在当代资本主义的国家异化和奴役社会的过程中，民主的形式越发成了民主的本质，公式化的民主制度形式愈益成为民主生活本身，大肆地取代活生生的民主生活。在法律和立法方面，立法机关其实已不再因其制定法律而被称为立法机关，反倒是法律因其源出于立法机关而被称为法律，而不论立法机关决议的形式或内容如何。在这样的态势下，民主是不能真正得到发展的。而在有可能发展民主的地方和环节，都为形式所充斥和堵塞。这是反民主的最深刻尖锐的表现，也是一切反民主现象的症结所在。

国家对社会的奴役，民主政治的高度形式化，即使在资本主义范畴内，也使民主政治脱出了它本来的价值和意义：原本以自由权利为基础的利益实现的政治形式，却变成了以国家权力为基础的利益实现的政治形式。因此，资本主义民主的内在价值被推倒了，固有的逻辑被扭曲了。在这种情形下，原本基于公民权利运用而形成的各种利益要求，现在的实现却要取决于这些要求与政治权力之间的相互作用及其程度。这样一来，民主政治的机制就被用于非民主和反民主的方面了。这是说，借助并通过民主政治的机制，利益与权力之间形成了政治交易市场：权力的获得，需要拥有选票和金钱的各种利益主体的支持；利益的实现，需要国家权力的支持和保证。利益和权力、需求和供给沿反民主的方向汇集起来，形成为公开的、以民族国家为单元的政治交易市场，大家在事物预定的和谐下，完成着互惠互利、共同有益、全体有利的事业。但是民主政治所要求的正义，却在这种政治交易中被彻底根除和阉割了。在这里，资本主义民主政治的反民主性达到了极点。

第二，利益政治兴盛不已。

在当代资本主义条件下，竞争性的政党政治和竞争性选举愈来愈具备这样一种功能，即成为政治交易市场及其交易生生不息的直接基础和温床。当代西方政治学视这种政治交易为客观恒常现象，赋之以一个中性范畴或称谓，即“利益政治”。这种利益政治，按其内容所包含的关系不同，可以分为以下两类。

首先，允诺关系型利益政治。这类利益政治如同经济上的期货交易。允诺关系表现为以下三个方面：第一，竞选的党派及其候选人与选民之间的允诺关系。这主要体现为，以党的纲领、竞选宣言、代议中的政策倾向对选民要求给予允诺。至于具体允诺什么，则要看竞选的政治市场行情。这种允诺中的实质性问题和通常情形是，党派利益高于国家利益；议员或议员候选人所代表的选区利益高于党派利益乃至国家利益。第二，党派内部的允诺关系。这种允诺关系主要表现为候选人与追随者之间的允诺关系；而追随者既包括党派内部的追随者，又包括选举过程中的各类助选者。实际上，获胜政党的组阁，获胜当选总统对国家重要职位的分派，都不过是选举前允诺的兑现而已。第三，国家权力体系内部的允诺关系。这种允诺关系中：一是议会中的执政党与在野党之间，或者是执政联盟内各政党之间的幕后允诺关系，这直接关系政权的稳定和议案的表决；二是政府和议会之间的幕后允诺关系，这在总统制国家，表现为总统与议会之间的后台允诺与前台不断斗争。

其次，顾客关系型利益政治。这类利益政治，酷似商品市场上的买卖行为，即商品的让渡与货币易位，因而是现货政治交易。构成这类利益政治的主体，是掌权的政治力量和利益集团，而其内容则是它们之间的权力与利益的交易。随着竞争性政党政治而出现的利益集团，已成为当代资本主义民主政治中的不可或缺的因素。其存在与活动的主要目的，不是获取权力，而是影响权力，影响政治决策过程，以实现自己的利益和主张。利益集团和政治权力之间理性地保持适度的距离，也就是双方进行交易的空间。在政治交易市场上，顾客这一角色并非固定的，而是相对的和可以转换的：对于权力集团，利益集团是顾客；而对于利益集团，权力集团则是顾客。

就上述两类利益政治的主要祸害来说：允诺关系型中充盈贿选，党同伐异和尔虞我诈的权力斗争不断；而顾客关系型中则是对权力和决策的极大腐蚀。但它们的本质又是相同的，那就是权钱交易和反民主。

第三，公开的反人民和反民主。

关于当代资本主义的民主，西方政治学形成了三种民主理论和主张。

其一，大众民主论。这种理论认为，民主就是人民的参与，坚持少数服从多数原则，体现为大多数人的统治。此论坚持西方民主的本意或基本内涵，从民主的理想出发或着眼，反映了西方民主的价值追求。它虽显得传统，却又不失深刻的进步性质，然而已不占主导地位。

其二，精英民主论。此论认为，治理一切社会的都是精英而不是民众，国家政策不是由民众而是由精英决定，因而主张和宣扬政治是精英的事务而不是民众的对象，甚至选举和政党之类制度也主要是民主的象征。此论从本源上说是资本主义民主实践的固有缺陷的反映，其合理性可以说至多是道出了资本主义民主的问题，然而其骨子里是反人民的，是一种反民主的民主理论。

其三，多元民主论。这种理论认为：现代社会事物的复杂性决定了个人直接参与决策是不可能的，而决策实际上是通过精英的相互影响、讨价还价、妥协让步而进行的；同时，民主运作的主体日益从个人转向了自治性组织，从而形成了多元性的民主。此论一定程度上超越了前二论，它的出发点是资本主义民主的现实，因而反映了资本主义民主的实际状况。但是，它有一点和精英民主论相一致，那就是承认或主张主导资本主义民主的是或应该是精英，而不是或不应是民众。

如上三种民主理论，都是资本主义民主政治的产物和反映。但其主张或倾向性是不同的，或者说，它们在偏重于价值还是偏于实证上是有显著差别的。不容含糊的是，哪种理论居主导地位、占上风、更受青睐，更多地通行于民主生活和过程，更高程度地与民主实际状况相吻合，才是最说明问题的。事实上，资本主义世界对精英民主论更多的是接受和信奉，而不是抵制和反对。那些在学术上对精英民主论的批判，不但十分乏力，而且仅仅是学术行为，根本无妨精英民主论对民主实践的统治。因此，当代资本主义的民主理论和民主实践进程，都具备并表现出深刻的反人民性，浓厚的反民主性。

当代资本主义民主走向并巩固了精英统治的格局，是资本主义国家和社会组织管理的内在规律使然。资本主义尤其是西方资本主义民主：一方面以人民主权为价值基础，因而人民主导国家政治生活应是其本质要求；另一方面，对此只在政治理念和民主形式上加以接受，而政治实践上自始就不大接受甚至极力排斥。所以，资本主义的民主理论与民主实践是脱节的，甚至是相排斥的；而决定民主的真实面目和发展程度的，始终是资产阶级的统治和利益。这样一种历史进程，使资本主义民主中形成了根深蒂固的反人民和反民主的传统。这样一种传统，就是精英民主理论和现实格局之所以形成的直接原因。假定这种状态出现在稍早点的过去，也并不令人怎样奇异和难解。

用不着加以论证，精英统治民主与资产阶级统治民主并没有质的差别。但是，精英民主却使它本身与人民主权的矛盾独立化和公开化了。由此产生的多种倒退性和消极性后果中，最明显和最严重的是如下两点：加剧了政治不平等；加剧了政治冷漠。而这无一不是资本主义民主中的反民主的表现和证明。

与资产阶级的自我意识和自我标榜不同，一向以“民主国家”和

“自由世界”自居的资本主义，其民主的反民主性是遮不住的和不可避免的。

四　当代资本主义民主政治的基本危机

当代资本主义民主政治的危机，是一个需要和值得详细研究的问题。在西方资本主义世界，这种危机有多种学派批判性地谈到和揭露，但又流于表面化，散乱琐碎，或者过分形而上，一句话，因为唯心主义历史观的束缚而明显乏力。就国内学术理论界而言，这一问题的研究主要表现为对西方学术观点的介绍，或者借之加以某种发挥，说不上独立而系统的研究，因而这样的成果几乎寻不到。这里仅根据自己的初步努力来叙说当代资本主义民主政治的危机。

首先要简短说明一点：前述当代资本主义民主政治的内在矛盾，同时也可以看成其危机和危机的特殊表现。而且，在把政治上层建筑作为一个相对独立的系统而不考虑其基础的情况下，或者说，仅就政治系统而言，前述内在矛盾又是危机的直接根源或原因。因此，在这个意义上，我们前面已经叙说到当代资本主义民主政治的危机，至少从特定角度来说是这样。至于这一点，我们后面不再提及，只要读者有一个明确的意识也就可以了。

所谓当代资本主义民主政治的基本危机，我指的是那些由来已久、未能而且不可能消除、遍及资本主义各国、具有稳定表现形式的危机。它们至少包括下述：

1. 民主的危机

资本主义民主，确切地说，由西方资本主义开创的民主：一方面表现为人类历史的巨大进步；另一方面它本质上是资产阶级的民主，因而具有阶级的和历史的局限性。但是，资产阶级或资本主义对此并没有真正的理性和彻底科学的态度，没有与人类历史继续发展进步的要求相适应的科学民主观，反而囿于其阶级利益和唯心主义历史观，对民主充满迷信，神话民主，把民主当成可以解开一切历史之谜、克服任何难题的钥匙。这就注定了资本主义民主必然多生危机。

民主危机之一：民主自身的限制或本质危机。

西方社会对民主价值的崇拜几乎绝对化，因而陷入“集体无意识”状态，结果其自身很难清醒地认识自我，仿佛其民主已无质的规定。这本身就是民主危机的一种醉态的表现，而且也构成民主危机的观念意识上的原因，因而使民主从某些方面走向危机。

就西方发达资本主义国家来说，二战后，社会发展到一个新的阶段，阶级结构发生了明显的变化，人们的教育水平不断提高，参政议政能力和民主愿望普遍增强，因而公民要求在政治、经济、社会事务方面切实实行平等和民主，直接参与这些问题的决策过程。但是，其民主不能适应这些社会性要求而深入和真正开放，从而导致各种社会问题积累难返，暴力、贩毒、各种刑事犯罪活动猖獗，社会信仰动摇，道德水平下降，以致人们对资本主义政治经济制度日益不满。这在美国和西欧，从20世纪60年代中期开始，民权运动、新左派运动、学生运动、黑人运动、妇女运动以及各种有组织的抗议风起云涌，对西方民主制度造成了巨大的冲击。到70年代，美欧日三边委员会开始讨论“民主的危机”，亨廷顿也不无悲观地发问“政治民主形式在本世纪最后25年还会发挥作用吗”？直到目前为止，西方发达国家的民主依然处于这种危机状态之中。

资本主义民主自身的限制就在于，它不可能脱离资产阶级的根本性质，不可能突破其本质规定而按照人民大众既定的能力和意愿去发展。因此，民主只能集中于形式方面，表现为手段的增加和形式变换。当代资本主义民主的形式已严重地繁盛于内容，而内容日益陈旧和苍白。这就是民主自身限制的归结和民主危机的缩影。这种由资本主义民主本质规定的、由民主自身的限制而来的民主危机，是资本主义本身所无法摆脱的。

民主危机之二：民主制度全球扩张的危机。

西方资本主义国家，对其创造出来的民主总是爱不释手。一面迷信至深，以致视之为普世价值所聚。然而说到底，这不过是资本普世价值的必然反应和要求罢了。正是这样，它们总爱输出民主，在落后于它们的国家种植民主，诱导鼓动这些国家不顾实际地照搬西方资本主义民主制度，从而造成西方民主制度的全球扩张。这几乎与资本的全球扩张一样，意在使全球处于西方发达国家的控制之下。但是，如同经济危机那样，民主制度的扩张过程也伴随着危机，甚至创造着危机。

在当代资本主义条件下，西方民主制度在全球扩张大体经历了以下几个阶段：（1）从二战结束至20世纪60年代初。这一阶段，随着反法西斯战争的胜利，西方国家的军事占领和殖民地国家的独立，西方民主制度在世界部分地区呈现扩张态势。亨廷顿把这一阶段称为“民主化短波”。(2)20 世纪 60 年代初期至 70 年代中期。这一阶段，西方国家内部出现民主危机，从而西方民主制度在全球的影响迅速消退。在亨廷顿称作“民主化的回潮期”的这一阶段，他统计民主国家减少了 22 个。按照弗朗西斯·福山的统计，世界史上的自由民主国家则从 1960 年的 36 个减少到 1975 年的 30 个。(3) 20 世纪 70 年代中期至今。这一时期，民主化再次兴起，众多发展中国家（包括原苏联、东欧）在 30 年左右转向西方民主政体，亨廷顿名之为“民主的第三次浪潮”。据他统计，民主国家的数量 1990 年达到 58 个，占世界所有国家的 45%。而据美国的《世界自由纵览》统计，到 2000 年 1 月，全球共有 120 个民主国家。这样，西方民主又成了全球范围的“话语霸权”，同时又不自觉地进入“民主迷信”时期。

但是，西方民主制度全球扩张至今，显然是与民主的危机为伍和以民主的危机为暗线的。首先，民主扩张以西方资本主义势力强大、原殖民关系等为条件而得以推进，但显性的危机即发达国家内部的民主危机和民主国家的一度锐减，还是不可遏制地发生了。其次，20 世纪 70 年代以来的扩张成效，有许多历史的代价，其中包括政变，频繁的政权更迭，社会动荡，经济衰退，特别是苏联、东欧的历史大倒退。这些代价既是民主扩张造成的，又是民主危机的表现。再次，扩张出来的民主制度到目前还是不结果的花。在人类现处的时代，民主终归是要为经济和社会发展服务的，其价值最终要由此来说明和决定。那些扩张而成的资本主义民主国家，其绝大多数经济社会发展落后缓慢，甚至深陷于贫困与债务，以致沦为“第四世界”。这是民主的讽刺、尴尬和深层危机。在这种意义上确实可以说，民主不能当饭吃。所有这样的民主，其本身都是危机中的民主。

民主危机之三：民主工具化和单一化的危机。

民主在资本主义制度之下，从来都主要不是目的，而是工具或手段。当代资本主义使民主不仅愈加工具化，而且严重单一化了。所谓民主工具化，即把民主制度或形式在国内作为实现资产阶级统治的工具，在国外作为摧垮别国制度或干涉别国内政的工具，从而使民主带上了强烈的功利主义色彩和明显的政治目的。所谓民主单一化，就是把民主的多种形式与功能粗暴地扭曲简单化为一人一票的选举或竞选。而这实质上还是民主的工具化，是工具化的特定而通常的表现。由民主的工具化和单一化导致的政治冷漠、国家分裂、社会动荡、族群争斗等，已成为当代资本主义世界的一种生态，也是民主危机的常态性表现。

由于西方民主和西式选举的引入，苏联解体、东欧剧变之后，又有前南联盟、捷克斯洛伐克的解体和战乱，乌克兰的“橙色革命”，吉尔吉斯斯坦等国的“颜色革命”。这些都造成了严重的动荡、经济萎缩和社会衰败，使这些国家和人民蒙受了巨大的损失和痛苦。在亚洲和非洲等一些输入西方民主和西式选举的国家，进入21世纪前后的持续的动荡代替了社会稳定与发展。伊拉克、阿富汗的选举，反而延续和加剧了各种政治派别的争斗。泰国持续多年的选举争议演变成流血冲突。2000年美国大选，2003年韩国大选，2004年中国台湾地区大选，2006年墨西哥、海地、乌克兰大选，2008年格鲁吉亚、肯尼亚、津巴布韦大选，都发生了计票争议，有些地方为此陷入骚乱，长期得不到解决。种种情况充分表明，西方民主与选举实行的后遗症，对社会危害十分剧烈。所有这些都不仅仅是民主的危机，而且已是资本主义社会和资本主义世界的危机了。

2. *政治冷漠*

政治冷漠在政治学和政治实践中，属于政治参与范畴和行为，它表示的是政治参与行为的缺乏。政治冷漠是消极的政治态度在政治行为上的表现，即不参加政治生活，公民对于政治问题和政治活动冷淡而不关心。在通常的情形下，政治冷漠不利于政府掌握实际情况，因而易于出现决策专断。如果政治冷漠起因于公民对政府失去信心，它在一定条件下则可能发展为政治不服从，甚至导致政治反抗。

在当代资本主义条件下，政治参与作为普通公民通过各种合法方式参加政治生活，从而给政治运行和政策过程以一定影响的行动，是政治关系中的公民政治权利得以实现的重要方式，反映着公民在社会政治生活中的地位、作用和选择范围。具有多种形式与途径的政治参与：一方面是资本主义民主政治的需要，另一方面是法律赋予公民的和公民难以多得的政治权利。然而，公民宁愿放弃这种权利而保持政治冷漠，因而使资本主义民主政治因正常需要得不到满足而陷入尴尬和危机。而政治冷漠和相应的政治危机，又是由来已久和持续不断的。

就政治参与在资本主义民主政治中的作用来说，它首先是公民实现其政治权利的主要途径，它影响到政治统治的合法性，影响到政治管理的民主化，影响到政治文化的发展，影响到政治稳定。同时，政治参与对社会环境起着相当明显的作用，即它影响到经济发展、社会公平、社会流动、社会自治等。由这些同样可以明白，政治冷漠大量、广泛和长期地代替了积极的政治参与，的确是资本主义民主政治深而广的危机，也构成危机的一种分明的类型。

在当代资本主义民主政治和政治生活中，政治参与因其具体行动方式之别，主要的和常见的有如下几种：政治投票，政治选举，政治结社，政治表达，政治接触。而在所有这些方面，都存在着政治冷漠，而且绝不是一时一事一地的现象。政治冷漠形成的直接原因，归结起来有两个：其一，公民基于自己的长期经验、感受和由之而来的理性认识，对政治已反感或失去信心，从而对政治无动于衷；其二，资本主义民主政治制度的发展完善及其普遍的形式化，一定程度地遮蔽和挤压了政治参与的空间和可能，这使部分公民感到关心政治参与、参与政治生活与否已是无所谓的了，从而也就不作为。从事物的本貌和属性来说，当代资本主义民主政治的实质内容和存在形式，必然导致政治冷漠，而且是有其历史的了。

我们前面叙说过当代资本主义公民政治参与的扩大，政治参与形式的日益多样化。但这与政治冷漠的存在和持续并不相互否定，而政治冷漠则是具有实质意义的现象和行为。这简要地说是，因为资本主义民主政治本身，从来都是一个包含诸多内在冲突和相互拆解的因素与方面的复杂事物，它绝不是一种纯粹、单一、和谐的事物。因此，政治冷漠及其持续，也不抹杀公民政治参与扩大这一事实和发展过程。

与当代资本主义的政治参与实际上主要表现为选举投票相一致，政治冷漠也集中地从这一点上反映出来。因此，我们以下仅就此略述政治冷漠。

我们先用美国这个最发达的资本主义国家为例子。据资料，在 19 世纪，美国总统选举的投票率最高为 80%，最低为 65%。而进入 20 世纪以后，总统选举的投票率仅为 50% 左右。自 20 世纪 70 年代，欧美日三边委员会开始讨论“民主的危机”以来，民众政治参与热情不高，民主选举投票率过低一直是一个常态性的问题，而解决政治生活中的这个无头公案的钥匙至今找不到。2000 年总统大选的投票率刚过 50%。2008 年大选有 55% 左右的选民投票，奥巴马的当选难以说成大胜，所得的选票是 53% 左右。假如得票 50% 左右，则为小胜。试想，选民投票率为 55% 左右，当选者只得 50% 的选票即为小胜，这意味着当选总统仅只获得了

27%左右的选民的支持。换句话说，美国总统是由这27%左右的选民支持而选出来的。由此可见，当代资本主义民主政治及其体制以及它们的合法性都出现了深刻的危机。

此外，在美国，认为政府是由少数大利益集团所控制的人，1964年只占其人口的29%，到1998年，这一比例数字上升到63%。在1966年，42%的公众对政府还有“相当的信任”，到1997年这一比例下降为12%。与此同时，公众对国会的信任程度也由42%下降为11%。这种情况，既是政治冷漠的表现，同时也揭示了政治冷漠的原因。

在欧洲，公民投票率降低和政治冷漠也是无可奈何的事情。从近些年的情况看，英国的投票率是比较高的，但也仅有70%左右。美国的一项研究表明，20个西方民主国家中有18个国家的投票人数比20世纪50年代呈下降趋势，降幅达10%。事实表明，欧洲议会作为欧洲一体化的产物，并没有赢得选民的热情。1999年6月欧洲议会选举，有57%的选民没有投票，其中英国和荷兰的投票率分别只为24%和29.9%。欧洲国家的政治冷漠，已经造成其民主政治制度的危机。其一是议会民主选举制度的危机，主要表现为选民的投票率和各政党的得票率普遍下降。其二是政党信任危机，主要表现为传统的、地位历来稳固的大型政党在选举中得票率呈现下跌趋势。

从某种角度和意义上说，没有什么比政治冷漠更让当代资本主义民主政治无可奈何的了。政治冷漠作为公众的消极行为，是资本主义民主政治多种缺陷和弊病的副产物，其根源深植于资本主义制度之中。它不仅不可能由当代资本主义民主政治的发展去消除，反而作为这一发展中的基本危机而继续存在和演化。

3. 政治腐败

政治腐败即政治权力与金钱交易。其突出表现是掌握政治权力的官员、国家机关公务人员利用行使职权的机会与便利，以不一而足的形式和手段敛取钱财。政治腐败的实质是，公共权力脱离法律、制度以及道德为其架设的正当轨道而被私有化。

就其根本或终极原因说，政治腐败是一切私有制和私有观念的必然产物与表现，因而是建立在私有制基础上的一切政治不可割除的毒瘤。资产阶级政治学把政治腐败归结为由传统国家向现代国家过渡或转变的伴随物，这种表面化的、辩护论的见解完全错了。其实，政治腐败自国家和政治产生以来从未断绝过，根本没有古代、现代和后现代的分别。只要私有制构成政治的物质基础，政治腐败就会按其一定条件和方式而出现或变化，彻底根除它的条件是不存在的，因而任何治疗行为和措施的效果都必定有限，而且是一时的和短期化的。这种机理完全适用于当代资本主义的政治腐败。

当代资本主义的政治腐败，遍及欧、美、亚、非、拉整个资本主义世界，是一种普遍性的客观存在和现象。其差别仅仅在于轻重程度、相关环境、具体情节、表现形式有所不同罢了。政治腐败构成当代资本主义的政治危机和危机类型，危害政治体系的运行，通常形成政治丑闻，引起和造成政治权力更迭的危机。这在当代资本主义世界，早已司空见惯，以致成为使人麻木的力量和常态。

政治腐败频发不绝因而最为著名的国家，当首推日本。二战后至今，日本特有的“十年九相”现象，固然有党派斗争这个重要因素，但绝大多数都有政治腐败，都伴随着政治丑闻。如同日本工业技术发达一样，其政治腐败异常发达，以致成为政治运行发展中的暗沟与地下河。

在韩国，多位总统的政治腐败行为在其离任后遭到审判或法律追究。在菲律宾，前总统埃斯特拉达同样被审判，前总统阿罗约因政治腐败一度险些被迫辞职。在智利，前总统滕森因政治腐败曾逃往日本多年后，终被引渡回国，被判入狱。在意大利，总理贝卢斯科尼政治丑闻和性丑闻缠身，却又成为政治不倒翁。在英国，2009 年“报销门”丑闻，即 646 位下议院议员平均每人报销了 14.39 万英镑，曾引发政坛地震。

在贫困落后的非洲，政治腐败可谓遍地丛生，而且有其特色。非洲国家由于种族现象严重，政治膨胀，市场很不发达，民主法制很不健全，加之殖民地时代殖民者的分化管理，以及精英阶层对西方生活的模仿，使得政治腐败更加严重。在非洲大陆，“腐化在掌握政治权力的人和拥有财富的人之间架起了一座桥梁，使这两个在非洲民族主义政府初期明显有距离的阶级得以相互同化”①。肯尼亚在 20 世纪 80 年代几乎没有得到任何新的外国投资，其主要原因之一就是政治腐败和贪污受贿现象。非洲的政治腐败像一个毒瘤，对其政治、经济、文化产生了诸多的不良影响。造成了

① ［美］亨廷顿：《变化社会中的政治秩序》，王冠华等译，生活·读书·新知三联书店 1989 年版，第 56 页。

国家机器失效，政府效率低下，国内资产流失，国外投资逃逸，资本积累严重不足和国民消费滞后。大规模的政治腐败，使社会不能产生一种容纳各种内在于现代化过程中的社会变迁的制度结构，因而引起社会混乱和现代化的中断，并深陷于贫穷之中。

在欧美发达国家的政治腐败中，有一种惯例性的现象，那就是离任高官的“吸金现象”。这里仅根据英国《每日邮报》、《星期日泰晤士报》、美国《华盛顿观察》周刊、上海《新民晚报》和《外滩画报》的报道略予论述。

英国前首相布莱尔，自2007年卸任后两年内收入就高达2000万英镑，而他任首相时的年薪只有18.4万英镑。布莱尔惊人的收入包括巨额的餐后演讲费、银行和外国政府给付的咨询费等。他建立了一个由隐秘公司和伙伴关系组成的复杂网络，使他从商业活动中获得的收入明细免于公开，因而其巨额收入一度不为公众知晓。布莱尔在任期间就精心培养各种关系，以应对卸任后的不时之需。卸任后两年内，他一直试图隐瞒同跨国石油巨头韩国UI能源公司达成生财协议一事。布莱尔收入的很大一部分来自美国和中东国家的资助人，这跟他在美国前总统小布什攻打伊拉克期间两人建立的亲密同盟关系直接相关。法国首富LVMH集团董事长伯拉德·阿诺特，既为布莱尔的长子支付在巴黎生活的各种费用，包括保镖费用，又时常照顾布莱尔的另外两个孩子。2009年，布莱尔在菲律宾雅典耀大学发表演讲，赞助商PLDT电信公司就为他支付了20万欧元。

美国前总统克林顿，卸任后负债颇多，但2000—2007年他和希拉里狂赚了1.09亿美元。自2000年起，美国金融巨头高盛公司共向希拉里捐款27万美元，克林顿在高盛作了4次演讲，进账65万美元。克林顿2002年开始以“高级顾问”身份为尤卡帕集团提供咨询，由此获得上千万美元报酬。而尤卡帕集团的实际运营者亿万富翁罗恩·伯克尔，正是克林顿当年竞选时的重要政治捐款人。希拉里的最大竞选捐款人花旗集团2004年付给克林顿25万美元的演讲费，后来还向“克林顿全球倡议”组织捐款550万美元。

在欧美西方国家，每次换届选举之后，总有一些国家政要和不少政府官员，在政府部门和私营部门与企业之间交替变换角色，这被称为日益加剧的“旋转门”现象。美国前国务卿科林·鲍威尔，退休后成为许多基金会和民间组织的主席，一年演讲收入即达数百万美元。他还被聘为硅谷一家著名风险投资公司的合作伙伴，收益丰厚且只需每三个月与公司负责人见一次面。曾负责美国空军采购的前国防部高官达琳·珠云，后来到波音公司任副总经理。英国3个工党前内阁大臣，2010年利用自身关系网帮助企业游说政府，让政府做出有利于企业的决策，收取企业的酬劳。其中，工党前内阁大臣拜尔斯受雇费用每天5000英镑，前卫生大臣和前国防大臣收费标准为每天3000英镑。

当代资本主义国家的政治腐败，早已是民主、法治、文明表象下面涌动的污泥浊水。高明的官商勾结、权钱交易不仅可以逃避法律，甚至达到公开与合法的程度。

4. 意识形态危机

当代资本主义的意识形态高度复杂。这里仅就居于支配地位、作为其主流的资产阶级意识形态的分化与危机略作叙说。

当代资产阶级的意识形态，是历史上的资产阶级意识形态的延续，而其核心依然是“个人主义”。把个人的利益、价值、尊严、自由、权利、幸福看得至高无上，并把它们仅仅归因于个人这样一种观念和信念，就是“个人主义”的本意和实质。个人主义，作为资产阶级意识形态的核心，曾是从封建桎梏下解放生产力、建立资产阶级统治的必要，因而那时是一种革命性的思想理论。而在其现实性上，它与资本主义私有制、市场经济以及资本主义制度必然相联系，并且是以之为基础的。资产阶级整个意识形态的实质内容，就是财产私有制和经济剥削基础上的个人主义、利己主义以及与此相应的理性主义。

在国家垄断资本主义阶段，社会经济及其运行状态发生了重要变化。发达资本主义国家逐渐深入地干预经济生活，并实施一定意义上的充分就业和社会福利保障。这种事实和过程终于引起了当代资产阶级意识形态的分化，并且围绕“国家干预”形成了左翼和右翼。由此形成的资产阶级意识形态的内部矛盾冲突和危机，已是旷日持久。

右翼资产阶级意识形态认为，国家因素深入经济领域的直接后果，是破坏了资产阶级意识形态的核心内容即个人主义，因而对资本主义的发展是破坏性的。美国自由主义经济学家布坎南认为：“政府干预实际上形成了一种道德规范"[1]，是公众对政府的全面依赖。他抱怨国家在经济、就业和福利上管得太多，破坏了市场机制，使人们不愿辛勤工作而依赖于国家。他呼吁："现在就应该采取步骤消除那种称为现代福利国家的社会制度。"[2] 布坎南的经济学理论即"公共选择理论"，深为撒切尔政府和里根政府所青睐，并化为政策和实践。

左翼资产阶级意识形态认为，国家必须更加深入地干预经济生活，提供更多充分的就业和福利。费边社的重要理论家乔·柯尔认为："使社会全体成员在生活中有一个不错的机会，使他们免遭不必要的痛苦，仁慈而又友好地使那些由于自己的过失而受苦的人得到安排，乃是任何像样的人类社会应负的责任。"[3] 左翼资产阶级意识形态把"受苦的人"之受苦归因于"自己的过失"，是典型的资产阶级意识形态和偏见，但它对资产阶级意识形态的核心即"个人主义"形成了一定程度的冲击。

当代资本主义意识形态的主流即资产阶级的意识形态，发生左右翼的分化，形成冲突与危机，是当代资本主义经济与社会及其危机的必然表现。尽管目前占优势的右翼意识形态大肆推行"市场原教旨主义"，把"自由竞争"吹得神乎其神，不遗余力地坚守"个人主义"，但它遭遇的挑战是极为深刻的。在社会物质生产高度社会化的条件下，垄断是无法清除的，因而国家干预经济生活是不可逆转的必然性和一种历史力量。这不仅决定了右翼意识形态不可能长久地固守，而且构成为当代资产阶级整个意识形态危机的现实基础。左翼意识形态分化出来和形成，不过是迫不得已的或不自觉的，但它与右翼意识形态的冲突却是现实而尖锐的，因为放弃国家干预和社会福利无异于当代资本主义的政治自杀。因此，左翼意识形态的势力必将呈扩大增强的趋势。左右翼意识形态的分化、冲突以及由此造成的危机，是有违当代资产阶级愿望的，但又将无可幸免地持续和发展下去。

当代资本主义意识形态的危机，实质上是个人主义的危机。而个人主

---

① ［美］布坎南、瓦格纳：《赤字中的民主》，刘廷安等译，北京经济学院出版社 1989 年版，第 93 页。

② ［美］布坎南：《自由、市场和国家》，吴良健等译，北京经济学院出版社 1989 年版，第 181 页。

③ ［英］乔·柯尔：《费边社会主义》，夏遇南、吴澜译，商务印书馆 1984 年版，第 65 页。

义，不仅是资产阶级意识形态的核心，而且是资本主义价值体系的核心，资本主义传统文化的核心。这样看来，当代资本主义意识形态的危机，以及它的不可避免的深化与发展，对于当代资本主义的确是恐怖的。正如马克思所说："如果从观念上来考察，那么一定的意识形式的解体足以使整个时代覆灭。"①

5. 恐怖主义泛滥

在当代资本主义条件下，恐怖主义是实施者对非武装人员有组织地使用暴力或以暴力相威胁，通过将一定的对象置于恐怖之中来达到某种政治目的的行为。

恐怖主义的表现形式主要表现如下：第一，暗杀。这方面闻名的例子有，1975 年埃及总统萨达特阅兵时被枪击身亡，1986 年印度总理拉吉夫·甘地访问斯里兰卡时被暗杀，1995 年以色列总理拉宾在集会上被犹太极端分子枪击身亡，等等。第二，劫持人质。例如，2002 年 10 月莫斯科重大劫持人质案。第三，爆炸。例如近几年来的伦敦"77"地铁爆炸案，印度尼西亚巴厘岛爆炸案，印度孟买爆炸案，巴基斯坦多处的爆炸案，俄罗斯一些共和国的爆炸案，以及非洲的苏丹、肯尼亚等国的爆炸案，等等。第四，劫持交通工具。这方面最闻名的是 2001 年美国"9·11"事件。第五，武装袭击。例如，1997 年 9 月开罗市中心博物馆武装袭击案。第六，生化武器。例如，1995 年日本东京地铁的沙林毒气案，美国的炭疽邮件事件等。

20 世纪 60 年代以后，恐怖主义活动日益频繁，在西欧、拉丁美洲、南亚等地区蔓延。20 世纪 90 年代以来，受恐怖主义危害的国家已有 100 多个，而恐怖主义活动已经国际化，并有全球化的趋势。根据美国的统计，目前世界上的恐怖组织达 1000 多个。

发展到今天的恐怖主义与过去相比，已经具有如下基本特征：第一，手段更为血腥残忍。旧式恐怖主义的政治目的有限，或只是为了引起人们的注意，因而较少地大量杀戮无辜。现今的恐怖主义通常认为，世界已无法挽救，也没有夺取和掌握政权的现实计划，发动恐怖主义袭击不仅出于政治和意识形态上的原因，甚至仅仅为了复仇，因而把杀伤、给敌人以最

① 《马克思恩格斯文集》第 8 卷，人民出版社 2009 年版，第 170 页。

大程度的伤害当作目的。第二，有可能使用大规模杀伤性武器。20 世纪 90 年代以前的恐怖主义认为，使用这种武器将削弱其希望获得的支持，因而没有使用。现今的恐怖主义不仅不避开这种武器，反而因其杀伤力横广而对它青睐，并且已有使用。第三，现今恐怖主义发动的恐怖袭击，不仅可能基于民族国家，而且可能基于一种意识形态和宗教，因此恐怖主义和反恐怖主义的冲突往往是一种非国家冲突、不对等的战争。第四，以“9·11”为代表的新型恐怖袭击，是一种没有战线、没有军队、没有常规武器的战争，它以任何地方、任何建筑为袭击目标，使军队处于外围，使平民百姓成为战争的对象。

资本主义制度下的恐怖主义，作为其政治统治危机的必然和表现，不仅由来已久，而且从未真正止息过。当代资本主义条件下，恐怖主义的复杂演化以及它的国际化发展和全球化趋势，从一个特定方面表明，当代资本主义政治危机在加深而绝不是相反。

当代资本主义世界恐怖主义恶性发展的直接原因，主要有如下方面：第一，全球化导致世界贫富差距扩大，穷国向富国的移民潮、分离主义、毒品犯罪等，为恐怖主义提供了必要的发展条件。第二，在单极世界秩序下，美国奉行武力至上，把自己的意愿和文化强加于人，随意干涉别国内政，引起许多国家或公开或隐蔽的不满，激发了多国的反抗。第三，西方文明导致的金钱至上、文化道德堕落等危机，引发了反西化的浪潮。第四，美苏冷战对抗时期培植恐怖势力的贻害。而本·拉登就曾是美国一手栽培和扶持的恐怖分子。第五，宗教、民族、文化的矛盾是恐怖主义泛滥的重要原因。

然而从根本上说，恐怖主义滋生、蔓延和全球化的根源在于资本主义制度。

首先，资本主义政治不合理是恐怖主义产生和发展的主要原因。资本主义政治从来就潜藏着以资本为基础的野蛮主义品质，而恐怖主义则是野蛮主义的极端形式，是资本主义政治的必然产物。资本主义政治比起古代政治更为理性和文明，更受法律和制度制约。然而，其基本准则是权力和利益，而法律无非是使权力的运用和利益的分配具有合法性而已。资本主义政治理论的核心是个体性原则，这个原则本质上包含着个体之间的相互否定，因而政治运行和政治生活必然成为追逐个人私利的战场，成为私人利益和公共事务冲突的舞台。资本主义及其政治发展的历史，也就是恐怖主义、霸权主义、强权政治、强权即公理在其中发展变化的历史，而这些方面，历来是它维护世界政治秩序的工具和基础。二战以后，发达的资本主义国家，顽固地推行强权理论与政策，推行不合理的国际经济秩序、原则、体系以及由之形成的机制，引起国际社会长期动荡不安，导致世界绝大多数弱小国家的政治经济难以正常发展。在这一过程中，它们为恶极多，对别国积极插手内政，制造民族仇恨和分裂，动辄施以制裁和大打出手，顽固推行冷战与和平演变战略，以致使世界总是难得太平。

其次，资本主义经济不平等是恐怖主义发展蔓延的根本原因。资本主义经济始终是建立在资产阶级私有制和由之产生的不平等基础上的。20世纪80年代以来，发达国家已进入新经济或知识经济时代，而大多数发展中国家尚处于工业化进程之中，有些还是落后的农业国或矿业国，有的则每况愈下，以致南北鸿沟愈加深化。这样的世界经济愈加不平等的主要原因有两个。一是国际经济旧秩序继续发挥其恶劣作用。从某种意义上说，发达国家的经济是靠牺牲发展中国家的利益而发展起来的。二是经济全球化不平衡发展。与资本主义生产方式全球扩展并行的经济全球化，从整体上强化了发达国家的优势，削弱了发展中国家的地位和作用，因而使强者更强，弱者更弱。这种状况，强了富人并给欲成富人者以机会和想象，也给穷人和绝望者以新的反抗手段和决心。

在资本主义发展史上，恐怖主义从来都是基于资本主义经济剥削和不平等而展开的政治上的图谋和行动，因而一向造成资本主义政治的危机，而且构成资本主义政治危机的一个类型。当代资本主义近70年来的发展，不仅未能消除恐怖主义，反而使之走上了一个新的高度，走向国际化和全球化。恐怖主义的发展和蔓延，打击了资本主义制度和世界体系，并进一步映现了资本主义制度的腐朽与邪恶本质。从恐怖主义的社会历史根源和诸多现实原因来看，它在今后一个相当长的时期内将不可遏制地继续发展。因此，它不仅会加重当代资本主义的政治危机，也将导致它的深广的社会危机。归根结底，恐怖主义是资本主义制度滋生的否定和打击自身的革命性因素与力量。

6. 相对性政治危机

在当代人类世界，正如资本主义的存在与发展会对社会主义形成压力与挑战一样，社会主义民主政治的发展成长，客观上也给当代资本主义民主政治造成压力与挑战，从而使之具有或多了另外一种意义上的危机，即非源于其自身的、来自其体制之外的相对性的危机。从长远的历史趋势来看，这种危机是当代资本主义无法控制和抵抗不了的。

当代资本主义民主政治面临的这种危机，自二战结束和社会主义成为世界体系以来就一直存在。苏联解体和东欧剧变，资本主义在那里复辟，曾一度缓解了当代资本主义的政治危机，但这只是暂时的和形式上的。从事情的深处看：一方面，重归资本主义的前苏联、东欧国家至今未能摆脱深刻而多样的政治危机和社会危机；另一方面，它们并未受到欧美发达资本主义国家的真诚欢迎和优待，反而遭到后者的歧视和继续分化挤压。因此，当代资本主义世界的版图是扩大了，而其内部的矛盾冲突显然是更复杂和多样化了，因而其政治危机不是缓解或被削弱，而是在复杂的局面中深化了和严重化了。事情之所以如此，与社会的发展或所谓转型没有关系，它只与资本主义制度的本质、资本主义的本性有关，而且是其自身的逻辑。只要看看当代资本主义世界的经济矛盾、冲突和危机，这一点就一目了然。

到目前为止，而且在今后一个相当长的世界历史过程中，当代资本主义政治所面临的相对性的挑战与危机，直接来自以中国为代表的社会主义政治的存在和发展。虽然社会主义民主政治由于历史短而发展程度及今还不高，远远谈不上成熟，甚至在发展过程中产生许多问题；但是，它由以建立的经济基础从而它的本质是它必然能够持续不断发展，逐步走向发达并全面超越资本主义民主政治的保证力量。在这个意义上，社会主义民主政治的发展给资本主义民主政治造成的危机，较之源于其自身的种种危机来，更为深刻巨大，更加具有冲击力和解构力，更加令资本主义不可理喻。因为，这关涉到人类继续发展进步中的不同历史力量的较量，关涉到资本主义民主政治发展动力的彻底枯竭而成为人类政治过程中的陈迹，一句话，关涉到资产阶级不能想象的其民主政治为社会主义民主政治全面取代。我们十分清醒，这种较量的结局和人类政治文明新境界距今相当遥远，因而决不宜于侈谈，更不能拿历史的一般规律来说话。我们同样清醒，这种境界作为人类历史发展的内在必然性和社会主义坚定自觉地加以实现的结果，则是不可阻挡和不可抗拒的。

社会主义民主政治，自其问世之时起，就已呈现出资本主义民主政治所不可企及的性质以及某些特点。社会主义民主政治，以生产资料公有制和与之相适应的生产关系为根本经济基础，以剥削阶级被消灭、所有阶级都已是劳动阶级这种阶级关系为直接的阶级基础，以马克思主义的国家观和政治学说为理论基础和指导，以全体人民当家做主的真实性为现实基点，以人民当家做主的深度和广度逐步扩大为不懈追求，以促进经济社会发展和人的全面自由发展为根本使命。所有这些，都使社会主义民主政治作为新类型而高出资本主义民主政治，并且至今仍令当代资本主义民主政治望尘莫及。在这种意义上尤其明显，社会主义民主政治的存在与发展，对资本主义民主政治始终是一种挑战，始终具有危机的意义与作用，始终含有对它来说的这样那样的危机的意味。

与资本主义民主政治以三权分立为基石不同，社会主义民主政治以人民代议制度或人民代表大会制度为根本基础，以民主集中制为根本原则。前者是资本主义私有制的必然，后者是社会主义公有制的内在要求。就两者赖以确立的经济基础来说，它们在不同社会形态中各有其必然性与合理性，因而既不能相互代替，也不存在以一者的合理性来否定另一者的合理性的基础。但是，就人类社会形态更替演进的方向来说，人民代表大会制度无疑比三权分立的历史形态更高，而绝不是相反的。作为社会主义民主政治的根本基础、根本制度、根本形式的人民代表大会制度，在确保和实现人民主权的真实性、国家权力的统一性、人民民主的广泛性、人民参与的最大可能性等方面具有深刻巨大的历史意义，是三权分立所无力企及和不能相提并论的。对今天的即发展程度尚不高的社会主义民主政治而言，三权分立尚存的价值仅只在于：在私有制和私有观念尚存的历史条件下，它为制约权力从而防止权力滥用和权力腐败，确实提供了难以多得的思维和经验。不过，这并不是社会主义民主政治的核心和全部。直而言之，社会主义民主政治的发展本身，就是对资本主义民主政治的历史性的挑战，就意味着后者的危机。

就今天的中国来说，按照党的领导、人民当家做主、依法治国相统一而推行的法治建设，将不仅提升民主政治的质量，形成中国社会主义法治模式，而且将建成社会主义法治国家与社会，从而实现对资本主义法治的大超越。进入21世纪，中国经济社会更为巨大的发展成就，令发达资本主义国家刮目相看，中国成为世界经济最为强大的引擎，令发达资本主义国家尴尬和忧心忡忡。过去一向为它们贬斥为专制独裁的中国政府，今天让它们大大失语了，因为中国政府具有它们无法想象和预料的高效率以及动员力和稳定力。任何政治的优劣，最终是要在它对经济发展的积极作用与效果上才被彻底证明的，而在人类现今时代问题尤其是这样。

无论在理论和历史逻辑上，还是在今天的现实状态中，社会主义民主政治的存在与发展，确实构成资本主义民主政治的相对危机。而这种危机从总体上和长远趋势上看，是不可能减弱或时断时续的，而是持续不断、渐趋增强和无法摆脱的。

五 合法性危机

当代资本主义的合法性危机，是一个十分复杂的理论问题和现实问题。而合法性危机本身则直接关系到当代资本主义的政治统治。这里仅根据个人的基本研究简要地加以叙说。

1. 合法性简解

“合法性”这一概念由马克斯·韦伯最先提出，但合法性问题却是人类进入政治社会以来一直存在的一个基本命题。事实上，在西方世界，自柏拉图以来的思想家都极为关注合法性问题，凡论述政治权威和统治秩序时都涉及合法性话题。可以说，合法性是政治社会形成以来始终存在的问题，是任何政治都不能脱离的基础，而任何一种政治都极力谋求它的合法性。

合法性本身是由政治产生的问题，它实际上是一个统治和被统治双方关系的概念。自韦伯最先把“合法性”作为政治社会学概念提出以来，它已被学术界广泛接受和使用，并成为现代政治分析的一个关键术语。在韦伯以后，从不同角度探讨过合法性问题的众多学者中，哈贝马斯最具影响。这里只根据这两位人物的思想来说明合法性。

韦伯是从统治和服从的关系上来把握合法性的。他的“合法性”概念包括两方面含义：对处于命令——服从关系中的服从者来说，是一个对统治的认同问题；对于命令者来说，则是一个统治的正当性问题。统治的正当性、对统治的认同总和起来构成了统治的合法性。韦伯认为，任何需要维持的统治，只有被人们认为有着“正当”理由的时候，才为人们所服从，从而才具有合法性。而他所谓的正当性，实际上就是指对某种秩序的信念，以及行动受这一信念支配的可能性。

与合法性相关，韦伯还提出了“合法化”概念。它的基本含义就是显示、证明或宣称是合法的或正当的，以获得承认或授权。也就是说，为了获得大众的服从，国家政权或政治统治运用法律的、意识形态的、道德伦理的权威为自己的统治进行合法性论证。韦伯说："一切经验表明，没有任何一种统治自愿地满足于仅仅以物质的动机或者仅仅以情绪的动机，或者仅仅以合乎价值理性的动机，作为其继续存在的机会。毋宁说，任何统治都企图唤起并维持它的'合法性'的信仰。"① 这就是说，只有大众相信统治是合法的，它才是一种合法性统治。

哈贝马斯把历史上的合法性理论分为经验主义和规范主义两类，批评它们各自的片面性，随后将两者有机结合起来，形成自己的重建性的合法性理论。在哈贝马斯看来，合法性不应被单纯理解为大众对于国家政权的忠诚和信仰，也不能来自政治系统为自己的统治所作的诠释或证明，对于一种政治统治是否具有合法性必须进行价值提问。于是他提出了自己的著名论断：合法性意味着某种政治秩序被认可的价值。哈贝马斯说："合法性意味着，对于某种要求作为正确的和公正的存在物而被认可的政治秩序来说，存在着一些好的根据。一个合法的秩序应该得到承认。合法性意味着某种政治秩序被认可的价值。"② 他认为：合法性的这种被认可的价值与一定历史时期的社会规范相联系，并能在其中有效地证明这种政治秩序是有价值的、是值得认可的。

至于"合法化"，哈贝马斯认为：它并不是一个是否符合法律的问题，不是一个在既定的政治制度框架内进行合理决策的问题，而是一个在特定的文化价值观和社会观基础上进行社会认同和社会整合的问题。他指出："如果不能在行使统治的法律形式之外使统治系统合法化，那么法律的技巧形式本身，即纯粹的正当性，将不能永远保障得到人们最终的承认。"③ 他认为：权威的决策必须由社会来决定。权威地位在整个政治系统中得到承认，意味着权威具有正当性，具有法律赋予的效力；但具有法律效力的东西并非必然是合法的。他还认为：民主制度和决策程序并不能成为制度系统合法性的基础，统治的合法化不是一个认同心理问题，一定

---

① ［德］马克斯·韦伯：《经济与社会》，林荣远译，商务印书馆1997年版，第238页。

② ［德］哈贝马斯：《交往与社会进化》，张博树译，重庆出版社1989年版，第184页。

③ ［德］哈贝马斯：《合法化危机》，刘北成、曹卫东译，上海人民出版社2000年版，第131页。

数量居民的赞同和民主选举不是、不等于政治统治合法化的标准。这样，哈贝马斯对资本主义民主的合法化提出了质疑，进而提出了资本主义合法性危机理论。

2. 合法性危机及其根源

在简要说明了合法性概念和问题之后，我们简要论说当代资本主义合法性危机。

当代资本主义民主政治发展过程，必须时刻保持最大限度的合法性基础。这个问题包括两个层面：第一是价值层面，即大众对民主政治所包含的价值和理想的信仰；第二是工具层面，即民主政治作为国家统治和社会管理体制所具有的合法性和有效性。按照利普塞特的观点："有效性指实际的政绩，即该制度在大多数人民及势力集团如大商业或军队眼中能满足政府基本功能的程度。合法性涉及该制度产生并保持现在政治机构最符合社会需要这种信念的能力。"①

工具层面的合法性，对于资本主义民主政治来说，不仅能印证民主政治的价值与理想的意义，而且能提升大众对民主政治的信仰。工具层面合法性的核心，是如何依据民主政治的内在要求改善制度的功能与效果。这种改善的中心任务，是如何把资本主义社会整合为一个整体，缓和内在矛盾，协调内部关系，保持社会稳定，增强发展活力。

但是，无论当代资本主义或当代资产阶级怎样努力保持其政治制度的最大限度的合法性，以避免合法性危机的出现和发展，合法性危机还是产生了，并且一直在发展中。而其根源正是资本主义社会的内在矛盾冲突，以及矛盾冲突的发展运动。

根据马克思的分析论述，资本主义社会的发展，是以国家与社会分离、政权与教权分离、劳动与资本分离、无产阶级与资产阶级全面对立的这样一种政治、经济、社会的二元结构为逻辑起点和现实基础的。因此，矛盾和冲突就是资本主义发展的内在必然性，资本主义根本无法离开这种矛盾冲突而存在和发展。对于资本主义民主政治，这种二元结构：一方面为之提供了发展的前提和基础，另一方面也带来了历史久远的诸多问题和挑战。实际上，自近代以来，资本主义特别是西方资本主义民主政治的发

① ［美］利普塞特：《政治人：政治的社会基础》，张绍宗译，商务印书馆 1993 年版，第 53 页。

展，就是在不断化解和克服自身内在的矛盾冲突的威胁过程中，艰难地和缓慢地朝前移步的。而其中的合法性危机，既有转换也有新生和发展。这样一种状态，当代资本主义既没有摆脱，而且也不可能摆脱，因而合法性危机就总是存在，而不论人们做怎样的和做多少分析。

考察当代资本主义所受的威胁，或者说其自身存在的冲突，主要有以下几种：第一，意识形态的冲突（其中主要是宗教冲突）；第二，阶级冲突；第三，党派冲突；第四，国家与社会的冲突（主要体现为私人利益与公共利益的冲突）；第五，整体与局部、中央与地方、区域与区域的冲突；第六，种族与民族之间的冲突（其中主要是不同种族的权利之间的冲突）。即使仅就上列六种冲突而言，当代资本主义也没有真正解决任何一个冲突。就欧美发达国家来看，只有前两种冲突有了比较成功的解决。正是这些冲突的存在和发展，从根本上决定了当代资本主义必定遭遇合法性危机，并且摆脱不掉。

人类历史发展过程表明，任何一种政治统治都必须证明其合法性，只有合法才能保持其统治的存在和延续。同样地，任何政治统治都不能发生合法性危机，甚至最终丧失其合法性。不过有所不同的是，近代以前的社会把合法性力量等同于政治统治力量，一定的阶级可以通过暴力取得国家政权，自己宣称拥有合法性并使人民大众接受。当代资本主义国家统治的基础，已由君权神授转变为人民主权的民主政治制度，而暴力主要作为一种潜在的统治力而继续存在，其合法性危机的直接来源是人民大众的认同和信仰危机。

合法性是与政治制度紧密联系的，“只有政治制度才拥有或者才可能失去合法性；只有它才需要合法性”①。合法性与政权的存亡休戚相关，合法性危机必然导致政权危机。“失去合法性对一个政权来说，具有产生生存危机的后果。如果这种合法性危机的后果，不仅使国家的基本结构发生变化，而且也使整个社会的基本结构发生变化，我们说这就是革命。”②

3. 合法性危机的基本表现

第一，政府干预经济造成的合法性危机。

① ［德］哈贝马斯：《重建历史唯物主义》，郭官义译，社会科学文献出版社2000年版，第262页。

② 同上。

对于当代资本主义的合法性来说，其危机的基本来源是大众的信任危机。而大众对国家或统治者的信任，则依赖于政府执行国家职能的正当性和有效性。在当代资本主义条件下，国家的经济责任是合法性的基本价值所在，但国家干预又蕴藏着甚至造成了合法性危机。

二战后，国家垄断资本主义终结了资本主义自由市场经济，因而经济过程就不再是或者不再被认为是一个自我调节的经济系统的内部运动。随着国家干预主义的兴起和发展，政治系统和经济系统便相互交融。经济危机一般不会引起政治危机，但必然诉诸政治形式，而且仍然是政治危机的根源。而人民大众则把克服经济危机或萧条的希望，越来越多地寄托在政府身上，而非经济系统自身。因此，一旦政府不能在有限的条件下，把经济过程功能失调的负面效应维持在大众所能接受的程度内，合法性危机就不可避免。

在国家垄断资本主义阶段，国家不仅要维护生产的一般条件，而且自己也成了干预价值规律的执行者。但干预活动并不能阻止价值规律的自发作用，反而以承认和尊重它为基础。这样一来，国家与市场经济的传统关系就发生了改变：国家既要以更有力的手段并在更大程度上，维护资本主义生产方式持续存在的先决条件，补充市场机制，满足市场控制的积累过程的需要；还要弥补市场功能的缺陷，干预资本主义积累过程。由此可见，国家面临的合法性压力是巨大的，而且必然越来越大。

国家介入了过去单靠市场机制调节的经济领域，经济自身的协调关系相当程度地被国家权力调节的关系所取代。但是，政府对市场调节行为与市场规律之间有时存在不一致，而且政府的行为是有限的。政府的调节行为有时能够弥补市场的不足，有时反而加剧市场的恶化。国家虽然介入了市场功能发挥和经济发展过程，而不能改变这一过程根深蒂固的自发性或无意识性，而且国家不能对产权结构进行实质性干预。因此，政府介入市场虽在短期内取得了部分效果，但从长远来看，不可能消除积累过程的周期性紊乱，也就是内生性的停滞和危机倾向。从这个角度即市场机制与政府调节的角度看，当代资本主义的合法性一样面临巨大挑战。

国家干预和调节经济，造成了私人资本对国家的严重依赖。其发展依赖国家的经济政策，依赖政府所建立的基础设施，依赖政府积极营造的有利的经济社会环境，尤其是依赖政府对经济周期的积极干预。否则的话，私人资本经济便无法有效运行。然而，正是私人资本对政府的这些依赖，直接导致了社会经济的重新政治化。而这是同资产阶级社会固有的观念即从统治中解放和使政权中立化背道而驰的。

第二，国家权力膨胀引起的合法性危机。

当代资本主义国家权力膨胀，源于国家干预领域的日益扩大和国家功能增加。就国家干预领域说，已从政治领域扩大到经济和文化领域，因而，一方面导致合法化需求不合比例的增长；另一方面则加速了私人生活领域的政治化，从而使合法化危机无可避免。就国家功能说，在旧有功能的基础上又增加了一系列新的功能，尤其是经济干预功能和社会管理功能。以干预主义为核心的国家权力膨胀，使得国家社会化和社会国家化了，国家机构承担了社会的一些职能，而一些私人机构相当程度地具有了半公共性质或准政治性质。国家干预领域扩大和国家功能增加，是同一问题的两面，其精神是国家垄断资本主义阶段不可避免的国家干预主义。由此产生的经济、政治、文化和社会生活的新变化状态，本身就蕴含着当代资本主义合法性的多样性危机。

国家干预领域的扩大，国家介入公共事务的增多，必然导致靠税收来维持的费用的增加。因此，权力和金钱也就成了控制政治系统的主要手段，这就是说，国家凭借权力向人们征税，靠税收维持公共行政所需费用，同时又靠税收来协调各阶级各阶层的关系。但是，这是一个充满矛盾和棘手问题的过程，它们随时会对合法性问题构成威胁或挑战。例如，向资本家征税过多，可以安抚大众，但可能致使生产成本增加，从而遭致资本家反对；若向资本家征税过少，不仅难以安抚民众，而且可能使维持社会事务的费用不足，因而导致大众不满和社会控制能力的削弱。因此，这一过程的关系协调与平衡一旦出现问题，就将导致政治系统合理性的欠缺。

严峻的问题还在于，随着经济全球化的发展，税收特别是福利国家的税收政策面临空前复杂的挑战。由于各国企业在全球范围的竞争加剧，福利国家的政策使企业背上了沉重的成本负担，从而使其在与他国企业的竞争中处于劣势。这一方面使国家税收严重萎缩，另一方面也造成了国家对企业的控制减弱。同时，一些国家为减少资本外流和保住税源，推行降低税收、降低大众福利的政策。结果导致了收入急剧两极分化，失业率不断攀升，越来越多的贫困人口被抛到社会的边缘。这一切都深深影响到政治系统的整合，使国家的合理性与合法性受到严重质疑。

第三，福利国家政策导致的合法性危机。

当代发达资本主义国家普遍实行的福利国家政策，其基本功能是通过政府对经济和社会生活的广泛干预，为全体公民提供最低生活保障，以抵御各种风险对公民生活和基本权利的剥夺。这一方面是生产力发展和社会进步的必然要求；另一方面则是当代资产阶级总结历史经验教训，实行阶级妥协，改变统治方式的结果。福利国家政策平息了劳工运动，有效地解决了二战以前所出现的那种合法性问题和危机。

但是，福利国家在解决了旧的合法性危机之后，又引发了新的合法性危机。为什么竟会这样呢？

在当代资本主义条件下，国家只有能够阻止经济过程功能失调的不良后果，才可能消除合法性威胁。在民众眼里，国家履行这一职责是其合法性的基本条件。而国家履行这一职责的唯一办法，就是实行国家干预，即以一种制定纲领的方式承担这一职责。国家为了获得合法性而去实行国家干预。但是，国家干预既不能动摇资本主义赖以存在的基础，又不能破坏资本主义经济的功能条件，因而意味着不能破坏把国家从经济系统中排挤出来的条件和力量。这样，国家也就被置于一种矛盾的境地：一方面，国家干预经济活动时必须动用合法性权力，必须在合法的政治背景下进行，而这样做则不可能制定具有约束力的政策；另一方面，国家为实现其干预经济的职责，就要超出原有合法权力范围去寻求新的合法性根据，而这必定给其合法性本身带来挑战。国家的这种矛盾境地，正是当代资本主义合法性危机的根源所在。

福利国家政策不仅导致国家干预的合法性悖论，也带来了一系列的副作用：财政负担加重，效率降低，公民的福利依赖，抑制民间自助行为等。为摆脱这种困境，自 20 世纪 80 年代之初，资本主义国家兴起了持续的反对“福利国家”运动。政府向福利开刀，严重损害了大众的既得利益，而这同时也就损害了广大选民的利益。这样一来，政治合法性的危机就不仅仅是理论上的，而是十分现实的危机了。这种合法性危机的具体表现形式，主要是自由资本主义时期的法律与国家垄断资本主义时期的福利法之间的冲突。

第四，政绩困境带来的合法性危机。

当代资本主义国家的稳定，不仅取决于合法性，而且还取决于经济发展和政治制度的绩效或说有效性。实际上，政府必须为国民带来经济、政治等方面的实际利益，而国民总是对政府的政绩提出要求。不论当代资产阶级通过何种途径掌握国家政权，获取执政地位，都必须努力证明其给国民带来好处的执政能力。否则，其合法性就受到质疑和挑战。

由此可见，对于当代资本主义的政治统治来说，合法性是有效性的前提和基础，有效性是合法性的体现和诉求。而有效性本身，就是或者代表着合法性的实现程度。因此，合法性在很大程度上依赖于治理的有效性。如若长期缺乏有效性，合法性水平就会降低甚至出现危机。

但是，自20世纪70年代以后，当代资本主义国家干预政策产生的负面影响日渐严重，特别是政府机构扩张、财政赤字、通货膨胀、经济效率低等问题，终于导致了长期的“滞胀”局面。这导致国家政治有效性主要通过以下两方面而下降：一方面，经济增长速度明显放慢，造成民众福利水平停滞不前甚至下降；另一方面，国家过度干预经济活动，造成社会对政府有效性的期望值过高，而当福利增长达不到期望值时，即使经济有所增长，也会造成有效性的相对下降。这种政治有效性下降的一种明显结果与表现，就是诸多国家当政政党在选举中失败。

自20世纪90年代以来，资本主义世界的经济危机和金融危机频发，以致2008年美国金融危机引发了全球金融海啸，导致欧洲债务危机和政府信用危机，使资本主义经济至今深陷低谷而难以复苏。这不仅极大地降低了资本主义政治的有效性，深刻暴露了其低下的绩效能量，而且足以支持人们对资本主义制度本身的有效性与合法性的深深怀疑。实际上，这已构成当代资本主义合法性的巨大而不见边际的危机。

此外，即使把合法性过度地放在有效性之上，甚至把政绩看成合法性的唯一来源，也还是会出现政绩困难，从而导致合法性危机。这是因为，如果政治体系有了好的政绩，比如说：实现了经济增长或政治稳定，民众则很可能会关注其他问题，例如，公平、正义、民主、自由等；而这些问题，即使把政绩作为合法性唯一来源的政权，也难以甚至根本无力解决或提供。所以，政治体系或迟或早会失去合法性。事实上，二战后发展中国家的发展经历为这种“政绩困境”提供了证明。当它们急需解决贫困问题时，经济绩效便成为政权有效性的根本，此时，人们对政权不够民主往往可以容忍。而当经济获得一定程度的发展时，人们对经济之外的需求则高起来。在这种情况下，过于依赖经济绩效的政权便面临危机。若经济能持续增长，很多矛盾可能被暂时掩盖，而一旦经济出现停滞，矛盾很快就激化起来。这样，政权的合法性日益受到挑战和质疑，从而政治危机也就随之而来。这也就是政治合法性危机的一般机理。

六　法律与法律信仰的危机

在当代资本主义的政治危机中，有一种深刻和重大的、具有社会普遍意义和政治体系性的危机，那就是法律和法律信仰上的危机。相对于不发达或者落后的资本主义国家，发达资本主义国家特别是西欧和北美的法律及其信仰危机更加突出。

1. *法律和法律信仰的政治意义*

在文明尤其是政治文明的意义上，以法律为依据、准则和工具，通过运用法律而形成的政治文明，是资本主义政治文明的核心和最显著的结晶。政治文明必然依赖于法律的功能的发挥，是法律文明作用的表现。法治不仅是资本主义民主政治的要件、保障、规范化和精细化的表征，而且在更为深远的意义上，也是人类政治文明发展至今的最为主要的成果和光芒。

自资产阶级按照其面目和意志改造人类世界以来，西方资产阶级和资本主义的世俗的世界观，就是法学世界观或法律世界观。在资产阶级看来，法律的统治，以法治代替人治，社会接受法律的统治，这不单单是资产阶级的追求和应有作为，而且是人类理性所在和理性的要求，是人类世界的内在要求和品质，因而是人类应当确认和信仰的世界观。

事实上，在资本主义社会和资本主义世界，根本的价值观念和原则，例如：理性、正义、自由、平等、权利、人权、民主等。一方面都为法律所尊崇和吸纳；另一方面都由法律加以厘清、界定和规范，从而塑造出行为模式，使人们在法律框架或法律关系中追求和实现，并使之受到法律保护。而且，资本主义的经济关系、政治关系、社会关系都经由法律确认和调整，法律成了它们的经纬网、维系力量和保障。简言之，资本主义历经数百年的发展，确实使资本主义国家、社会和世界成了法治国家、法治社会和法治世界。而崇尚法律、信仰法律则成了资本主义深厚传统和文化。显而易见，法律信仰是资本主义民主政治的强大精神支柱。

因此，法学世界观、法治、法律和法律信仰，不仅是资本主义民主政治的支撑和维系力量，而且可以说是资本主义有史以来所取得的屈指可数的最重大建树之一，是资本主义所能获取的最高荣耀之一。相应地，法律信仰的危机，对资本主义世俗世界观和法治将产生怎样的冲击和解构作用，对资本主义民主政治是何等深度和烈度的危机，以及对资本主义制度是怎样的不祥之兆，都是可想而知的。但是，法律信仰危机却在资本主义世界出现了，并且呈扩展和蔓延之势。而其最终后果将会是什么样的，这连资产阶级和资本主义也难以预料和不堪设想。

2. *法律神话被打破和法律遭致挑战*

自20世纪后半叶以来，西方资本主义制度的发展变化及其带来的西方法律传统的危机，动摇了现代资本主义法学所由安身立命的基础和原则，从而打破了西方法律的神话。

所谓西方法律神话，其要点可以概括如下：首先，理性的个人是社会活动的主体。因此，法律的使命就是把人们的社会活动纳入理性范围之内，使人们既尊重规则并遵守规则。其次，法律主体是自治的、有自觉意识的理性主体，经过经验、知觉可以认识法律客体，从而能够预测法律和计算法律。再次，法律规则是客观的，而且对任何人都是平等的。因此，它们由职业的、不受任何政治与社会因素干扰的法官和其他法律职业者来操作，不仅规范社会行为，而且规范政治行为。最后，为了保证法律规则的实施，严格的法律推理和符合法律初始含义的法律解释，不仅在技术上而且在制度上保证法律精神的实现。由此可见，这个法律神话就是一个“法律的帝国”，其使命在于引导一个理想社会。但是它已被打破了。

打破如上的西方法律神话的，主要不是法学界和社会科学界，而是当代资本主义的政治与社会生活的变化。因此，这些问题便涌现出来：法律究竟是什么？它是超然和公正的吗？它是表现真理和真实的规则吗？人们深信不疑的法治在以后还是可能的吗？随着这些疑虑成为社会心理，西方资本主义社会几百年之久的法律传统出现了危机，一向深厚稳固的法律信仰出现了危机。

表明法律和法律信仰危机，同时与之相随伴的，是法律受到严重挑战。这种挑战主要如下：

首先，法律的至上性受到挑战。

当代资本主义福利国家的出现，与之相伴的政府职能的扩大，导致了新的法律工具主义的兴起。立法机关尽管享有独立的地位，尽管被认为是民意的代表，但是，人们看到的突出景观却是：法律成为政府推行某些政策的工具，政府借助法律而公开介入现代法学认为政府不应该介入的领域，如公开参与社会财富的重新分配，制订经济与社会计划等，而且政府使用的很多资源和权力都是一系列新的法律所创造和支持的。在司法领域，形式主义的法律推理向目的性或政策性法律推理的转变，增加了法律实施的不确定性。在以前，现代法学曾经确信，法治社会的法律规则足以涵盖法院遇到的一切问题，每个法律问题都会有正确的答案。与这种信念相适应的法律形式主义，严格运用逻辑学的方法进行法律推理，使法律自身的逻辑和程序，按照与社会规范不同的方式，超越于相互冲突的价值观之外。但是现在则不同了，法律的目的性或政策导向性使法官必须在不同价值观之间进行选择，他往往必须确定一个符合政策目标的正义概念，然后根据这个概念来解释规则。这就是说，法官在政策导向的环境中首先需要表现出“政治正确”，而不再是法律正确和法律至上。此外，法律机构也在调整自己。例如，美国在20世纪60年代以后，最高法院的很多判决具有强烈的政治色彩。所有这些，即从立法、执法、司法到法律机构的变化情形充分表明，法律的至上性在实践中已形成一个突出问题，已经遭到严重的挑战。而法律本身在一些方面已经不再是至上的了，或者不那么至上了。

其次，法律的自治性受到挑战。

在西方资本主义的现代法律制度中，法律有自己的独立体系，而这一体系又有一种专门运作它的独立的法律职业，这种法律职业的人员接受过特殊的教育和训练，并且拥有独立的操纵系统。正是这一切维系着法律的运行，支撑着法律在社会中的权威，从而使法律表现为一个独立的体系，并实现着自己的统治。因此，西方资本主义社会一向把法律看成具有自治性的。然而，随着西方后工业社会现实生活的复杂化和新的社会矛盾的涌现，仅仅依靠法律自身已经不能说明、不能解释、不能解决日趋纷繁复杂的社会现实问题了。20世纪60年代在西方资本主义国家兴起的法律与社会的运动，即已表现出把法律与社会现实联系起来的努力。那时，被大量使用的“法律与社会”、“法律与政治”、“法律与经济”这样的句式，不仅体现了一种关于法律的新的思考，而且意在强调法律绝对自治几乎是不可能的，或者法律绝对自治的时代已经过去。在法律与社会运动之后，孤立地谈论法律问题已不仅是迂腐的，而且是有害的了。因为正如美国法学界所说，一个没有学过经济的法律家很可能会成为公众的敌人。为了解决社会政治问题，法学家和法官都不得不在法律和政治之间寻求平衡。法律自治信念的支持因素从此被踢开了。问题还不仅如此，由于20世纪60年代以后的很多的法律改革的失败，社会对法律家们自已矫正法律制度的问题的能力，已经失去了信心。这样，传统的法律自治遭到空前的挑战，而且呈现一副惨败状态。

再次，法律自身的一致性受到挑战。

在西方资本主义的法律传统中，人们曾经宣称并深信法律具有不受任何外来因素干扰的内部发展机制。但在当代资本主义条件下，西方国家法律的变化已不再被看作法律内在逻辑的发展，也不被看作法律科学与法律实践之间相互作用的结果，而是被视为对法律之外的社会和政治因素的反应。同时，法律不再是一个整体，已经明显的碎片化，并根据需要被分解到各个判决中去。而且，法律的实施更有赖于单个的操作者。现代资本主义法学理念要求法学在法律解释中遵守严格的形式逻辑，但现在的情形是法律解释的规则却随公共政策的要求摇摆，判决所需考虑的政治因素过多且处于变化之中，从而统一的标准几乎成为不可能。在当代西方国家，尽管法律日益繁多，但这些法律的目的是适应国家管理的需要，而不仅是为了保护个人权利。一方面，人们被法律包围着，社会领域迅速地法律化；另一方面，法律失去了自身的身份，被政治、经济和其他社会目标所分解。在如此种种的事实和状况中，法律自身的一致性已经渐渐退去，已经不再成立。

当代资本主义国家，尤其是西方发达资本主义国家的法律遭到严重的挑战和危机，不仅仅使其法学家目睹起来痛苦难当，而且也是社会的巨大隐痛。自启蒙时代以来，浩如烟海的资本主义现代法理学著作，无不坚持例如理性、个人权利、社会契约、正当程序等这些基石性的理念，极力和反复论证法律是现代文明的精髓，是人们追求理性的理想和幸福的保证。几乎所有现代法理学著作都围绕一条主线而展开，即论证社会为什么要由法律统治而不是个人统治，社会应该由什么样的法律规则统治，法律规则如何才能统治。与这个过程相一致，资本主义终于成就了法治社会、法律传统和法律信仰。然而，如今的现实却是，根植于法律文化之中的信念逐渐从人们的头脑里消失，法律信仰危机不断加重。法律制度的重心转移了，私法领域开始公法化，一些新的立法领域迅速发展。法律理念的社会背景，法律思维的模式，也都随之发生变化。自由主义和个人至上的理念与制度被国家职能的扩大所销蚀，法律传统的土壤变得日益稀薄。所有这些，不仅使学者们而且使西方社会产生一种无奈的感叹，即法律面临着瓦解的威胁。

3. 法律及其信仰危机的特定表现

当代资本主义国家兴起的后现代法学，本身表现为对现代法学的批判和解构。如果就其深层的实质看：它则是当代资本主义社会的法律信仰危机的特有表现和有力证明；而它又反过来加剧了法律信仰的危机。它对现代法学的否定和消解，这本身就是由法律信仰的危机所促使和推动的。设想没有法律信仰危机，后现代法学无论如何总是不能被根本理解的。所以，我把后现代法学看作法律信仰危机的特定表现形式。

如今的后现代法学，并不具有理论观点的系统性和学派上的统一性。其观点和主张与其说是多元的，倒不如说是纷繁的和复杂的。这种情形从特定意义上来说，是同后现代法学作为法律信仰危机的特定表现相适应的。

统观起来或就整体而言，后现代法学对法律所持基本观点与态度还是清楚可见的。这里将之梳理于下。

第一，理性的个人作为自治的法律主体是不存在的。

在资本主义的政治法律制度之下，从而在其现代法学理论中，理性的个人被当作自治的法律主体来设定和看待，而法律主体即理性的个人又是自然的、有自觉意识的、自由的、自治的，他们的社会地位通过他们所享有的权利而得到具体化。这在现代法学中，被看成资本主义所造成的巨大历史进步。但是，后现代法学对此完全否认，并提出了自己的有力反驳和观点：法律主体是被所谓的理性塑造出来的，而理性事实上是不存在的，自我或个人不是也不可能是一个独立自足的实体；因此，法律主体是虚构的和不存在的，或者已经死亡。法律主体又是被法律制造出来的，根本不是自然的和自治的，也没有什么自由。资本原始积累所使用的征服、奴役、掠夺、暴力等手段，通过立法而获得合法性；资本主义以法律为工具创造了一个现代资本主义世界。西方法治传统中法律的主体，不是“我们”或者“人民”，而是政治权力和少数法律精英。资本主义国家的法和法律，是不同利益集团斗争的结果，任何已经制定的规则都是以法律名义所掩盖的政治。在一些后现代法学家看来，法律主体问题实质上是法律的阶级本质问题，而这个问题一直被有意识地掩盖着。

第二，理性的个人作为权利主体并不存在。

在西方现代法律制度中，理性的个人被规定为权利的主体，而权利则成了法律的根本价值之一和资本主义文化的脉流。但是，后现代法学对此进行了深刻的批判和否定，而其基本观点和态度主要如下：法律不是也不可能是一个独立自足的实体，而纯粹是一个社会、文化、历史和语言的创造物。权利概念或权利是现代人的陷阱，权利主体是一个虚构的神话故事。确认个人是法律上的权利主体，目的是使“交换行为”成为可能；法律创造了这个主体，同时也创造了资本主义的经济结构。马克思对此早就有过透彻的论述。现代社会结构中的人，不是所谓权利的主体，不是“真正的人”，而是社会结构的附属品；无情的形式理性掏空了法律的道德内涵，模式化的权利话语排除了权利主体本来就微不足道的个人品行，最后使之成了法律“现代化”的牺牲品。被排斥在权力和政治话语之外的人群，在现代社会结构体系中，没有权利和地位，甚至没有返回“前现代”生活方式的可能。在社会政治舞台上没有自己声音的那些阶层，是不可能让法律表达自己的意志和需要的。真正的权利主体，是在社会上层占据主导地位的统治阶级和他们的意识形态。

第三，现代社会通过法律的“进步”是虚幻的。

后现代法学否定现代法学对历史和法律发展规律的乐观描述，拆解关于法的逻辑同一性和历史进步性这一虚构的统一体。它在这一问题上的基本观点主要是：现代社会不是解放人的社会，而是压抑人的社会，这种压抑既是制度的也是社会的。在现代社会，甚至知识也成了权力，形成了一个压迫、排斥、控制模式。法律作为文化知识的一种形式却成了一种话语模式，官僚的制度和实践通过这种话语模式表达自己，把自己打扮成理性的、伦理的和道德的、自治的个人，而实际上并不是。现代普适主义的法律观抹杀了实际生活世界的多样性，进而坚信法律规则与社会生活的一切冲突将在法律进步的洪流中得到消除，从而导致社会和历史的进步。然而，这种基于因果论和线性进化论的法学研究范式或“法律发达史”解释，只不过是理性主义的历史统一性预设，是一种理论逻辑和观念上的虚构，而不是历史本身。

第四，法律的普遍性是虚拟的“宏大叙事”。

现代法学主张法律制度与社会现实生活、规则与事实二分模式，用法律的普遍性这种“宏大叙事”解释历史，赋予法律以正当性和神圣性。它认为，人们在社会中基于起码的现实需要而可能达成价值共识，进而体现为一定的社会规则，这些规则因其反映了规律而被制定为法律，因而法律本身也有了科学性和可知性。后现代法学将如上的逻辑推演和观点主张斥为虚拟的“宏大叙事”，反对将具体的社会需要及道德价值抽象化和一般化，反对将社会共识或规律看成法的源泉，从而提出了对现代法学的解构性的观点主张：现实生活中存在的各种具体需要的差异性，远远大于那种抽象一致性；社会和经济秩序本身，并不能提出任何确切一致的法律要求；所谓的共同的“道德秩序”实际上不存在，而只是人为的观念上的产物。现代法学确认的法律基本原则和法律权利，其实都是当下社会的“人造品”，是伪装起来的客观存在。每一社会群体都有自己的主张，都有其关于公平、正义和美好社会的观念，而绝不同于那种永恒不变的、超时空的人类正义理念。法律的普遍性在后现代社会条件下显得空泛和远离实际，而且掩盖了法律代表权力的本质。对于处在社会边缘的弱势群体和非西方文化来说，普遍性的法律很可能是压迫性和殖民性的。

第五，法律中立的原则只是一种假设。

后现代法学严酷地批判现代资本主义法学和法律制度一向确认的法律中立原则，认为它不过是一种假设。在这个问题上，后现代法学的基本观点如下：人们所信仰的法律原则都是人所构建的；事实上，人们面对的只是法律解释者对法律有选择的、有目的的解释。人们相信法律的中立性，是因为接受了现代社会传播知识的模式，即由讲述者、聆听者、用以证明讲述者所讲述的那些事物这三要素构成的模式。这个模式针对自身的状况，制造出自身合理化的说法。现代社会的法律结构就是这样被合理化与合法化的，事情的本质就这样被掩盖了。法治现代化的过程，实际上也是训练人们舍弃具体和个体的经验，接受一般规则，舍弃丰富多彩的人类生活，接受标准化行为模式的过程。法律是国家制定的，它不可能是中立的和客观的，而是为一定的阶级或集团的利益服务的。

第六，法律并非客观公正和超脱政治。

资本主义法学和资本主义制度向来声称，法律合乎人类理性，能够反映社会共识和平等意志，可以保持客观公正性并超脱于政治之外。后现代法学坚决否定这种宣称和观念，提出了诸多相反的观点：人们所信仰的法律原则其实都是按人的主观意志构建的；实际运行的法律，只不过是法律适用者基于其特定目的而做出的不同选择而已。这样的法律，必然随着政治形势的变化而改变其含义，既不能生存于历史的真空之中，也不会超脱于政治和政治斗争之外。资产阶级的法律，“在任何时候都是国家的工具，即实现那些政治权力的人们意志的手段”①。资产阶级的法律从来都为其政治服务。相信法律与政治分开，或相信法律超脱于政治之外，无异于相信一个现代神话。

4. 简短的结论

法治、法律和法律信仰，历来是资本主义民主政治的基本因素、要件和强韧的支撑力量。而它们遭到挑战和出现危机，对当代资本主义民主政治必然是伤筋动骨的事情，必然构成它的深刻重大的危机，并会引发资本主义民主政治的系列危机。

这里的关键问题在于，法律遭致挑战和遇到危机，必将波及法治，导致法治的危机，这对当代资本主义及其政治都是致命的。同时，法律与政治具有同一经济根源，因而同属于社会上层建筑的法律，在总体上服从服务于政治的同时，又以自己独有的特性即规范化、程序化、国家意志一体化而对政治起着独特的作用，因此，法律遭受的挑战和危机将直接导致或者加重政治的危机。而且，在相对意义上，如果说政治将倾时法律还能发挥一定作用，那么法律将颓时政治可起的作用则少得多，因为法律比起政治受自然条件、民族传统、风俗习惯的影响更深。这样看来，法律的危机对当代资本主义民主政治危机的深刻影响，更是显而易知的了。

如前略述的法律受到的挑战，主要来自当代资本主义民主政治实践，以及经济的发展和社会生活的变化。其实质可以归结为这样，即法律相当程度上落后于当代资本主义社会既有的复杂发展，部分的法律传统和法律规则或规定已经失效。这种挑战具有深刻强烈的现实性，同时也就是直接的法律危机，因而很难以致不可能通过政治来消除或解决，因为这在相当程度上是由民主政治发展变动引起的。所以，法律危机本身就具有政治危机的性质，因而将会诱发或加剧民主政治的危机。

① ［美］伯尔曼：《法律与革命》，贺卫东译，中国大百科全书出版社 1993 年版，第 45 页。

由后现代法学的批判和拆解性的观点所表现出来的法律危机，具有更为深刻全面的特点和性质；而同时也是对当代资本主义法律的严酷尖锐的挑战。后现代法学的反法律观点与冲动，虽然直接表现为学术理论的思维与形态，但并非没有实践方面的材料和事实根据，绝不是痴人说梦和空中楼阁。决不能把后现代法学仅仅看作法学新思潮，因为它有欲以击倒的靶子或排斥的对象，有实践上的目的或者可以导入实践。它即便能够被合理地视为思潮，但又明显不同于形而上的哲学思潮。绝不要忘记法律本身从来是务实的，因而法学思潮绝不以务虚为目的和导向，而且它与政治的关系一向是极为密切的。简明地说，后现代法学本身实际上是法律危机和法律信仰危机的产物和表现，它以及它的发展，必将造成当代资本主义法律和法律信仰的更为深重的危机。

法律危机和法律信仰的危机，是相互关联和步调一致的。它们是与当代资本主义民主政治直接相关的，同样地，它们的深化将是当代资本主义民主政治危机的加重。

第四章

当代资本主义的文化发展与危机

当代资本主义的文化，不同于其经济、政治、社会的最显著之处或根本特点，就是它有可以追溯到古希腊和古罗马的欧洲文化渊源。随着资本主义生产方式的逐步确立，形成于文艺复兴时代并由启蒙时代巩固了的伟大精神成果，直接转化为资本主义精神文化的主体内容，资本主义文化的特质日趋稳定，从而其文化世界的构成和格局得以确定。当代资本主义文化的发展，是以承袭既成的文化特质和文化世界格局为前提和基础的；而发展除去科学技术和物质文化成就显著之外，其余所有方面都表现出保守、无力、沉闷和萎缩，因而以解构为根本特征的“后现代主义”成了最一般代表。这种状况本身就表明了危机。同时，高度发展起来的科学技术和物质文化，从自然界的种种抗拒和威胁中引来并加剧了自身不可逆的危机，这种危机既证明又加深了精神文化世界的危机。当代资本主义的文化危机是整个文化世界的危机，而如此发展下去，将是资本主义生产方式和社会形态的解体。

一　资本主义文化的渊源

当代资本主义与先前的资本主义，作为有差别的同一体或同一社会形态，它们的文化渊源是同一的或共同的。要准确而比较系统地研究叙述当代资本主义文化的发展与危机，就必须追溯其文化渊源，必须探明资本主义文化特有的质。但是，这又要求我们从深刻把握和理解文化、人类文化现象和文化的意义开始。

1. 文化是什么

要深入理解和说明文化是什么，在高度严格的意义上，我们就要把人类的生存发展过程，就要把人类的物质生产劳动、发明创造、社会实践与交往活动等以及它们的发展，尽可能详细地考察研究一番。但是，目前中外既有的各类文化史著作、文化研究专著、关于文化的著作，远远达不到这种要求，难以体现与之相应的功夫。这种情形也许意味着，按这种高度严格的要求研究文化是不可能的，或者是不必要的。因此，在当今世界上：“文化”成了唯一的包罗万象的概念，而不论各民族怎样书写和读音；“文化”成了人类离不开的、最为巨大的万花筒，凡人类的发明创造和拥有的一切都在其中。因此，不仅文化是人类专有的事物或现象，而且文化构成一个与自然世界不同的文化世界。文化世界就是人类世界，人类世界就是文化世界。

尽管美国人类学家克鲁伯和克拉克洪于20世纪50年代合著的《文化：关于概念和定义的检讨》总结统计了自1871年至1951年关于“文化”的定义达164种之多，尽管自那以来的国内外各学科的专家学者对文化的解释数不胜数，我们这里还是有必要对“文化”提出如下根本性认识和观点：第一，文化是人类特有的事物或现象，人类出现是文化逐步形成的前提，而人类又以掌握了文化而变成一种完全不同于其他任何一类动物的生命体。第二，文化作为人类改造自然、社会和主体自身的成果，只有经过劳动特别是社会性劳动才能创造出来，就是说，文化必须是劳动创造出的社会成果。第三，文化赖以产生和形成的基础是生产劳动、创造物质产品与财富的活动，因而社会生产方式则决定着文化复合整体的性质和不同时代特征。第四，文化的本质是人类通过社会实践活动而实现的“自然的人化”，人也只有人，才能创造文化。第五，文化与特定民族的活动和生活方式相适应，因而具有民族性，同时也具有某种或一定程度的人类共通性。

至于文化是什么，在梳理了中外有代表性的观点和研究成果之后，这里，我用我所称的“两分法”和“四分法”加以说明。

首先，文化“两分法”中的文化。

所谓文化两分法，就是最常见的从广义和狭义两个方面对文化概念下定义或作出解释，从而文化被分为物质文化和精神文化。广义上的文化，是指人类经过劳动从而在社会历史发展中创造的物质财富和精神财富的总和。狭义上的文化，是指人类创造的精神财富，包括思想、道德、宗教、风俗习惯、哲学、文学、艺术、科学、技术、法律等，而其中主要是社会的意识形态。在这种情形下：文化被分为物质文化和精神文化两大类具有重大意义；而凡是人类超越自己的本能即有意识地作用于自然界、社会以及人本身的活动成果，都属于文化成果。

其次，文化“四分法”中的文化。

所谓文化四分法，就是以特定内容为标准，将文化复合体划分为四个方面或层面，以增强文化的具体性、可识性和可感性。在四分法中，文化具体表现如下：第一，物质技术体系或器用，指人类创造发明的物质产品和技术的总和；第二，价值体系，指人类在社会实践和意识活动中形成的价值观念、思维方式、审美情趣等；第三，社会制度，指的是人类在社会实践中构建的各种社会规范、典章制度、组织形式；第四，行为模式，是指人类在社会交往中形成的习惯定式，以礼俗、民俗、风俗表现的行为模式。上述四方面或四种分类，我们可以分别称为技术文化、价值文化、制度文化、行为文化。其中，技术文化或器用文化被视为整个文化大厦的物质基石，价值文化则被确认为文化的精神内核。

无论人们怎样分类文化或从特定角度定义文化，都不妨碍文化本身是一个复合体，反而是以此为既存前提的。我们看到，文化四分法就是文化两分法的细化，而技术文化、价值文化只是物质文化、精神文化的一部分。随着人类实践的深入和社会生活的发展，这种更细的划分或从特定视角出发的更多定义，也就更有可能和更有必要。例如，“食文化”、“酒文化”、“茶文化”、“服饰文化”甚至“绿色文化”等，就属于这种情况。

从最高范畴来说，文化分为物质文化和精神文化；从次一级的或较高的范畴来说，文化分为制度文化和行为文化。在必要而合理的情况下，文化可以为我们细分下去。但无论我们怎样观念地把握和对待文化，我们都不能改变下述：文化是人类劳动和社会活动的成果和结晶，文化是人类社会的遗传基因，而它本身始终是一个复合体。

2. 文化与文明

与“文化”密切关联且内容上有交叉或重合的另一个概念是“文明”。因此，特别是为了我们研究叙说当代资本主义文化这一目的，这里有必要对“文明”作如下说明或解释。

第一，在一定程度上或从某种角度上讲，文明等同于文化，指的是

“人类在社会历史发展过程中所创造的物质财富和精神财富的总和”①。在这种情况下，文明和文化是同义语。

第二，作为人类对特定对象的把握，文明被认为是人类文化积累到一定程度而发生飞跃的结果。因此，文明不简单等同于或不完全就是文化。而随着文字的出现，从而文明初步形成，地球上某些地区的人群开始步入“文明社会”，文化进步的速度便大大加快。可见，文明与文化在存在与发展上具有关联性和同向性，而且具有共同的基础或源泉，即人类的劳动和社会实践。

第三，就文化史和文明史这两个概念来说，两者有着根本性的区别。文化史自人类诞生以后即已开始，已历经了数百万年；而文明史只有数千年，至多也不会超过一万年。文明史通常被认为是主流国家和民族的历史，而近代以前一般只限于有限的民族、国家或地区，例如所谓四大文明古国以及之后的古希腊和罗马；相反地，文明诞生以前的文化史，则是所有人类活动的地区共同经历过的历史。

第四，文明与文化两个概念，就其包容性和构成要素来说也有很大差别。文化概念具有极大弹性和容纳人类一切的包容性，它指的可以是实实在在的、具有实体内容的物质文化及各种物质文化产品，也可以是兼容物质与精神的其他人类事物，从而“文化”有时甚至往往难以捉摸，以致人们难以确定其较为具体的构成要素。文明概念的弹性和包容性则小很多，而且其构成要素——特别是从文明产生和文明发展史的意义上加以考察——则是明确的和中外公认的：定居的农业文明的出现，文字的使用，城邦或国家的建立，手工业技术的进步，工业社会的来临，商品生产的普遍化和商品世界的扩大，科学技术的地位与作用的大提升和大增强，社会制度发育生长的健全与完善，社会形态的更替与上升发展，如此等等。

第五，一般而言或相比较地说，文明总是处于运动发展状态，因而呈现出大的分期或时代性，同时又具有明显的延续性；而文化从总体上说则处于相对静止状态，因而其本身就具有一定的模糊性，有时甚至难以细分和更深入地把握识辨。由于这一点，人们才通常把文明与愚昧和野蛮相对，用以指称进步和开化的某种状态，从而使文明获得了这一常见含义。

① 《现代汉语词典》，商务印书馆2006年版，第1427页。

第六，在纯粹的概念意义上，从逻辑范畴上说，文明只是文化的一个部分，文明包容于文化之中，虽然两者都是人类通过劳动创造的成果。

3. 文化的意义提要

由人类劳动和社会实践而形成的文化，也就是通常所说的“人文”，它与“天文”相对，即与大自然及其运动造成的各种现象与规律相对。就其要义和功能价值来说，人文实际上就是要使人的思想和行为合乎文明规范，文化则在于按照人文自身的规律教化天下，使人们不断追求真善美和更高的文明境界。文化或人文作为人类在自然界这个永恒基础之上从无到有地创造出来的成果，不仅确证着人类的力量和价值，以特有的方式规范着人类活动，维系着人类社会及其存续，而且反过来作用于人本身，成为化育人、塑造人、提升人的无可比拟的神奇力量。只有人类才能创造文化，同样地，只有文化才能如此作用于人，推动人类社会进步。文化是人的，人是文化的。

与人由之孕育而生，并且作为人的活动的永恒背景和基础的自然世界不同，人以自己的活动创造形成了一个仅仅属于自己的世界即人类世界，而人类世界就是文化世界。文化是人类世界的根本特征和人类世界在自然世界中特有的标志，文化所交织覆盖的世界就是人的世界。

文化世界就是人的意向性活动所涉及的时空以及所涉及的事物。具体些说，文化世界是一个以人为本体、以人的意向性为动力和指向、以人的活动为基本运动方式、以自然质料为基础形态的世界。这些也表现出文化世界的基本结构。文化的本质就是人的生命存在和生命活动，文化世界的本体就是人即人的自为的生命存在。不难理喻，人与文化自其生成后便不可而且无法分离，人与文化可以相互证明、相互注解、相互促进。人类世界就是文化世界，文化世界就是人类世界。

从我们前面对文化的基本分类即物质文化、精神文化、制度文化、行为或交往文化这些方面，就可以认识和领悟文化的不可限量的意义。

物质文化，包括物质产品、技术体系、建筑等在内的物质文化，是文化世界和人的文化活动的直接基础。物质文化的产生和存在，是人改变自然世界的能力在物质上的表现，是物的人化和人的对象化及其持续的表达与体现。就其实质而言，物质文化表现为人以自己的生产劳动使质料世界“属人化”的过程与结果：一方面，使质料世界成为人的生命存在的现实之家，成为对人的生命存在是适宜而亲切的；另一方面，使质料世界成为人的生命存在的精神之家，成为人的生命存在的适宜和有效的符号表达。这样一来，人的生命存在及其能量就在质料世界不断伸展扩张，因而使质料世界不断人化为一个水平越来越高的文化世界。因此，物质文化在其质料性、实体性上具有自然属性或品质，然而更主要的是它体现了人的意向、爱好和追求，成为人的意向的物质形态。在这种情形下，物质存在的意义已经不再限于自然世界的那种自在性，而已经是人的意向的表现形态。

精神文化是文化世界中的最深刻、最能动、最微妙、最神奇的部分，它是文化世界的内核，甚至可以是文化的代名词。人在优化自己的体质和自己的社会性的时候，人的思想意识也在活动并不断提高到新水平，人在创造着物质文化的同时也创造着精神文化。在这样的过程中，人以自己的思想活动把自己的生存环境、生存方式加以观念化和意识化，把外在世界内在化，从而为自己建构一个内在的精神世界。这个精神世界的内容要素是精神活动、精神交往、精神教化、精神生产、精神产品或精神成果。精神和精神成果通过语言和其他文化符号，便由个体性转化为一种共通性，成为一种社会化了的文化现象，从而成为社会的人们共同的文化财富和精神文化世界。社会化了的精神世界，是人的最重要的文化世界。人在精神世界里的活动，人创造精神文化，归结起来就是求真、求善、求美。对它们的追求是人的文化目的。而对于实践中的人来说，知识、审美情趣、向善愿望都是没有止境的。因此，在由此形成的内在动力的持续推动下，人的精神世界必然日趋扩大，人的精神文化必然日趋丰富多彩，而人本身也将发展到新境界。

行为文化或交往文化，与物质文化和精神文化的联系十分密切。人作为文化的存在物，总是行动的、与他人交往着的社会存在物。交往活动分为物质性的和精神性的，而精神性的交往是文化世界中最精致、最美妙、最重要的领域。人在交往活动中，总是遵循一定的交往方式，又总是在寻求更优化的交往方式，以更好地达到既定的文化目标。交往方式是人的文化世界的现实存在方式，标示着人的文化的发展水平。在交往的文化世界中，人与人的关系实际上表现为无数个意向性之间的相互关系。所有这些人与人的关系都是双向的，每个人实际上都处于双向指向的意向关系模式中。在这种关系模式中：每个人都不仅是自为的，而且是自在地为他人的；因而，自为和他为就是处于交往的文化世界中的人的存在的基本特征。实际上，人在交往的文化世界中的存在，是以人的主体性和客体性不可分离为条件的，就是说，人自己的、对他人的权利和义务都是双重共在的。交往文化的核心内容与实质，就是人与人的关系、人性以及它们的有条件的发展变化。

制度文化既以物质文化的一定关系为条件，又有精神文化渗透其中，体现着一定的精神追求和价值取向。文化世界里的制度，包括要求人们共同遵守的行动准则和规程、各种社会规范、各种社会组织及其原则与形式，也包括作为社会形态或社会有机体构成要件的经济制度、政治制度、法律制度等。制度文化是文化世界的最权威因素，规定着人类一定时代、一定社会的文化整体的性质。制度文化的根本意义和作用在于，保护既有的文化成果和文明，形成较稳定的和比较合理的文化活动系列，以利于文化积淀、文化创造和文化更新。在文化世界里，制度文化具有鲜明的时代性和社会特征，它影响到物质文化、精神文化以及相关活动，既硬且软地引导和规范着特定事物，造成与其本质相适应的社会景象。在一定条件下，制度文化若无根本变革，文化世界就会陈陈相因、形式累累、乱象丛生以致失去生机活力。

文化的意义就是并且仅仅是文化对于人、人类社会和人类历史的意义。作一般性抽象，上述文化的意义对资本主义文化是适用的。但更重要的是，资本主义文化是人类特定社会和特定时代形成的文化，因而有其特有的本质和风貌。

4. 资本主义文化的渊源

资本主义和当代资本主义，就其文化渊源来说是同一的。这种文化上的渊源，对于后来全面形成的资本主义及其文化创造有历史性的影响；而且其中有些渊源性的文化及其因素，后来发展成为资本主义文化的要素、基本内容和基本精神。我们这里需要一个简明的叙说。

（1）欧洲文化史概说。

欧洲是资本主义的故乡和资本主义文化的发源地。在溯及资本主义文化渊源的意义上，应该对欧洲文化文明史作一个十分简略的叙说。实际上，资本主义文化的某些要素和内在精神，确实可以追溯到古希腊时代。

欧洲文化与文明的历史，有着明显的时代分野和各个时代的鲜明特征。这可以简要概括如下：

首先，就大的历史时代说：中古时代以前的欧洲或西方文化，主要是古典文化即古希腊古罗马文化；千余年的中世纪则是基督教文化；之后经过文艺复兴等则形成了欧洲腾飞时期的近代文化和现代文化，其中包括后来统治了全球的资本主义文化。

其次，就民族和地区而言：欧洲文化最早由希腊人高唱主旋律；之后是整个欧洲的宗教大合唱；再以后则是西欧诸民族的主旋律，它由巴尔干地区扩展到地中海之后，又因宗教扩张到全欧洲，最后再集中到西欧部分地区；随后是资本主义文化首先从西欧产生和形成。

再次，从文化传播及交流的角度上说：古希腊文化作为欧洲文化的最早源头，在受到埃及和西亚文化的影响下逐渐发展以至繁荣，之后由于亚历山大大帝的远征和“希腊化时代”，已经影响到古代意义上的西方尤其是地中海地区；而罗马帝国则把这种文化的影响波及到更远的地区。到了中世纪，封闭的基督教世界除了在宗教方面向外界施加强大的影响之外，在文化尤其是在科学方面几乎是默默无闻的。但是，进入文艺复兴、宗教改革、商业革命、新航路开辟以后的近代，欧洲文化又猛然爆发，资本主义文化逐步形成和崛起，随后是它在全球的传播扩散，以及对其他文化文明的进击征服。

古希腊是欧洲文化的摇篮，是欧洲哲学和科学思想的发源地，也是欧洲古典文明的最耀眼之处。如果说基督教以前的欧洲文明有一个中心，这个中心就是古希腊。具有鲜明的世俗性和民主性特色的古希腊文化，是欧洲文化的精华和典范。关于多姿多彩的古希腊文化本身，我们这里只提亚里士多德这位伟大人物就够了。亚里士多德不仅创立了多门依然存在于当今世界的学科，而且在把人类知识系统化上提出了光辉的思想并做出了伟大成就，从而建立了一个深远影响人类的百科全书式的思想体系。对欧洲文化来说，亚里士多德的学说支配欧洲科学和学术领域两千余年，一部欧洲思想史大体上就是对亚里士多德的诠释史。

古罗马文化作为对古希腊文化的继承和发扬，具有更广阔的地域性和越来越强的复杂性，具有世界意义和永恒性的影响。罗马人军事扩张导致的广大世界的统一、文化的融合甚至某种程度的统一，持续了近千年，若加上东罗马帝国则持续两千年之久，这就使古罗马文化产生了世界性意义。古罗马文化中最珍贵的部分是罗马法，即一套较为系统而完备的、古代世界上最完备而典型的法律。罗马法被恩格斯称为“商品生产者社会的第一个世界性法律”，“纯粹私有制占统治的社会的生活条件和冲突的十分典型的法律表现"①，它对后世的影响是广泛的和永久性的。当今世界法律体系中的大陆法系导源于罗马法，《拿破仑法典》的基础就是《罗马法大全》，而且可以说，罗马法奠定了资本主义社会法律传统的基础。

中世纪文化，就其实质和最突出的特征来说，就是基督教文化。在漫长的岁月里，基督教会对文化教育的垄断和控制是任何时代都无法相比的，所有欧洲人的精神世界都为僧侣们控制，基督教的彻底精神扫荡使古典文化的光彩不复出现。总体上说，欧洲文化在这千余年里没有长足的进步，加之与同时代先进的阿拉伯文化和繁荣的中华文化相比，它确实是落后的。但同时也要看到下述：教会、教堂和修道院留存了古典文化资料，神学著作保持着对理性和法律的尊重；某些文化领域有缓慢积累甚至优势明显的发展；西欧经历了文化重建、民族文化的增长，从而西欧文化不断积累；城市的兴起，大学的兴起、商业贸易的发展，都有深远的意义；西欧在中世纪后期兴起的实验科学，已透露出近代科学技术的曙光。从这些方面说，中世纪是基督教神学统治下的文化积淀的漫长时代，而其后期则是近代欧洲文化与文明的发端。

从文艺复兴到资本主义制度兴起，欧洲文化转入了一个革命性的变化发展时代。火山喷发似的文化发展之流，为资本主义文化提供了最为切近而横广的渊源，我们把其中具有根本性的叙说于下。

（2）理性主义。

理性主义作为欧洲文化的深宏现象、鲜明色调和内在精神，是文艺复兴、宗教改革和启蒙运动的直接铸就和根本性成果。在欧洲思想文化长河中一直作为要素存在并被尊崇和不断求索的理性，经过基督教世界逐渐瓦解，人们对知识的追求逐渐超越对于纯粹神学信仰的追求之后，才被凝聚和提升为理性主义。

文艺复兴后期的一大批科学巨人的作为：伽利略和牛顿的自然科学成就与思想，彰显了理性的新的意义和力量；而培根和笛卡儿则早已是科学理性的代言人。延续一个世纪的启蒙运动，从许多学科和领域宣扬科学理性，促进了理性主义的快速形成和理性主义的时代来临。到18世纪，西欧的科学与哲学领域则成了理性主义的天下。理性主义的形成和确立，构

① 《马克思恩格斯文集》第4卷，人民出版社2009年版，第221、307页。

成欧洲思想文化发展的一道分水岭。

理性主义是欧洲文化发展对人的理智或理性能力的坚定不移地确信。其精神实质是要人们相信知识与自我判断，以理智的分析代替盲目的信仰，而其前提则是用客观和理智的态度来解释自然、社会和人间事物。在理性主义的时代，人的理性、人的理智能力被抬高到了绝对优越的地位之上。人自信可以认识外部世界，并在这个认识的基础上达到对外部世界的改造。认识世界获得的知识被系统化为科学知识，对世界的改造则通过工艺、技术实践活动来进行。科学知识和技术实践的结合，就形成了人与外部的自然物质世界的基本关系。在理性主义的统照下，人与物是世界的两种基本要素，从而也有了主体与客体两分法。可见，理性主义对宗教神学有多么深刻的革命性，而且它与人文主义、科学主义是无法分开的。

(3) 人文主义。

人文主义是文艺复兴时代的精神核心。它倡导以人为中心，强调人的尊严和价值，主张追求现世幸福和尘世欢乐，探索自然和寻求知识。这一切同宗教神学截然相反，因而逐步唤醒了人的灵性和潜力，所有这些都为以后的启蒙运动所坚持，并且被光大了。

人文主义更是反对中世纪神学和教会残酷统治的实际运动。它启发了人的自我意识的觉醒，把人从文化世界中的被动者、受动者变为主动者和活动者，从而使人类文化开始出现了十分明显的主体化倾向和发展趋势。人们开始逐渐地用自己的意识、心理、感觉、经验、设定等来解释世界，形成了关于世俗世界的自我构建的可能性意识，并开始提出关于美好社会的理想方案。人们开始以自己的理性为基础，解释人与人之间的社会关系，构建自己世俗的社会学说，从而形成了世俗化的社会历史哲学，发展或创立了诸多人文社会学科。而“人性论”则成为人们在否定宗教世界观之后对自身进行思考的根本理论构架。

人文主义也是依靠一系列具体成果而颠覆宗教神学世界观的伟大思想成果，即人文主义世界观的确立。在这种情况下，人类文化世界的基本结构发生了根本性的变化，以上帝为中心的世界图景转化为以人自身为中心的世界图景，而人的世界观已由天国转到地上。因此，人文主义作为伟大思想成果，如同一次壮丽的日出，不仅标志着人类文明的巨大进步，而且将引导和促进新的进步。

（4）科学主义。

科学主义的兴起和形成，与理性主义和人文主义的形成相互关联，而且大体上是步调一致的。在人文主义主导的文化气氛中，人们决心以自己的理性来达到改造自然、征服自然，让自然服务于人的目的。而这正是自然科学发展的根本动因，也是人们对自然科学的价值意义的基本定位。人们在观察和实践中运用自己的理性，以便达到对自然物的理解和把握；同时又在这一过程中，在与自然的关系中锻炼自己的理性。由此得到的知识和取得的自然科学成果，一方面促进了科学进步，另一方面又成为达到人的目的的工具和手段，因而理性在以后越来越具有“工具理性”的色彩。

人在文化世界中的主体地位的确立，人同自然界之间的主客体关系的确定，为自然科学发展奠定了牢不可破的文化基础。于是，理性引导着自然科学进步发展，自然科学证实着理性的力量，也成为理性的基本内容。人们通过观察实验，并依赖自己的逻辑思维，建立起了自然科学的体系。各门自然科学成为人对世界进行基本描述的构架和依据，成为人处理自己与外部自然物关系的理论基础。自然科学理论表现了人对物质世界的知识，前者的发展则表明后者的扩大和深入。因此，人们越来越感到自然科学的重要，感到它不可限量的力量。

自然科学的发展和理性的深化，终于确立了科学在人的文化世界中的崇高地位，科学主义终于形成。科学知识、科学原理、科学逻辑、科学精神备受尊崇和颂扬。科学成了智慧的象征和理性的花朵，成了探索未知世界的基础和拓展文化世界的手段，成了思考问题的法度，成了解决问题、做出判断和决定取舍的准则，成了愚昧落后的反面和敌人。这就是科学主义的根本意蕴和重大表现。

（5）进取精神与世界主义。

如果说，文艺复兴在某种程度上是一次对古希腊罗马文化的精神寻宝历程，那么，其间和之后的地理探索、寻找财富及黄金的过程，则是物质寻宝和精神寻宝共融的历程。那些朝圣者、传教士、商人、航海家，以及哥伦布、亚美利哥、迪亚斯、达伽马，逐步发现和打通了全世界。这不仅仅大大开阔了欧洲人的眼界，更重要的则是，对物质世界的追求和探索引发了对自然科学的研究，最终导致近代科学的勃兴。前有达·芬奇，中有哥白尼和布鲁诺，后有伽利略和牛顿，欧洲的科学时代忽然已经来临。

欧洲人的世界主义观念，也就是从这一时期开始愈加显现出来。这种世界主义观念包括：地理意义上的全球观，军事和宗教精神方面的征服欲，科学技术方面的创新意识，以科学技术为力量统治全球的思想信念。

如果从这一时期追溯既往，那就可以发现，这种征服性的世界主义观念早就蕴藏于中世纪后期形成的西欧文化之中。西欧文化就是日耳曼基督教新文化。它是文明极度落后的日耳曼各部族，在罗马帝国的废墟上接受发达的罗马文化并融入基督教文化而形成的。这种文化不同于世界其他任何地区的文化，它不仅穿上神学信仰的外衣，而且神学因素由表及里地渗透至深处，最终成为日耳曼基督教新文化。由于日耳曼人的原始野蛮和进攻性格同耶稣信仰的混合，基督教和西欧文化就有了攻击性。

西欧文化形成之初便具有了一定的攻击精神，而《罗兰之歌》和《熙德之歌》都是歌颂这种精神的。延续两百多年的十字军东征，是这种攻击性的突出表现，并刺激了欧洲人的探险精神。之后的新航路开辟、地理大发现、殖民探险活动，则是攻击进取精神的尽情挥洒。可见，要是说西欧文化具有某种创造力或者活力，那就要承认它也具有十足的血腥味。

后来的欧洲历史表明，我们这里作为文化渊源来谈论的进取精神和世界主义，被欧洲资本主义光大并成为其文化中的要素部分。

二　资本主义文化的特质

我把资本主义文化所特有的属性与品质称为资本主义文化的特质。这种特质使资本主义文化根本上不同于先前的和之后的文化构造与文化景观。对于这个必须明确而尚未有人论述过的问题，这里仅仅依据自己初步的研究加以叙说。如不探明这个问题，关于资本主义文化的谈论就要流于空泛和表面化。资本主义和它的最新发展阶段即当代资本主义，其文化特质是相同的。

1. 商品、科技、世界市场“三位一体”

这个“三位一体”，是资本主义文化世界的主体部分和最显赫的外在表现，同时又是全部资本主义文化赖以形成和发展的物质基础。深入解析这个“三位一体”，资本主义文化就可以从根本上得到说明，其性状面目也就容易辨识。

商品并不是资本主义的创造物。但是，商品只是到了资本主义生产方式下面才活跃、繁富和发达起来，从而进入如日中天的兴旺发达境界。在资本主义条件下，商品以往的可怜命运被极大地改变了，商品生产成了资本主义生产的普遍形式，资本主义生产离开了商品生产就不能存在。发达的商品生产以及相应的商品交换与流通，不仅引起了货币的革命和空前的流通运动，甚至造成了货币脱离商品流通的奇怪的独立运动。资本主义生产方式的全部目的，只有通过商品和商品生产才能达到。资本主义生产方式把商品推向发达繁荣的境地，同时也使商品的内在矛盾在再生产过程以及社会物质生活中空前复杂地展开，形成生生不息的矛盾运动，给一切社会存在和社会意识以强韧的制约。由此可知，商品是资本主义物质世界的抽象而又具体的神灵，是资本主义文化世界的根基和底色。资本主义的一切文化成果都与商品息息相关，都与商品可以通约，或者可以直接作为商品。在其现实性上，就其实在性而言，资本主义文化是一个基于商品、围绕商品生产而形成文化的世界。

在资本主义商品生产走向发达的过程中，商品和商品生产在精神文化方面还起到了如下重大作用：首先，促进了资本主义经济学的大发展和繁荣，以至经济学在今天的资本主义世界依然是显学。其次，促进了法律特别是民法和商法的发展与发达，呼唤并促进了资本主义法治进程；而资本主义法律秩序和法治状态，归根结底是以资本主义商品生产为基础并保护这个基础的秩序与状态。再次，促进了生产管理和管理学的发展与发达。最后，培育并促进了诚实信用、等价交换、权利平等、遵守法制等社会意识的形成和发展。

近代科学技术的兴起与发展，是资本主义的历史功绩之一，而此后资本主义一直引领着人类科技革命与科技进步的潮头。这为商品和商品经济在资本主义生产过程中走向发达，提供了强大无比的动力，打开了前所未有的发展前景。在这种情况下，商品和商品生产与科学技术及其功能的发挥，形成了由资本主义生产方式决定的协同行为与局面，相互依赖和相互促进的不停息的运动。其结果，就是商品与科学技术共同快速发展。这种局面和运动，是人类既往所难以想象的。

科学技术：依其本质和最一般性而言，是人类实践活动的智慧结晶，因而被作为人类实现自身发展目标的手段而创造出来；而其根本功能，则是在社会发展进步中增进人类的福利，促进人本身的发展。但是这对于资本主义生产方式来说是空洞的和不切实际的，因而是不适用的。在资本主义条件下，科学技术必须用于大规模大深度地发展商品和商品生产，从而通过商品在更大范围和更高程度上获取剩余价值或利润。在实践过程中：一方面，科学技术及其功能被大大狭隘化了，以致成为发展商品生产从而获取利润的单纯手段，并在这条狭窄的轨道上迅猛发展；另一方面，科学技术使生产力发生了质的变化与变革，从新工艺、新方法、新流程等方面不断更新商品和商品生产的面貌与质量，从而造成了一个不断扩展充实的商品世界。商品生产和科学技术在资本主义生产方式下的联姻，虽然前者是主导和目的，但两者的确都得到了长足的发展。商品具有了越来越强的统治性，科学技术获得了日益提高的地位。

在资本主义创造了近代科学技术、从而掌握人类科技进步主导权以后和同时，科学技术不仅日趋脱离它作为人类寻求自身发展的手段的本来面目，日益脱离造福人类的根本功能，反而成为资本主义殖民掠夺、拓展雇佣劳动关系、征服落后民族、摧毁其他各种文明的最强大锐利的武器，成为资本主义文明通过多种古老文明的断裂毁亡而传播流布的决定性力量。这也同样表明，科学技术不仅是资本主义文化的组成部分，是资本主义文化世界赖以形成的中坚力量，而且显示了资本主义文化与生俱来的征服性品质。

世界市场是商品生产与交换越出一国范围而不懈运动的结果，而它本身在未形成之前，就已经以资本主义商品生产的内在逻辑与必然要求而观念地出现了。最初由资本主义原始积累、海外殖民掠夺而形成的国际分工，随着科技革命和商品生产能力的增强和规模的扩大，便不断得到深化、细化和完善化，因而引起国际贸易的发展扩大。这样一种多重因素交织的发展过程，到19世纪后30年终于形成了世界市场。十分清楚，资本主义不懈推动的科技革命和科技进步，是世界市场得以真正形成的关键因素和最强大力量。世界市场的形成为商品及其运动提供了广阔无比的空间，使商品和商品生产上升到了全球意义的统治地位。科学技术的神奇力量得到了空前征服人的证明，从而资本主义的全球统治形成了。而资本主义的全球统治正是凭借商品、科技、世界市场而取得的，是建立在这三大力量之上的。

商品、科技、世界市场这个“三位一体”的形成，具有十分重大而深远的人类历史意义。它证明资本主义已把人类文明推到了一个新高度，并按自己的意志创下了这样一种前所未有的文明：以商品为载体、以科技为实质内涵、以市场为传播中介的文明，这种文明的灵魂与内在动力，就是在世界上尽一切可能去追逐和占有物质财富。这是资本主义文明的定格和典型形态，这就是资本主义文化赖以存在和发展演化的基础。这种文明既伟大又低俗，既提升了人又贬低着人。它在一个相当长的时代，有足够的能量引导或迫使既存的各种文明走向它、趋近它，甚至归于它。

在文化意义上，商品、科技、世界市场这个“三位一体”，是资本主义文化的基础和躯干，是资本主义文化世界的支柱。无论资本主义文化怎样发展，发展到何种地步，总是受着它的强韧支配和制约，这甚至是不自觉的和无意识的。因此，资本主义文化世界必然充斥着商品拜物教、货币拜物教、资本拜物教，形成科技崇拜和科技异化，因而在很大程度上是一个物化世界。资本主义文化归根结底就因为它是“三位一体”的，是由之而生发出来的。

2. 私人财产权利体系

根源于资本主义私人所有制，为保障保护资本主义私有制而形成的私人财产权利体系，从起源到确立以及随后的发展，已有几百年的历史。这个权利体系确切证明，资本主义私有制是最高级、最发达的私有制，它是经济的，也是政治的、法律的、意识形态的。作为资本主义文化，它兼具物质文化和精神文化两方面的因素，是两者的混合体。它是资本主义文化的一个部分，而且是资本主义文化的实质与核心，因而给资本主义文化深深打上了资产阶级的刻痕和烙印，规定了资本主义文化世界的本质属性和一般风貌。

私人财产权利体系，是资产阶级创立起来的一个以私人财产权利为核心的观念和制度体系，或者说是观念与制度的综合体。它包括绝对私人所有权、私有财产神圣不可侵犯原则、行使私人财产权利的自由，是由这三个部分构成的统一严整的有机体。

绝对私人所有权，首先是相对于中世纪私人财产权利残缺或发育不全这种状况而言的。例如中世纪的西欧，私人对于不动产和一些动产的所有权往往不被认可。绝对私人所有权首先在英国通过司法判例和以此为基础的法律辞典而得到承认。在这种绝对性的私人所有权之上，没有权利人之外的其他个人的权利，也没有社会的权利；在它之外，尤其是在民法范围内，社会、政府与私人所有权是平等的。法国革命第一次把所有权条款列入宪法，《拿破仑法典》则把绝对私人所有权作为基本原则，对它做了详细规定，从而最终确立了绝对私人所有权。绝对私人所有权，一方面以既经形成的资本主义私有制为基础，另一方面则促进和保障资本主义私有制的发展与巩固，因而是资本主义生产和经济运行的钢铁般的制度基础。

私有财产神圣不可侵犯原则，这个通过资产阶级的政治理论、宪法和法律、政治制度而确定并保证实现的资本主义的根本原则，也是在反抗封建王权侵犯私人财产的过程中确立起来的。它的核心是个人的财产相对于其他个人、社会、国家和政府等的不可侵犯性。这个原则的基本含义或主要之点如下：拥有私有财产是每一个人的自然权利；私有财产在社会以及财产拥有者之外的其他个人面前神圣不可侵犯；政府在以税收和其他方式征用人民的财产时，须经人民或其代表同意，并须有相应的政治法律程序来保证；人民有权推翻侵犯私有财产的政府；任何个人不得侵犯其他个人的财产。私有财产神圣不可侵犯原则，是资本主义经济、政治、法律、社会生活中的根本原则，是资本主义制度的生命线，是打造和守护资本主义文化世界的利剑。

行使私人财产权利的自由，是私人财产权利的价值或效用借以实现的手段，是私人财产权利由政治法律规定转化为实际状态的必要条件。这种自由，意味着个人在行使其财产权利的时候，不受不必要的限制。在资本主义社会，无论权利还是自由，其基础与核心就是私人财产，它们都是与私人财产相联系的权利和自由。行使私人财产权利的自由，就是经济自由即经济行为与活动的自由，确切地说，就是资本主义的经济自由。

我们看到，上述三个部分或方面，围绕私人财产权利这个核心，形成为一个封闭而稳固的观念与制度的综合体。在其中，绝对私人所有权是私人财产权利的根源和生发点，私有财产神圣不可侵犯原则是私人财产权利的保障，行使私人财产权利的自由是最大限度地实现私人财产权利的经济价值或效用的手段与条件。而私人财产权利之所以能够成为这个体系的核心，这是因为：其一，资本主义社会的个人或公民被法律普遍赋予的，因而通常能够终身拥有的东西就是权利，尽管权利的真实性对于不同阶级不大相同；其二，财产既表现为存量又表现为增量，是所有资产者和整个资产阶级生存的根本目的；其三，财产权利是资本主义社会一切权利的基础和核心。所以，私人财产权利必然是这个权利体系的核心。

私人财产权利体系是资产阶级的创造和资本主义社会的独特现象。它在人类近代史上有其进步意义，但就是在进步意义最明显的时候，也具有深刻的反人道性质，即对无产阶级和劳苦大众的奴役与压迫性质。进入

20 世纪以后，绝对私人所有权、私有财产神圣不可侵犯原则、行使私人财产权利的自由，由于历史发展而受到了一定的限制。但是，私人财产权利体系依然坚挺稳固，依然不可或缺，依然蓄满足够的动能，因而资本主义私有制，资本主义生产方式和资产阶级的统治依然难以动摇。

对于资本主义社会，私人财产权利体系是个人自由的基础，是经济与政治、个人权利与国家权力的结合点，是中枢神经系统，是其制度大厦的真正基石和支柱。没有私人财产权利体系，资本主义既不会形成也不能存活。几百年来，私人财产权利体系造成了资本主义文化之河。而它本身已是凝固了的文化，并使资本主义文化世界表现为它的枝叶果实或折光回声。

3. 个人主义

在资本主义文化世界中，个人主义，即坚信个人利益是或应当是至高无上的，一切自由、价值、权利、利益、尊严、荣誉、幸福等都源于个人这种思想观念，这种以个人为本位的政治哲学、社会哲学和人生哲学，根深蒂固，犹如空气和水，无处不在和渗透一切。总括地说，个人主义是资本主义社会的价值体系和价值观的核心，是资本主义精神文化的灵魂，是人们内心世界的中轴和不死的神。

文艺复兴时代，个人主义表现为反封建压迫和神权统治的以个人为中心的思想。一些人文主义思想家对个人的个性、尊严和幸福的强调，已包含和培育着个人主义思想的萌芽。这时的个人主义，具有划时代的革命性和巨大的进步意义，而同时，商品经济的发展，自然资源和人力资源充足，科学技术初步显示的创造力，国内外市场广大无边的前景，则为它的能力释放提供着用武之地。到了 17—18 世纪资产阶级启蒙运动时代，随着生产力的进一步发展和科学技术的进步，科学上和思想上的新突破的出现，使得个人主义进一步发展。其中，亚当·斯密的经济思想和主张为这一时期的个人主义提供了经济学基础，洛克的自由主义学说则构成它的哲学基础。如果说，文艺复兴时代的个人主义强调从宗教神学的束缚下解放人的个性，那么，启蒙运动时代的个人主义则提倡，把人从自然界和封建专制等一切迷信和权威下解放出来，因而个人主义神气十足地走上了一个更高的台阶。实际地走过了漫长发展历程的个人主义，直到 19 世纪 40 年代，才由法国政治学家和思想家托克维尔在他的《论美国的民主》一书中首次提出“个人主义”这一概念。十分明确，个人主义是同资本主义生产方式的产生和发展密切联系在一起的。

发源和形成于欧美资本主义社会的个人主义，是一种深厚强大而典型的资本主义文化传统，同时又是一种浓密的社会意识形态和思想体系。其精神意蕴和实质内容如下：

作为社会哲学，个人主义高度重视个人自由，广泛强调自我支配、自我控制、自我发展，个人不受外来的约束，甚至视自由如同生命。

作为价值体系和价值观，个人主义不仅相信每个人都有其价值，而且坚决主张以下三点：一切价值均以人为中心，因为一切价值都是由人体验的；个人本身就是目的，个人具有最高价值，社会只是达到个人目的的手段；一切个人在道义上都是平等的。

作为人生哲学和人性理论，个人主义坚持认为和主张：任何人都不应当被当作另一个人获得幸福的工具，这就是最好的、道义上的平等。对于一个正常的成年人来说，最符合他的利益的，就是让他有最大限度的自由和责任，去选择他的目标和达到这个目标的手段，并且付诸行动。在行为上，它主张人们仅仅关心自己、自己的家庭、亲朋小圈子，相反地，反对权威和对个人的各种支配，政府对个人生活的干预应减小到并保持在最小限度。

作为政治哲学，个人主义坚持认为并主张：政府的主要职能是维护法律和秩序，保护个人利益，防止个人和社会组织对个人利益的干涉或侵犯，监督自愿缔结的协议与合同的执行。个人主义往往把国家视为一种异化、一种弊病，认为管事最少的政府就是最好的政府，甚至信奉无政府主义。它还主张：每个人每个家庭都有权最大限度地取得财产，并按自己的意志管理或转让财产。

个人主义和利己主义不是同一个概念。利己主义或自私自利主要是指：把个人利益凌驾于他人利益和社会公共利益之上，以致不惜违反、损害和牺牲公共利益与他人利益，而谋取和扩大个人利益。这是不道德的行为，也是历史上一切剥削阶级的共同道德。个人主义，就其强调个人独立性和创造性，强调个人自由发展，不受或少受社会的、政治的和宗教势力的限制来说，是有一定合理性的。但是，个人主义与利己主义之间绝不是互不相通的，相反地，个人主义很容易滑向利己主义。托克维尔当年就曾指出："利己主义可以使一切美德的幼芽枯死，而个人主义首先会使公德的源泉枯竭。久而久之，个人主义也会打击和破坏其他一切美德，最后沦为利己主义。”[①] 只是托克维尔未能指明，个人主义与利己主义有着共同的社会经济基础，那就是资本主义私有制和以之为根基的私人财产权利体系。

实际上，17 世纪欧洲的个人主义就是以所有权为基础的个人主义。每个人对其人身和各种能力有绝对的所有权，作为这样一个所有者，他与社会没有任何先天的或道德的关系。人与人之间的社会关系，只不过是不同的所有者之间的市场交换关系和财产关系。之后的发展进一步表明，扎根于资本主义私有制、商品生产、市场关系沃土中的个人主义，总是诱发人们的私欲不断膨胀，造成个人从整体中孤立出来，并最终沦为利己主义。它必然导致竞争崇拜，弱肉强食，政府代表富人阶级的狭隘利益，甚至极端化为社会达尔文主义。就是在不错的光景中，它也会腐蚀社会有机体和人们的灵魂，造成病态的社会关系。事实上，在资本主义发展进程中，个人主义确实一次次地创造了与其经济基础相适应的人间地狱。

从自由竞争的资本主义到垄断和国家垄断资本主义，个人主义的侧重点也经历了必然性的变化。但是整个说来，个人主义失去了它在文艺复兴时代的进步性质和意义，越来越成为资本主义文化世界的一种瘟病，而这在美国尤其严重。无论资本主义世界的一些有识之士对个人主义提出过多少反对和批评意见，但是，只要资本主义私有制和私人财产权利体系存在，个人主义就照例枝繁叶茂。全部问题在于：个人主义作为资本主义社会源远流长的文化传统，作为资本主义价值体系的核心，是资本主义文化无法离开、摆脱不了、割舍不掉的；否则资本主义文化就会被根本否定，就不再是资本主义文化了。

4. 实力与强权

资本主义文化世界中的另一鲜明突出的特质，就是崇尚实力和以实力为基础的世界强权。这一方面是其文化渊源即进取精神和世界主义的发展光大，另一方面则是资本的固有要求和资本的本性使然。资本自从来到人间，从头到脚，每一个毛孔都滴着血和肮脏的东西；而且资本一开始就是世界主义的，因而也是并且必然是霸道的和强权的。

这一文化特质和文化传统，发端于原生性的欧美资本主义，以欧美资

---

① ［法］托克维尔：《论美国的民主》下册，董果良译，商务印书馆 1988 年版，第 625 页。

本主义最为典型，但也传递给了俄国资本主义和日本资本主义。从早期的开辟航路的探险，海外殖民掠夺，到资本主义生产方式的形成和建立，再到自由资本主义和垄断资本主义的发展，直到帝国主义全球统治的形成，资本主义文化世界中的实力主义和强权主义已经稳定坚牢地形成。虽然资本主义以其种种文化创造推动了人类历史的发展进步，但是这种发展进步又是血与火的，是以资本和资本主义生产方式为矛和盾的。因此，资本主义推动人类近代历史进步的血泪史，与资本主义的实力与强权主义文化的形成史，不过是一回事情，或者是一体两面罢了。而资本主义至今的文化世界，是不能脱离这种实力和强权的文化特质来看待和理解的。

自从资产阶级作为上升的阶级和新生的统治阶级登上人类历史舞台以后，其宗教信仰和宗教世界观虽然一直存在并发挥着作用，但是，其世俗化的、现实的世界观则越来越居于主导地位，越来越具有实际意义。这种世俗的和现世的世界观，实质上就是资本和资本人格化的世界观，是围绕资本的本性、基于资本的不息运动而不断扩展和丰富的世界观。资产阶级和资本主义所兴起的一切文化事象，所从事的一切文化创造，都是由这种世界观所规制的，都受这种世界观的指导。资产阶级要生存和发展，就必须立足于并紧紧依靠资本；资本主义要存在和发展兴盛，就必须按资本的固有要求而严格支配、控制和塑造社会以至世界上的一切。因此，资本主义不仅必然会形成个人主义、利己主义、功利主义、实用主义，而且归结起来必然注重实际和崇尚实力。于是，经济实力、政治实力、军事实力、文化实力等以及与之相应的强权，就成了资本主义的内在逻辑和无条件的追求。在这一点上，可以说资产阶级和资本主义从来没有犯下什么唯心主义的错误，反而形成了如同生命般的文化传统。

从欧洲封建制度的废墟上逐渐形成和崛起的资本主义生产方式，既是欧洲资产阶级彻底扫除令其憎恶的封建统治的根本武器，同时又是用以塑造新世界的根本凭借和严酷模式。随着资本主义生产方式向全球的强制推行，近代以来的以资本统治为实质的国际政治、国际关系、国际法逐步形成，从而由列强主导和控制的全球经济、全球政治、全球法律的关系与秩序得以确立。这是资本的空前大胜利，是资本主义实力与强权主义的巨大无比果实。整个这一历史过程的另一种真实写照，则是“弱国无外交”、“强权即公理”、“国际无信义”。不管如何，这一漫长的历史过程，确凿无疑地展现并培植出资本主义的实力主义与强权主义的文化。从某种意义上说，抽去这种文化特质，资本主义既有的文化世界是不能造就出来的。

资本主义文化的这种特质有两种基本表现。首先，在资本主义世界内部表现为争夺利益和霸权。资本像暴君一样，具有与生俱来的贪婪和专治本性，因而资本主义世界的秩序就是大鱼吃小鱼的秩序。在资本主义国家共同遵奉的这种信条和法则之下，争吃小鱼和争夺霸权是公平合理的，但成功得手与否却完全决定于国家的实力以及战略与阴谋。两次世界大战因此而起，然而真正充当过霸主的只有过去的英国和当今的美国。其次，在对付社会主义国家上则表现为协同一致。与资本主义的本质完全不同的社会主义的诞生和发展，是资本主义世界面临的最大挑战。因此，无论资本主义各国之间以及列强之间的矛盾和利益冲突多么深刻与复杂，扼杀、摧毁或者封锁、包围社会主义总是它们心照不宣的共同目标，因而能够随时形成相应的战略策略和协调一致的行动。但是，其目的是否以及在多大程度上能够达到，这既取决于资本主义体系的实力，也取决于社会主义既已形成的实力。上两方面的具体内容和详情细节是因条件而变化的，但是，它们都证明了资本主义的实力主义与强权主义的文化特质，并且构成了这种文化的时空漫远的存在场。

实力主义和强权主义，作为资本主义文化的特质和传统，有多么稳固、多么深厚、多么浓烈，只要看看美国如今的种种霸权行径，看看依然强劲的国际政治经济旧秩序，看看资本主义世界提出的“软实力”、“巧实力”等，就可以一目了然。

三　当代资本主义文化的一般发展

前述资本主义文化的渊源和特质，实际上构成一种对当代资本主义文化的解析。现在，我们要从一般性上，从较为直观的方面论说当代资本主义文化的发展。这种发展，不过是资本主义既有文化世界在当代条件下的演化，是这一文化世界的固有矛盾与不和谐的发展与细化。无论人们怎样去探究和发现，都找不到和看不见资本主义文化世界的质的飞跃或根本性的变化，所能见到和感知的只是旧的架构与质态基础上的细碎化和杂乱景象。因此，我们只叙说其中明显的和有代表性的发展变化，并且侧重于精神文化方面。

1. 现代主义的延续

当代资本主义的精神文化发展变化的宏观景象、内在脉流与走向、总体表征，就是从现代主义向后现代主义的转变以及后者成为主流的演化。与之相应的物质经济基础或说物质文化的发展，是由工业社会向后工业社会的转变与发展。这依然由欧美资本主义国家领先为主，因而也为整个资本主义世界的精神文化的发展定下了路向。

现代主义，与资本主义工业社会或工业文明的兴盛相适应的现代主义，或者说与资本主义的现代化相一致的现代主义，作为一种精神现象涌动和文化思潮，从19世纪中后期兴起而延续到20世纪60年代。现代主义，这种与私人垄断和国家垄断资本主义相适应、相伴随的精神文化现象和社会意识，有众多的流派及纷呈的异彩，而其实质则是部分知识分子和文化艺术人士对资产阶级正统文化世界、文化秩序的愤然攻击和颠覆破坏。

在现代主义兴起之时：有实证主义、唯意志主义、直觉主义和或隐或显的反理性主义等哲学，从思维方式上对资产阶级传统世界观进行批判；有“先锋派”文学艺术从审美领域和艺术创新方面，对资产阶级传统价值观进行批判。这样，与资产阶级传统思想相对立的哲学思想、美学理论、文学思潮、文化态度得以产生和传扬。之后，两次世界大战带来的深重灾难，原子弹的爆炸，极大地震撼了西方资本主义的精神文化世界，使知识分子、文化艺术人士、普通大众一向就有的悲观情绪愈加浓厚。而社会既有的变化历程，使他们愈加切身和充分地感受到，科学技术的进步和不断丰裕的物质文明，成了日益异化他们的力量，人与人以及人与社会的关系更加难以改善协调，从而孤独寂寞、空虚迷茫、精神无助等之感弥漫于社会，渗透于生活的时空。于是，现代主义的各种文化思潮普遍而迅猛地突起，并给战后初期的精神文化世界以及人们的精神生活打上了深深的印记。例如，“大地艺术”、“人体艺术”以及变形艺术、荒诞艺术等的流行与发展，它们从理论主张到创作实践都锐意摆脱传统艺术的造型观念和创作法则，追求反理性和反逻辑的特点，折射出现代资本主义社会的种种矛盾和病态。到20世纪60年代，现代主义进一步同商品生产和大众文化合流，以求推翻资本主义传统文化的统治地位，从而发展为渗透于大众生活方式和时代意识之中的一种文化模式。

现代主义这种精神文化思潮，表现于哲学、社会学、心理学、文学、艺术等学术研究领域，尤其突出地通过文学艺术创作和文艺作品而表现与弥散，不断造成精神的、文化的、心灵的、社会的现代主义的氛围和景象。象征主义、表现主义、超现实主义、未来主义、意识流、存在主义等诸多现代主义流派的文艺创作，其题材、主题、结构、手法、风格从而表现的社会生活图景，与19世纪中期以前的浪漫主义、批判现实主义、自然主义大异其趣，并且逐步取得主体和支配地位。在现代主义的文艺作品中，理想与乐观进一步消退，对社会的批判失去了广阔画面、深度和力度，大自然的千态百媚和芳香不再是描写和赞美的对象，代之而现的是工业文明总图景中的碎片，现代化过程中的种种病态，是变形扭曲了的具体场景和琐屑事象，是遍地的孤独、空虚、无奈和无聊，是灰暗、干涸、死气沉沉的精神荒原。这是社会现实的表现和写照，又反过来影响了西方人的思想意念、社会生活和精神生活。

整个说来，在现代主义的文化思潮和精神流变中，人道主义和理性主义仍居于核心地位，但反理性主义、非理性主义、直觉主义、本能主义在上升趋势中聚集着显著的能量。因此，现代主义不是纯净的精神文化思潮，而是理性与非理性混杂的、与资本主义精神文化传统相背离的精神文化的潮流。

现代主义的主要特点可以概括如下：

首先，张扬非理性主义和主观主义，注重内心体验和潜意识。

就时代精神的代表即哲学来说，现代西方哲学中的新动向和新气候就是把人的意志、直觉、本能、爱欲等非理性因素加以提升以至于本体化，视之为人和世界的本质所在，从而构建人本主义的世界观和历史观。唯意志主义、生命哲学、弗洛伊德哲学、存在主义是突出的代表。在文学创作方面，意识流的形成是典型，英国作家乔伊斯的长篇小说《尤利西斯》、美国作家福克纳的长篇小说《喧哗与骚动》则是意识流小说的代表性成就。

其次，文艺创作向内转和方法表现化。

文学艺术创作领域，在处理文艺与生活、现实与真实的关系上，出现了带普遍性的重大新变化，即突出强调内心的生活、心理的真实或现实。主观性、内向性成了现代派文学的一个重要标志。其中的表现主义又把主观凌驾于客观之上，超现实主义则进一步导向梦幻和无意识，甚至胎儿前意识。第二次世界大战之后的现代派，除法国存在主义作家、美国某些黑色幽默作家创作过社会问题的作品以外，几乎都走上了向内心开掘的道路。而这种“内心”是现代心理学所阐明的内心，一颗以本能为主导的变化多端、异常复杂的心。与之相适应，表现而不再是描写成了总的艺术方法，歪曲变形则成为表现的主要法则。

再次，宣扬主体性和个人自由，抗议异化和社会的物化。

主体性和个人自由，原是资本主义精神文化自始以来的基本元素和追求，但越来越遭到资本主义社会的异化现象和物化倾向的阻滞、挤压与创伤，因而这从一个重要方面激发着现代主义文化思潮。在哲学等思想学术领域，尼采深感并认为，工业文明的发展使人的生命病态化了，现代科学技术活动产生了野蛮，因而扼杀人的生命力和个性自由，损害了以本能和意志为基础的创造力。他把叔本华的唯意志主义发展为权力意志论，其哲学不仅已把主体性和个人自由推到极端，而且具有甚至疯狂的反理性强音和叛逆性格。尼采公开大胆宣称：“上帝已死，现在我们热望着——超人生存!”[①] 而他所呼唤的“超人”，不仅是冲破传统的思维方式和道德规范的人，而且是权力意志和天才达到顶峰的人，甚至是这样的独裁者。雅思贝尔斯，这位德国存在主义哲学家则哀叹：传统和人道主义在现代西方已濒于崩溃；人受平均化、机械化、大众化的影响已失去独立存在的地位，成了可以代替的和无个性的人；科学技术、政治统治、教条化的意识形态把人变成了机器零件和国家权力的牺牲品。他设想和希望，把个人自由、人的交往、对上帝的依存结合起来，以创造每个人都能争取独立生存的精神世界。再往后，马尔库塞对现代科学技术、工业文明损害人的主体性、异化人类的批判，则更加深刻、细致而著名了。

在文学艺术领域，作家和艺术家们的主体意识和反物化与异化的精神，都是鲜明的。现代主义的心理体验同“物化”直接相关，其一切作品所表现的无不是这样或那样的“物化”，而作家和艺术家所表述的个人体验，就是人的异化以及随之而来的孤独、沉沦、焦虑、颓废等情感和精神世界。对于资本主义社会的未来，现代主义文学艺术以感性的、形象的、情感的创作和作品，呈现出哲学上的不可知的结论。

最后，否定传统和现实生活。

---

① ［德］尼采：《查拉斯图拉如是说》，尹冥译，文化艺术出版社 1987 年版，第 344 页。

明确地否定和反对资本主义的精神文化传统，保持对现实生活的彻底否定态度，这是现代主义文化思潮的一条神经和血脉。现代主义哲学中的一些重要流派，例如意志主义、生命哲学、人本主义等，都具有激进的反传统精神和色调。它们：要求打倒偶像、重估一切价值；把基督教伦理规范和近代以来所遵奉的自由、平等、博爱原则斥为奴隶道德；提出要终结传统模式的形而上学，更加自由独立地去开拓。正如丹尼尔·贝尔所说："要为现代主义下定义，必须用否定性的术语，把它当作一个包蕴一切的否定词。"①

现代主义文学艺术，普遍具有反传统和否定现实生活的意向，其通用而基本的手法就是荒诞化。存在主义文学直接描写人类存在的荒诞、无意义、人与人不可沟通这类主题，荒诞戏剧表现非理性世界和非人性的人物，新小说反映物质和精神的对立、理性与感性的分裂，黑色幽默文学以人类处境的荒谬状态为题材而发出阴郁和冷嘲的笑声。在各种有代表性的现代派作品中，可以看出和读到：人们如何从个人与社会游离或对立的角度对社会进行无目的的、抽象的、全面的攻击；如何在人与人的关系中显出一副冷酷淡漠、无法沟通的面目；如何敌视自然，丑化人性，反对物质世界而又深受物质压迫；如何丧失了自我又不断寻求自我，但总以失败告终；如何在人从属于物质的情况下丧失本性，成为非人，成为对自己和别人都是异化了的人。这就是现代主义文学艺术对社会现实生活的特有的、艺术化的否定。

2. 后现代主义的兴衰

后现代主义于20世纪60年代产生于西方发达国家，经过80年代的蔓延而成为泛文化思潮。它广泛存在并渗透于文学、艺术、哲学、美学、语言学、历史学、政治学、社会学、伦理学等意识形态和文化的诸多领域。它以否定和超越近现代西方资本主义主流文化的理论基础、思维方式、价值取向为基本特征，成为当代资本主义文化的总体表征，对人们的精神世界和社会生活产生了深刻、全面的影响。

后现代主义实质上是现代主义的历史性延续与发展。在时序上，两者前后相继，离开现代主义就没有什么后现代主义。在内在精神和逻辑上，

---

① ［美］丹尼尔·贝尔：《资本主义文化矛盾》，赵一凡译，生活·读书·新知三联书店1989年版，第93页。

两者都是否定和反叛资本主义传统精神文化的产物和表现；否则，两者都不能产生也不能发展。因此，后现代主义与现代主义根本上是一致的，而且只能属于同一质态的精神文化。后现代主义没有而且不可能打造出与现代主义质态不同的新型精神文化。另外，两者的差异又是明显的和不能忽略的。这种差异其实就是发展和发展的具体表现。由于这种发展是极端的、混乱的、疯狂的和病态的，因而表象地看简直是对现代主义的否定，但这是肤浅的。在本质与形式的统一性上，可以说后现代主义是现代主义在新条件下的变种。

以批判、解构、颠覆现有一切为宗旨的后现代主义，以其惊人的力量冲击了现代主义，但它在文化的一般性表现上却继承了现代主义如下特征：第一，消除距离，即设法抹杀反映或描写对象固有的和由之形成的现实距离、心理距离、审美距离，以获得即刻反应、冲撞效果、同步感和煽动性。第二，消除历史感和深度，即刻意设定所呈现的内容或对象及其性能的狭隘时空，使之扁平化、平面化、单一化而丧失丰富的历史感和深度意蕴，造成错乱无序而强烈的瞬间感受，一味满足普通大众的理解欣赏需求或人们寻求刺激的猎奇心理。第三，消除统一整体性和有机感，即单纯一味地追求差异化、碎片化、无序化和错杂化，并以这样的文化事象和精神世界颠覆资本主义的传统精神文化世界，反抗和否定资产阶级酷爱秩序的心理和审美习惯。从这些方面以及由之造成的精神文化的宏观气象和整个氛围来看，现代主义和后现代主义不仅具有相似性，甚至有时是难以区分的。

作为当代资本精神文化世界的总体表现和根本特征，后现代主义渗透和浸染了其精神文化的一切领域和一切方面，以至可以说当代资本主义的精神文化就是后现代主义。与现代主义一样，后现代主义的深度表现形态是哲学等学术思想理论，其感性的和广泛影响大众的表现形态是文学艺术。就后现代主义来说，其存在的最有力证明或最重大的发展是哲学等思想理论，因而这方面的影响力上升；而文学艺术则难言重大发展，相反地，其形象性、美感、滋润心灵的功能几乎难以谈及，以致在一种自身异化的境地中残存，从而影响力降至难以预料的程度。这与以文学艺术影响力见长的现代主义的情形正好相反。在后现代主义条件下，文学艺术这种一向最为敏感的社会意识形式居然如此呆滞破败，是最能反映当代资本主义文化的矛盾与危机之深的。

以哲学理论与思潮为表现形态的后现代主义，是一种反理性主义、反基础主义、反主体性、倡导后行而上学的学术理论话语，它已超越尼采、海德格尔、萨特等哲学家的反理性而从根本上拆除西方资本主义哲学的理性基石。以文学艺术为表现形态的后现代主义，是20世纪70年代以后的新前卫文艺运动和潮流，它反抗以启蒙理性为核心的现代主义美学风范、文学趣味、审美要求，用平民化和生活化的文艺创作代替现代主义的精美文化和拯救情结，用大众艺术、商业文化替代高雅艺术，拒绝崇高，反对创作的经典化，追求语言艺术的异质性和叙述的游戏规则。

现在，我们侧重于有代表性的哲学和文学艺术，并与现代主义适度对照，来论说后现代主义的基本特点。这对我们当前的目的是适合的。

第一，反对基础主义和本质主义。

后现代主义哲学的中心问题是消除本来意义上的形而上学，否定哲学本体论，否定世界有最终的本原和本质存在。而由这些为基础所形成的西方哲学体系中的逻辑思路，被法国后现代主义思想家德里达归结为“逻各斯中心主义”和“语言中心主义”。所谓逻各斯中心主义是说，哲学家在思维中先行假定某些理性、思想、逻辑、基本原则为世界的本原和终极性的东西，并成为一切哲学思考的逻辑起点。所谓语言中心主义是说，哲学家只能借助于文字为迫不得已的表达手段，将自己由先定框架出发而得出的真理和思想表达出来。

在后现代主义哲学看来，逻各斯中心主义和语言中心主义又集中表现为基础主义和本质主义。所谓基础主义和本质主义，泛指一切认为人类知识和文化都必须有某种可靠的理论基础和本质的学说。在这种学说中，世界所以自然有序且无含糊不清，是因为有基础和本质的存在，而这种基础和本质则是由一些不证自明、具有终极真理意义的观念和概念构成的。基础主义和本质主义总是为世界预设一个统一的“始基”即世界的终极基础，万事万物既源于它又复归于它，从而致使人类对万物的认识就是去追寻那个不变事物的“始基”和本质，对之加以表象和还原式的再现。然而，世界事物并不存在一个固定的和先在的“始基”和本质，一切都是变动的和不确定的，意义只在于解释者的解释行为中。因此，后现代主义要求击溃和解构基础主义与本质主义。

第二，反对中心和整体性。

后现代主义哲学家德里达认为：逻各斯中心主义假定宇宙存在着某种

静态的封闭体，其中心或结构就是本体、实体或者理性、上帝这些子虚乌有的面壁虚构。他认为，传统形而上学以“存在”为中心的本体论应该给予解构。因为“中心”的存在意味着“非中心”的存在，有主要元素的存在就有从属元素的存在。所谓解构，就是拆解中心结构的方法：它通过内部结构自身的矛盾，消除结构中确定的、固定的、“中心”的东西，取消中心与边缘的区分，用差异原则消解“中心”概念，以边缘分割和消解中心，最终使中心不复存在。解构所看中的是差异和重复，而不是矛盾和对立。后现代主义不仅强调去中心、非中心性、非确定性、差异性，而且用解构方法打破和拆除中心性和结构性，摧毁不变的终极本原，从而颠覆形而上学和本体论。

后现代主义哲学认为，西方传统哲学预设世界是一个具有同一性的整体，而人类的认识是在差异中找到共同的中心、本质、本原、终极目的等，把差异性的统一揭示出来。这种整体性和同一性：强调真理是整体的“一”，作为唯一而存在，与差异的“多”相对立；而承认差异的“多”是为了达到崇高的“一”和最终吞噬“多”。因此，后现代主义否认世界是一个有着严密等级结构的、相互联系的、有规则的整体，否认事物之间具有同一性。而且，为了避免对整体“一”的追求造成对“多”（他者）的摧残和暴力，突出强调差异性、异质性、“多”的价值、他者的意义，提出把差异从整体性的同一逻辑中解放出来，代之以相对性和碎片化。德里达由此开创了差异性哲学；福柯则强调，认识的目的不是从差异性中找到共同因素，而是应当差异地理解差异。

后现代主义摧毁了本体和本质，打破了整体性和同一性，冲垮了中心性和确定性。这种史所不见的颠覆瓦解性强力，致使思想失真、价值失信、权威失尊、社会失序，以致后现代精神文化形成了一个差异、异质、碎片到处泛滥的多元化世界。

第三，消解主体性和理性精神。

西方近现代哲学的典型特征之一是高扬人的主体性。主体性哲学强调人是世界的主人，人作为主体可以不断认识和控制世界，利用外界的一切来为人类自己服务。因此，主体性的确立与高扬是近现代的伟大成就之一。后现代主义认为，人的主体性的构建过程突出人的能动性和中心地位，使自我膨胀和极度扩张，形成了人类中心主义的“固恋”。而且有讽刺意味的是，在现代主义高扬主体性的同时，主体性存在的意义却在丧失，例如，被掠夺的自然在报复人，人被沦为技术的奴隶，人在巨大的物欲中成为牺牲品。因此，后现代主义否定主体性，以便使人类支配、控制、干预自然和社会的“合理性”得到消解。而这又要求消除主体的主导性和客体的从属性，改造主客二元结构，取消二元模式中主体的中心地位。而且，后现代主义认为，主体性是一个虚构的范畴，是根本不存在的杜撰。所以，在后现代主义的视野中，人没有身份、没有自己的存在和独立的价值，只是零散的碎片，世界只有物与物的关系而无人与物的关系。这样，后现代主义由消解主体性、否定人的价值而走向极端的虚无主义。

理性作为西方文化的灵魂和绵延不断的脉流，是西方现代性得以确立的基本前提，对西方近现代历史发展有无可比拟的功勋。但是，西方理性主义确认和公奉理性的权威，是以贬低和压抑非理性的情感与意志为代价的。后现代主义对此的批判比以往的非理性主义思想家做过的更加彻底。一方面，以消解基础主义和本质主义为前提和总导向，否定和拆除本能、意志、存在等实体性要素，因而彻底消除了理性的地位与功用；另一方面，将理性和权力联系起来，确认理性破除了神的权威，但又设置了本质和中心这一奴役和压制的新权威。福柯列举许多事例来证明理性权威对非理性的压制，利奥塔认为随理性而来的是监狱和禁止，德里达则把理性与集权性生活方式、种族中心论、文化帝国主义等同起来。这样，后现代主义就把理性消解掉了，或者说已清除殆尽。

第四，反对传统真理观，强调透视主义和相对主义。

后现代主义认为，自笛卡儿以来的西方现代主义传统哲学中的认识论和真理观，是主客二元模式的产物，是基础主义和本质主义的表现。贯彻解构思路的后现代主义，在认识和真理问题上强调透视主义和相对主义，倡导视觉的多样性、意义的多重性、解释的多元性。其基本观点主张如下：事物不存在一个先天的基础和本质，没有一个先验的、统一构造性的主体存在；事物的规律和意义只存在于人们对事物的阅读和解释行为之中，一切都在差异和流变之中展开。世界的意义不是一元的和统一的，而是多样性和歧义性的；解释世界的方式无限多样，对世界的透视角度和层面越多，解释和知识就越丰富越深刻。真理和知识与其说有真伪之分，不如说只有合法与否之别；没有真理自身，只有关于我的、多元的真理；真理是相对于不同语境而言的，它具有多重意义；真理的绝对因素和终极价值都是虚妄的。

由上述可以看出，后现代主义坚持了哲学的批判精神，揭露了近现代主义哲学的弊病，动摇了西方人头脑中的传统观念，因而是有积极意义的。但是，由于自身具有难以克服的矛盾和局限，虽看出了病症却开错了药方，因而它不可能克服现代主义哲学的危机而使西方哲学走出困境。相反地，自己也走向了彻底的怀疑主义和虚无主义，进而实际上已走向衰落。

第五，后现代主义文学艺术的基本特点与面貌。

后现代主义文学理论和创作，既承接了现代主义的激进批判精神，又把这种精神推向极端，使展现的社会生活和人的精神世界普遍地破碎、僵硬、沉闷、空洞、毫无生气，从而使得文学成为极度异化、审美功能丧失殆尽的文学。这就是后现代文学的总体面貌与特征。

在创作内容方面，后现代主义放弃了现代主义文学中的严肃、崇高、优美等深沉的精神意义，通常以解放、色情、冲动自由为表现对象，与商品经济和消费文化合拍，以宽容态度接受现实的荒诞、虚伪和虚幻，以素材为题材甚至为文学的特性。这样，后现代主义文学：一方面填平了精美文学与通俗文学之间的鸿沟，消解了高雅与通俗的界限，使自己实际上完全退化为通俗文学或大众文化的一个类别；另一方面，用人生的逍遥和游戏代替了自我拯救的探索和试验，使文学的审美功能和意义荡然无存，使文学成为无使命的因而也是不需要的“文学”。

在创作形式方面，后现代主义颠覆了现代主义文学注重的结构完整性和意义确定性，使一切样式和流派的作品无不明显呈现出意义的不确定性、叙述的支离破碎、通篇作品的无连贯性。从写作原则与手法上来看，后现代主义文学有以下特点：一是矛盾，即后一句推翻前一句，叙述者摇摆于不可调和的欲望之间，甚至作品中的人物在性别上往往是模棱两可的。二是排列，即作家有时把几种可能性组合排列起来，以显示生活和故事的荒谬。三是不连贯性，即后现代主义作家怀疑任何一种连贯性，而行文的连贯性则为上述排列法所打断。四是随意性，即文学作品的创作和阅读成了一种随随便便的行为，甚至产生了可以任由读者拼凑阅读次序、从哪一页读起都可以的活页小说。五是比喻的极度引申，即作家有意识地把比喻引申成独立的故事，再也回不到原来的上下文中去了；而其意图是向读者提供形形色色的繁杂材料而不是他得到的综合认识，以表示世界和生活的不可解释。上述写作手法在现代主义作品中也有某些表现，但只有在后现代文学中它们才成为显著特点。

后现代主义文学具有异化文学、反文化的倾向和面目，具有颠覆既成规范与秩序、消解文学本身与读者的内在品格。它延续着反思批判的文化传统，给文学存在、审美需求和人的精神世界造成了空前彻底的否定性震撼与破坏，因而很难在西方文化重建中发挥积极和建设性作用。事实上，20 世纪 90 年代之后，后现代主义文学已走到尽头，其声势和影响大为消退，而真正留给文学的则是洗劫和空场。

在现代派艺术的解体过程中登场的后现代主义绘画、雕塑、音乐、舞蹈等后现代艺术：一方面承袭反理性、反传统的现代派艺术，一方面又颠覆现代派艺术；一方面反映当代资本主义社会的现实矛盾，一方面又逃避现实矛盾；一方面有在艺术上的痛苦和极端的探索，一方面又抹杀艺术与生活的界限。因此，无论从艺术的根源上还是其理念逻辑来说，后现代主义艺术都必然是而且实际上成了异化的、衰败的、畸形的艺术。

最为突出的是，后现代主义艺术以空间代替时间，从而使作品失去深度。它使作品本身消融于它周围的空间中，让人通过这种新的空间现象去把握艺术家的原意，不提供任何现代主义经典作品在人们心中激起的经验和意义；而本身有深度和产生深义的时间特别是心理时间的被排除，艺术作品的深度便被排除或丧失了。这是后现代艺术消解本质主义、追求不确定性的必然和结果。由于外在的空间蔑视深度，所以后现代主义艺术作品总是充斥平面感，拒绝解释，不能分析，只能重复，给人以时间断裂的欣赏阅读体验，以致丧失价值和意义。

后现代主义艺术的内容和形式，有极为抽象的和极为具体的，极其玄奥的和极其通俗的，可谓千姿百态或五花八门。然而其共同实质就是价值低劣、意义走失因而是销蚀艺术。例如：绘画中的“塔希主义”，用各种被丢弃的污物在画布上涂抹就形成了绘画作品；“欧普艺术”则利用线条和色块的抽象图形的排列和变化，给人的视觉提供由错觉产生的奇异景象；“波普艺术”的绘画和雕塑作品，偏爱表现消费商品、大众传媒制品、日常生活等流行的东西；“艺术实体创作”甚至把涂抹颜料的人体在画布上打滚留下的印迹作为艺术作品。在音乐方面，曾流行的一种“概念音乐”竟提倡音乐无须声音，只需想象就可以了。在舞蹈方面，舞蹈家们冲破传统的规则和风范，打破剧场舞蹈的固有秩序，以生活便服代替舞蹈服装，不要音乐伴奏，不要灯光效果。

简而言之，现代主义艺术对传统艺术模式的冲击，导致了艺术的形式化、抽象化、符号化，可谓亦有所成。而后现代艺术则抛弃一切艺术传统，抹平先锋艺术与大众艺术的鸿沟，混同艺术与生活，甚至走向了反艺术、反审美、反人类的极端。实际上，后现代艺术虽然如过眼云烟，但已造成艺术领域的大地震和强异化，使西方艺术陷入前所未有的灾难性危机。

3. 主流文化与反主流文化

当代资本主义精神文化的主流就是资产阶级的、在资本主义文化体系中占主导和支配地位的“自由主义”意识形态，以及这种意识形态统治下的文化现象。它维护资本主义政治经济制度，反映资产阶级的思想观念、权利要求和生活方式，而且对西方社会绝大部分成员的价值观念、思维方式、行为方式有着深刻的乃至决定性的影响。

自由主义，一方面是资产阶级反封建的思想武器，一方面是封建制度及其意识形态崩溃的结果。到 19 世纪初，它就在欧洲和北美流行，曾经是资产阶级的思想意识，或者是资产阶级派别的名称。随后，自由主义逐渐发展成为资产阶级最主要的思想观念，成为资产阶级国家政策和统治谋略的理论基础。在当代资本主义条件下，自由主义意识形态肩负着双重任务：其一，应对新科技革命和全球化浪潮的挑战，论证资本主义制度与秩序的合理性，增强人们对资本主义的信念；其二，反对马克思主义理论，防止共产主义思想的影响，攻击社会主义制度。履行这种一正一负、正反结合的任务，在几十年的冷战时代尤为突出，在如今对资本主义依然不可或缺。因为，这不仅是在维护资产阶级的统治利益，而且是资产阶级信奉的资本主义制度最为美好这种世界观的必然要求。

自由主义意识形态一向把资本主义制度看作人类社会制度的样板甚至最终形式，把社会主义制度说成专制独裁，把前者称作“自由世界”和“民主国家”，把后者称为“极权主义”。它把社会主义视为自由主义的主要威胁，甚至把法西斯主义、纳粹主义和所谓“斯大林主义”统统视为“极权主义”。在 20 世纪 50 年代，西方世界掀起批判极权主义浪潮，大肆反对和攻击社会主义和共产党，从而形成“冷战自由主义”。

为了给反对社会主义提供正当性和理论根据，西方自由主义意识形态和自由主义者混淆幻想与理想主义等，把它们都视为乌托邦主义的表现形式，视为邪恶和专制的根源，并宣称社会主义是“乌托邦主义”。英国自由主义理论家波普坚持认为，乌托邦主义的理论基础是历史决定论，但社会进化规律是根本不存在的[①]。他把历史决定论者依据历史规律而彻底改造社会、追求理想未来的活动过程，称为没有科学根据的“乌托邦工程”。自由主义意识形态一向坚持任何试图彻底改变资本主义制度的主张都是“乌托邦主义”，并且是社会灾难的根源。西方自由主义者顽固地认为，马克思创立的历史唯物主义是否定选择自由的历史决定论的典型，科学社会主义则是封闭的乌托邦。

当代资本主义的自由主义意识形态和西方自由主义理论家，坚持个人主义并以之否定集体主义，不断攻击集体主义，反复论说集体主义与民主、法治、道德不相容，造成思想控制和极权主义的盛行。哈耶克这位自由主义的代表人物是一生如此的典型。他的自由主义思想理论以应对社会主义为要旨，在欧美资本主义世界影响巨大，以致超越学术范畴而进入公共政策领域。哈耶克在其 1944 年出版的《通往奴役之路》一书中，就批判和攻击集体主义和计划经济。他坚持认为，有意控制或操纵社会进程的各种意图和努力，只会导致自由的沦丧，而且最终会毁灭人类文明。他在 1988 年出版的《不幸的观念》一书中，对所谓社会主义的荒谬进行系统的分析和批判。他断言社会主义是一种终极目标，集体主义是实现目标的手段，而集体主义只能导致极权主义制度，导致一般道德原则的瓦解。他宣称：“目的说明正当性这个原则，在个人主义道德里面被认为是对一切道德的否定。而它在集体主义的道德里面却必然成为至高无上的准则。”[②]哈耶克对相信人能够设计和控制人类秩序的观念、怀疑和反对私有财产的观念、平等的观念等“不幸的观念”统统给予批判。

自由主义的最新表现形态就是新自由主义。把古典自由主义的自由市场、自由民主的主张与保守主义的捍卫传统道德的要求结合起来，以补充和完善自由主义思想体系，这就是新自由主义的实质和面目。而其目的则是维护国际垄断资本的内外利益，即维持对国内工人阶级和广大发展中国家劳动人民的剥削与压迫。因此，自由主义和新自由主义不仅一般地反对社会主义，而且是当代世界的一种弱肉强食的意识形态。

---

① ［英］波普：《历史决定论的贫困》，杜汝楫、邱仁宗译，华夏出版社 1987 年版，第 2 页。

② ［德］哈耶克：《不幸的观念》，刘戟锋、张来举译，东方出版社 1991 年版，第 35 页。

关于反主流文化，这里应予以简要叙说。

反主流文化作为当代资本主义的一种文化思潮和文化运动，是欧美资本主义社会的普遍现象，从20世纪60年代初兴起，至1968年达到高潮，1973年以后逐步走向衰落。就其表现形态来说，以美国和法国最为突出。

这一时期的反主流文化，是由各种力量联合形成的与资本主义传统的政治制度、意识形态相对立的文化形式，折射着资本主义文化世界的矛盾和危机，并且构成当代资本主义文化发展中的一道风景。这一反主流文化运动五光十色，成分复杂，思想倾向各异，不过它有一个共同点，即对传统文化采取不妥协主义，凡主流文化倡导的生活方式它都反其道而行之。法国1968年6月的大学生运动，打出了“意识形态革命”和“文化革命”的旗号，宣称要埋葬旧传统，争取真正自由。

反主流文化运动的重要构成部分之一是新左派运动。其内容主要如下：第一，要求实现分享制民主。这针对的是虚假的资本主义民主制，主张人人参与社会决策，鼓励个人独立性，从而实行一种直接民主制或绝对的个人民主。第二，要求实现保证“真正的自我”的一整套价值体系，其中主要是个性、多样性、自由、社区、平等。这是因为，当代资本主义社会的自由是压抑真正的个人自由的虚假自由，社会制度并不需要个性和差异，所有的人作为同样的生产者和消费者依照固定规则去思考和行动，从而都丧失了“真正的自我”。第三，批判社会政治结构。新左派攻击说：资本主义的政治结构是资本、工业综合体、政府这三者的混合物，根本不是民有民治民享的；它摧毁爱，摧毁创造力和“真正的自我”，“已腐朽透顶，不可救药，因此对待这样一个本身具有毁灭性的结构的唯一手段就是把它消灭掉”①。第四，追求新的理想国。新左派设想的理想蓝图，是与现存资本主义完全不同的充满田园风光的新世界。在那里，不再是工业社会的各种无人性的规则的统治，而是人性的复归和人们之间普遍的爱，是最适合个性发展的生活方式和自由生活。

反主流文化的一种主要表现形态是美国的嬉皮士文化。有许多流派的嬉皮士文化，实际上是20世纪50年代“垮掉的一代”开创的生活文化的延续，它不热衷于政治问题，沉湎于用新的生活方式来反叛传统文化。

---

① ［美］布卢姆等：《美国的历程》下册第二分册，杨国标译，商务印书馆1988年版，第610页。

嬉皮士文化的主要内容和表现形式有下列：第一，摇滚乐。美国的摇滚乐主要是由英国的“披头士乐队”和“滚石乐队”引发起来的。这两支乐队在美国巡演，其摇滚乐糅合了讽刺时世和宣扬毒品幻境等多种反叛内容，用来表现欣喜与悲哀、爱情与孤独、幻觉与恐惧等情绪，因而很合无权潦倒的美国青年一代的口味，激发了他们离经叛道的联想和欲望，于是摇滚乐随即风靡整个美国。在整个60年代，摇滚乐不仅是一种娱乐形式，而且成了反主流文化的重要表现。第二，群居。嬉皮士们组织起“共在会”和“共爱会”，建立了群居村，几十人或几百人一起实行财产、性爱、子女公有制。这种群居村到1971年发展到3000个。第三，吸毒。一代嬉皮士青年深感空虚无聊和备受压抑，便从吸毒中寻找幻境、刺激和脱世。据美国公共卫生署估计，60年代美国大学生、青少年吸食大麻者达200万人。第四，奇装异服。穿奇装异服是反主流文化运动的一大特色，以致美国人说，男人过去像企鹅，现在像孔雀了。第五，非暴力和暴力。通常情况下，嬉皮士们在斗争中采用非暴力手段，他们参加反战活动时不掷汽油瓶，而是往警察的枪管里插鲜花。但有时也施暴，甚至杀人并肢解他们的尸体。

包括上述的各种形态的反主流文化，对资本主义社会的传统价值观、伦理道德、生活方式产生了有力的冲击。它既没有创造出什么替代性的文化，也没有反掉什么，并且基本已消失，然而确实构成当代资本主义文化的一种发展。而它的产生和消退，对资本主义文化来说，都是必然的与合理的。

4. 大众文化的兴起

大众文化，即与贵族文化、高雅文化、精英文化相区别，以平民大众或普通社会成员为参与主体的文化，它的兴起，是当代资本主义特别是欧美资本主义文化史上的重大现象。大众文化是物质文化与精神文化在当代资本主义条件下的混合形态。它们作为文艺复兴以来的文化现世化、文化世俗化达到一个全新高度的明确表现，创造了一种新的文化样式即由工业生产支撑和大众消费两者构成的文化存在，给当代资本主义文化世界带来了深刻、普遍、不可抗拒的影响。在资本主义以往的时代，大众文化是不可能的，既不可能形成，也无从谈及。

当代资本主义的大众文化的兴起，概括地说，是其既有的物质文化、精神文化相互作用的结果。具体地说，它有或说需要三个基本条件：一是前提条件，即标准化、模式化、流水线作业的大规模生产，市场经济的深度发展与完善；二是主体条件，即城市化和大都市的兴起造成人口密集化，刺激人们的消费欲望，因而提供大众文化的主体；三是传播载体条件，即科技革命和科技进步导致报刊、广播、电影、电视、互联网等大众传播媒介相继产生和发达，因而使大众文化传播的速度、密度、广度空前增强加大。此外，还有一个不可忽视的条件，那就是"分期付款"购物法的发明和广泛采用，这无异于消费观念和消费领域里的一场革命。这一切条件，当代资本主义都具备了或者说把它们都创造出来了，所以，大众文化作为工业化、城市化、传媒技术发展进步的产物，作为市场经济和商品消费向文化领域扩张渗透的结果，也就必然地和十分自然地兴起了。

受制于资本主义物质文化和精神文化的一般属性，由前述条件造成并兴起的大众文化，十分自然地具备它脱不去的面貌和特点。这里着眼其最基本特点来略说大众文化。

首先，商品和商业文化。这是大众文化的实质和根本面目所在。也就是说，商品生产与交换法则、商业作为商品运动独立化的必然以及由此形成的深厚强大的力量，使得一切文化产品必须采取商品的形式，必须首先表现为商品，从而使文化产品商品化和商业化了。在这种情况下，一切文化产品，无论是通俗小说、戏剧、电影电视剧、肥皂剧还是流行歌曲、广告艺术品、畅销书等，如果不以商品表现自己并加入商业化经营，就不能成为供大众消费的文化产品。因此，商品生产与交换的规律从而市场机制也调节着大众文化产品的生产和消费。十分自然，大众文化产品不仅有真正的原创者为着金钱目的而生产或创作，而且有商业领域为着营利目的而专门经营或加以复制，而它们在市场中便成为文化商品，从而供给文化消费者。因此，大众文化首先就是商品文化和商业文化。

其次，流行性浅表文化。以产品或商品形式表现自己的大众文化，像物质生活中的商品一样，能够满足大众的某种需求或文化生活需要。因此，它必然形成供需市场，甚至在一定时期形成文化的时尚潮，从而造成大众文化的流行性。但是，流行并不决定于它的精神含量和文化品位高，相反地，是因为精神内涵不高才流行。实际上，归入大众文化的各种产品，在外在形式上是具象的和多样化的，甚至是华美的和令人惊讶的；但其思想内容或内在精神不是博大精深、引人沉思、发人深省的，而是浅表的、单调枯燥的、索然无味的。这从根源上说，是当代资本主义精神文化在后工业社会条件下失去生机、生命力渐消的一种结果，因而无力给大众文化提供真实而充足的滋养。从直接成因上说：一方面因为，文化产品生产的批量化、标准化和模式化，经营的商业化和消费的市场化，消解了创作或生产者的独创精神，从而文化产品丧失了独特的个性；另一方面则因为，大众文化本身偏爱直白化、浅显化和消遣化，拒绝高雅文化的深度、境界、意蕴和情怀。因此，大众文化无法脱离浅表文化的属性，而它的流行性总是同人们的忘却性和易于获得的过时性相伴随。

再次，享乐主义文化。大众文化的这一特点和面貌，在物质文化和精神文化两方都一样地表现出来。表象地看，享乐主义似乎是物质生产力和社会发达的必然性产物，但在本质上，它则是资本主义利润意识形态支配和引导的结果。对于资本主义社会，利润既重于一切又无处不在，而利润的获得在其发展过程中则越来越依赖于消费，因而大众消费行为与享乐主义文化便难解难分、水乳交融了。在大众享乐主义文化氛围中，文化不再与如何工作、如何获得成就有关，它关心的只是如何花钱和如何享乐。我们不妨看看丹尼尔·贝尔的见解："大规模消费和高生活水平一旦被视为经济体制的合法目的，所有这一切就出于社会对变革的需要及其对文化变革的接受而产生了。销售活动变成了当代美国最主要的事业。销售本身直接与节俭习惯相冲突，它强调挥霍；销售活动也反对禁欲主义，它鼓励讲排场、比阔气。"① 美国享乐主义大众文化的缩影是加利福尼亚州，那里几乎一切都可以用于享乐，而且人们懂得，如果未能得到欢乐享受就降低自尊心。

当代资本主义大众文化的兴起和发展，对资本主义意识形态和精神文化产生着矛盾性的作用和影响。一方面，它作为兴起于并主要以社会中下阶层为存在场的文化，其特点和功能大不同于主流文化和精英文化，因而潜在地、不同程度地消解着社会上层文化和垄断资产阶级的意识形态。另一方面，它与主流文化、精英文化共存于同一生产方式和同一文化世界之中，受着它们的制约、渗透和影响，因而又自觉不自觉地、一定程度地维护上层文化和垄断资产阶级的意识形态。这样一种两重性的作用和影响，将是大众文化未来发展依然不失的，而且也难以发生什么大的改变。

---

① ［美］丹尼尔·贝尔：《资本主义文化矛盾》，赵一凡等译，生活·读书·新知三联书店1989年版，第116—117页。

5. 宗教文化的变迁

以遵循神灵或上帝的意旨为核心观念，向往痴迷人生终极关怀和来世的宗教，是资本主义文化中的一道十分重要的血脉，一种根深蒂固的传统，而今依然是资本主义文化世界中普遍的存在。基督教、佛教、伊斯兰教是资本主义世界的和当今人类的三大宗教。而在欧美资本主义世界，基督教——早已演变分化为天主教、东正教、新教三大派系以及一些小派别或宗派——占据着主导地位。就宗教的制度、仪式、神学思想体系等的严格性、繁杂性和神秘性而言，当属基督教最为突出。因此，也限于篇幅，我们以基督教为对象来叙说。

据资料，目前世界上信奉基督教者大约有 15 亿人，其中，天主教徒约 8.8 亿人，新教徒约 3.6 亿人，东正教徒约 1.3 亿人，属边缘或变种的基督教派，例如摩白教、耶和华见证会等约 1400 万人，属各国自立的不依附任何宗派的教会约 7000 万人。现今的美国，作为当代世界最发达的国家，也是当代国家中宗教最发达的国家，各种宗教门派达 1200 种，94% 的人自认是教徒，10 个人中有 9 个自称信仰上帝。由此可以想见，宗教这种广布于世界的存在和现象，对当代资本主义的经济、政治、伦理道德该有多么大的反作用，对其文化世界和人们的精神生活该有多么强的影响。

从当代资本主义世界的宗教变迁的复杂状貌中可以概括出两方面：第一，科学技术的巨大进步和物质生活的改善，没有使宗教趋于衰亡，反而使之在信仰的衰退与复兴中生生不息；第二，当代科技、经济、政治、军事等的巨大变化对宗教提出了新的挑战，因而使宗教发生相应的变革，使宗教文化呈多元化发展趋势。看来在相当长的未来，推动宗教发展变迁的力量将继续如此，而宗教本身也将继续多元化地存在和演进。

宗教文化变迁的重要点之一，是一些新派别的产生。

就其本质和一向的面目来说，宗教是和科学根本对立的，甚至曾经是水火不相容的。根据基督教的信仰，人和世界上的万物以及世界本身都是上帝创造的。因此，一方面，它是逆科学、反科学、违背科学的；另一方面，科学技术的每一重大成就和进步，总是对宗教观念、宗教信仰等构成打击和挑战。正是由于这种情况，就是说，由于当代科技革命和进步，对基督教的人格化上帝的存在、耶稣基督的神性、来世生活的保证等基本信条提出了进一步的质疑，使旧的宗教信仰与新的思想观念之间出现了裂痕，从而为应对科技革命的挑战，新教神学中的三大教派即自由主义派、保守主义派、新正统派便应运而生。这构成了当代资本主义宗教文化演变的一个重要方面。

新教中的自由主义派，试图依照现代科学重新解释基督教的启示，主张以最好的经验和理性来理解宗教信仰，强调要信赖经验而不要单纯信赖《圣经》，宣称上帝与人类、理性与启示是连续性的，因而人类有能力去克服人性和社会秩序的缺陷。可见，自由主义派走上了同当代世界妥协、适应当代信徒的需要的道路，并且具有自己的相应特点。新正统派起源于欧洲大陆，在美国也有广泛影响。一方面批判自由主义派把基督教弄成了异于早期宗教改革所追求的宗教，因而强调知识与信仰之间的非连续性，宣扬上帝的超验性和他在性，肯定神的首创性高于人的首创性；另一方面，也对基督教基本教义采取灵活态度，突出强调人性邪恶、人的罪孽、人在上帝面前的动物地位。保守主义派不否认当代社会和人的观念的变化，但坚持耶稣基督福音的命题不能改变，坚持基督复活说而反对怀疑，并且宣称基督还将二次肉身降世以拯救人类。这些就是新教神学的基本变迁。

宗教文化变迁的另一基本表现，是世俗神学的兴起和演化。

兴起于 20 世纪 60 年代的世俗神学，强调人类唯一真实的世界短暂易逝，依靠科学的方法即能得到对它的认识，而超出这个世界的东西便是不可知或是虚幻的。世俗神学包括以下三种：第一，过程神学。它强调生活的有机统一性，认为神、自然和人作为统一体会发展得越来越丰富；它宣称上帝是变动不居的实体，其创造力将持续使之趋于更大的完满。第二，“上帝死亡神学”。这种神学强调用世俗方式论上帝，要求对《圣经》作非宗教解释，认为上帝并非为了被人的经验感知而存在，承认人们更为关注现实世界，并在其中找到自己的信仰和希望，而不是求助于某种超验的力量。第三，希望神学。这种神学突出历史末世论，认为历史就是对新的可能性的开放，而上帝是达到终极完满的保证，是推动人类实现更加完满的未来力量。

宗教的继续世俗化是宗教文化变迁的基本导向和趋势。

随着科学技术的进步和人们独立思考能力的增强，传统神学和教会的权威在下降，神学的世俗精神逐渐增强。这就是既往的宗教世俗化过程在当代的继续。宗教世俗化主要表现在以下方面：第一，宗教新派别、世俗神学的产生和演化。这在前面已述，而它们归根结底又是宗教世俗化的一种体现。第二，强调正视现实和解决现实问题。以基督教来说，它已提倡协调自己与各种思想和思潮之间的联系，把神学的重心放在宗教的社会功能上，注重宗教在政治、伦理道德方面的教化作用，强调个体的重要性，而不再一味强调天国的真实价值和个人灵魂的解脱。第三，一些严格的教规教俗被抛弃，世俗之风吹遍教会。例如：罗马天主教徒在星期五可以吃肉；修女们可以脱下修道服而穿上现代服装；教会辞职人数大大增加，妇女可以担任牧师；如此等等。在美国：宗教界不仅有神父，而且还有神母；做礼拜时可以用摇滚乐伴奏；教堂可以为同性恋者举行结婚仪式。由此可见，宗教世俗化的走势和风尚是多么明显。

关于当代资本主义宗教文化的未来，我们这里只提两点：首先，它将长期存在和复杂演化。其根源在于，“宗教里的苦难既是现实的苦难的表现，又是对这种现实的苦难的抗议。宗教是被压迫生灵的叹息，是无情世界的情感，正像它是无精神活力的制度的精神一样”①。因此，在当代资本主义社会的各种“现实的苦难”消失以前，宗教便必然存在而根本谈不到消亡。同时，为了寻求精神寄托和心理安慰，或者出于自我反省、沟通感情、解决信仰危机、绵延文化等的需要，资本主义社会反而需要宗教。其次，它的存在演化状态无论多么复杂，世俗化依然会是其根本走势和总体面貌。

6. 美国文化的超级影响

无论如何，研究论述当代资本主义文化的发展，都不能撇开美国。这里，我们有必要简略地叙说一下美国文化对当代资本主义世界，以至对当代人类的巨大、全面的超级影响。

自第二次世界大战以后，美国登上了资本主义文明的最高层，逐渐成为西方乃至世界的领头羊和主宰。尤其是到20世纪以来，无论经济和军事还是科学与文艺，美国已走在所有国家的最前面。在当今世界，谈到经济或文化，美国无不大大领先于西方发达资本主义国家。它的经济规模令所有国家难以望其项背，而在文化舞台上依然是美国唱主角。美国人的生活方式影响着全球，以至于它的西方伙伴们也高叫要捍卫民族文化以抵御

---

① 《马克思恩格斯文集》第1卷，人民出版社2009年版，第4页。

外来文化，实际上就是抵御美国文化。正因为这样，美国文化也就形成了强大的扩张性和渗透力。

美国文化一向具有多元化的根本特征，而当代美国文化则是一个典型的大熔炉。在这个大熔炉中，除去各种物质文化基础以及醒目的文艺成就，还有产生了极大影响的社会思潮，包括女权运动以及多种社会进步运动；既有突出的种族歧视，也有反种族歧视运动；既有发达的学术和思想成就，也有各类反主流文化；既有爵士乐、摇滚乐、乡间音乐，也有牛仔服和T恤衫、可口可乐和肯德基。简言之，美国文化的多元性之强，是没有哪个国家可以相提并论的。因此，美国对当代人类文化世界的影响是全面的。

美国人的生活方式，包括以流行、通俗、大众化、绝对自由乃至放任为特征的文化生活，对世界的影响也许是最突出的。尤其是它给当代青年人带来的影响，足以使人想起古希腊对于古罗马的深远意义，想起路易十四时代法国文化对于欧洲的全方位影响。这种影响，在当今中国几乎可以说随处可见。

在科学技术方面，美国的影响最为巨大。原子弹首先由美国于1945年试爆成功；第三次科技革命，目前方兴未艾的高新科技革命，都率先从美国兴起；对宇宙空间的研究美国一直处于领先地位；1972年微型计算机进入市场，计算机开始成为大众的工具；20世纪50年代以后，诺贝尔奖获得者大多数是美国人。

在文学艺术方面，一些流派和思潮虽然产生于西欧，但美国使之发挥了最大作用。属于存在主义范畴的“新小说”、“黑色幽默”等在美国成就最突出。美国较难造就造型艺术大师，但流行艺术即“波普艺术”的影响就如同它的影视艺术一样。影视中的所谓“大片”起源于美国，而且美国至今称雄于世界；奥斯卡电影金像奖，几乎就是当代电影艺术的最高奖，美国至今仍是全球最大的影视产品出口国。各种风格的音乐和舞蹈团队昌盛不衰，当今世界十大管弦乐团美国占据半数以上。由此可见，美国文学艺术给世界的影响可以说是举足轻重的。

在大众传媒和娱乐业方面，美国的影响可谓首屈一指。《时代》周刊、《读者文摘》、《每周新闻》等杂志、“美国之音”电台均驰名全球，报纸和电视台种类繁多且极其发达。20世纪60年代，美国已经利用通信卫星进行电视转播，其间插入广告逐渐成为赢利的主要手段，之后大众传媒遥遥领先于世界。拉斯维加斯成为娱乐业的代名词，爵士乐至今像其他通俗文化一样流遍世界。

第二次世界大战以后，或者说在当代资本主义条件下，美国完成了由经济帝国主义、军事帝国主义到文化帝国主义的发展。美国：不仅在经济、科技、军事、文化方面逐渐占据优势，甚至许多方面占绝对优势；而且完全可以说，没有美国就没有“冷战”。表面看来，似乎只是美国的军事和经济对当代世界产生过巨大影响，对一些地区甚至产生了决定性影响；而实际上，美国文化的影响力在不断上升，影响范围在不断扩大，以至于发展为文化帝国主义。在当代资本主义条件下，美国的文化是强势文化。这种文化上的强势，并没有随目前的经济、军事力量的相对削弱而消减，反而保持着对资本主义世界的深入人心的影响力量，保持着对当今人类的相当程度的吸引力。同美国的文化帝国主义地位和能量相适应的，是当今美国的“文化侵略”不减的强劲势头。针对这一点，就连法国等西欧老牌文化大国也纷纷出台了抵制性的政策甚至法律。也许我们可以说，“文化殖民”、“归化主义”等词汇就是为美国的文化帝国主义而产生的。

美国的文化帝国主义之能形成，它所以能在全球行使文化霸权，其原因简明说来如下：首先，拥有强大的经济实力和发达的科技教育。二战后美国一直是世界经济的“巨无霸”，其经济总量如今占世界经济总量的27%，约相当于日本、德国、法国经济总量的总和。同时，其科技和教育的发达与普及程度之高，也是我们今天所望尘莫及的；其科技投入与产出之比也是其他任何国家所无法比拟的。其次，特定的文明史和移民国家的民族构成，铸就了它那海纳百川、兼收并蓄的精神和情怀。这种精神和情怀，有时演变为狭隘的排外主义和政策；但更多的是演化为网罗人才的计划和政策。二战期间，欧洲众多有成就的科技工作者、著名科学家、文化艺术名人纷纷逃亡到美国；美国以成为他们的避难所而自豪，也由此得到大笔无形财富。美国政府历来严格限制普通移民入境，而对于所渴求的各类人才尤其是科技精英，则一直张开着恢恢天网。再次，锲而不舍的精神和实用主义的价值观。美国人一向敢于冒险，喜欢孜孜以求地探索，崇尚领先和追求第一。同时，用实用主义对待一切，毫不掩饰其功利主义的思想观念和行为方式。这种务实探索精神和实用主义、功利主义的交融，总是产生出生机活力，展现出开拓创新的进展。

我们绝不夸大美国文化的全球影响，更不赞成美国的文化帝国主义。

然而，这两者都是长期存在的客观事实，因而我们不能不予以承认。我们很难断言，人类21世纪的文化世界仍然由美国主导和统辖，但有理由相信，美国文化的实力和影响依旧会是强大的。而美国文化是并将继续是资本主义文化的代表。

四　当代资本主义文化危机的理论分析

当代资本主义文化的危机，是包括它的物质文化、精神文化在内的文化世界的危机。这种危机换一种表达，就是当代资本主义作为社会历史形态的危机，或者是这种危机的深刻与综合的表现。因此，文化危机最能说明资本主义社会形态的暂时性和过渡性。我们先对当代资本主义文化危机作一个大概的理论分析。

1. 当代资本主义文化危机及可能的前景

当代资本主义文化，作为资本主义文化的最新发展，始终是在矛盾中运动的，因而时间性是其客观属性。它同人类历史上曾存在过的任何文化或文化形态一样，时间属性决定了它是一种具体的时段性文化，即一种在时间中发生又将在时间中消失的文化。

从客观时间来考察，任何文化都有“文化时间”这种特异而又普遍的性质，就是说，都有一个在时间中从兴起到危机以至灭亡的变化过程。当代资本主义文化对此是不能例外的。这种机理简明地说是这样：当代资本主义文化，如同人的生命一样，它的内在的质和结构在自己的整个存在过程中始终具有变动性，这种变动性使它的活力在不断释放过程中逐渐趋于减弱，因而到一定程度和时候，便在一定条件直接作用下而灭亡。当代资本主义文化的灭亡，就是它所创造的物质文明被破坏，它的制度结构、道德规范和行为方式被瓦解，它的价值和意义系统失效。而在灭亡之前，遭遇到的是由内外条件造成的、可能使之灭亡的威胁。这种威胁就是当代资本主义文化的危机，这样的时期就是它的危机时期。

处于明显危机之中的当代资本主义文化，其在一定长的未来中的前景是复杂难定的。在抽象的理论意义上，它的命运存在着以下可能：第一，复兴。这是指，如果资本主义社会与世界的人们能够正确认识并解决其文化危机，有可能使其原有文化得以保守并健全地延续。第二，重建。这指的是，在资本主义尚能挽救文化危机的情况下，自觉采取新措施，对原有文化进行至少是大部分的实质性变革，从而使原有文化在保留主要形式的意义上延续。这种情形与复兴有些相似，但按其实际意义来说则是重建。第三，灭亡。这说的是，如果复杂的文化矛盾不能得到正确的认识和处理，矛盾本身的发展将促使该文化走向灭亡；或者是说，文化的危机虽被认识到，但已经无法无力去消除和解决，只能无可奈何地任其发展，直到该文化在危机中灭亡。

当代资本主义文化的危机，是先前资本主义固有的文化危机的延续和发展。在以往时代，由于资本主义和人类发展程度相对较低，资本主义所呈现的似乎往往只是经济危机和政治危机，而一向存在的文化危机或文化意义上的危机较少被感知和认识。在当代资本主义条件下，首先，既往的资本主义文化危机已经发展到空前的高度和深度，其整个文化世界的危机不仅普遍而且尖锐，甚至于接近于人类文化危机的形势。因此，在这种严峻的现实面前，设想当代资本主义文化经过危机而复兴，是没有真正根据的和缺乏想象力的，这种复兴已经成为一个伪命题。其次，当代资本主义文化虽然面临和正经历着危机，但在一个相当长的时期内是不会灭亡的。所以这样说，不仅因为它仍有相当强的体系性和统治力，也因为资本主义世界充满着对它的迷信，还因为与它并存而不同质的文化即社会主义文化还难以与它抗衡。再次，文化重建是当代资本主义文化较有可能的一种前景；但这意味着对资本主义文化的一场革命，因而其实现的可能性让人难以相信或乐观。因此，当代资本主义文化，也就有了另一种可能的前景，即如前所说，由于危机终于无力无法消除和解决而不得不走向灭亡。

由上述可见，当代资本主义文化在一定长的未来中呈现怎样的前景，是具有很大的不确定性的。但是我们从中可以引出两点结论：其一，这种不确定性不是消除文化危机的力量和依据，也无助于文化危机的消除或解决，相反地，它使文化危机走向失控和放纵的可能性增大。其二，作为其内在矛盾发展运动的结果，当代资本主义文化终将走向灭亡。不过，我们应该离开处于危机中的当代资本主义文化的前景这一话题，回到当代资本主义文化危机问题上来。

2. 当代资本主义文化危机的类型与分析

为着尽可能深入细致地认识和说明当代资本主义的文化危机，我们要研究和确定它的类型，并加以简要分析，以便为更全面透彻地研究提供一种总体性的思维或视野。从人类文化史上曾经存在过的或已消亡了的一些文化的危机的共同性来看，因而就与它们的类似性来考察，当代资本主义的文化危机可以分为或者可以归于两种类型。导致这两种类型的危机的原因，全面影响到当代资本主义文化世界，是总体上的原因或说是类型化的原因，因而不同于我们后面将要提出和分析的原因。这一点是要预先给予说明的。

（1）自然环境条件变化引发的危机。

这里所说的自然环境条件，是指资本主义文化活动以此为基础并为这种文化活动与创造所利用、所触及、所改变、所影响的自然世界的一部分，主要是地球以及人类缺之而不能生存的大气层。在这种自然环境条件里，最重要的是当代资本主义文化以至人类本身赖以生存发展的空气、大地、水流、森林、植物、各种资源和能源等，以及自然界的生态平衡。这里所谓自然环境条件变化，不是其本身按天文或自然规律发生了直接威胁当代资本主义文化生存的那种变化，而是指当代资本主义文化活动中的过度利用、掠夺、破坏自然的经济利益活动所造成的变化。这种非自然的、迫使性的、无可奈何的变化的一切方面之归结，就是人类能否可持续地发展的问题。这种变化也就是说，由当代资本主义文化活动中的基础部分以及与之相连的观念，给人类周围的自然环境造成的前所未有的伤害与破坏，已经明显而严重地威胁到当代资本主义文化的存续，使之处于空前深刻的危机之中。

由资本主义生产方式、市场经济、生活方式所主导的大工业在当代资本主义条件下不仅高度发展，而且由于高新科学技术的支持已经形成众多新产业，因而工业文明的严酷统治更加升级和强劲。这是资本主义物质文明的最新成就和象征，是资本积累的必要条件必成景观。然而无情的是，资本主义工业制度或体系的生产过程造成了危及资本主义文化与文明、危及人类生存和发展的下列态势：资源能源消耗、生态破坏、环境污染日益严重；空气污染，水源污染，食品原料污染；各种污染引发的疾病增多，以致造成人类生育能力下降。肆意开发引起地表自然结构的破坏，大片绿地正在被沙漠吞噬，许多湿地正在消失。地下矿藏有许多已经挖掘到地面，储量正在迅速下降；许多资源已经枯竭，以煤、石油、天然气为代表的自然能源消耗殆尽；煤和石油及天然气的利用，以及化学工业的发展，进一步加剧了人类生存环境的污染；生存环境的污染，加之工业文明和市场社会特有的残酷的生存竞争，致使人们的生活意趣、精神状态、心理品质、生命质量大为降低。所有上述等等，加之人们过于自利的行为，还导致了：大量物种的退化和灭绝；许多近海海洋生物面临物种灭绝的威胁；热带雨林和欧美的大森林已部分地枯死；对农牧业有益的许多动物包括昆虫被化学制剂毒死，因而招致日益增多和日益严重的病虫害；全球气候由于大气污染的影响而变得异常，许多地区已发生历史上罕见的多种灾害性天气，直接威胁亿万人的正常生活。

上述严重的事实、现象和事态，一方面突显着否定和抗议当代资本主义文化的逻辑，一方面实际地证明着它所造成而又陷入其中的重重危机。如此发展演化下去，当代资本主义文化的灭亡不仅是无可避免的，而且必将加速度地到来。

（2）内部结构矛盾变化引发的危机。

这一类危机对于当代资本主义文化来说，不仅是直接的和必然的，而且具有实质性的意义。因为这类危机的根源和种种原因，完全存在于当代资本主义文化体系或文化世界自身之中，因而危机的到来终归是不可避免的。这类危机是内在性的，即便在前一类危机不显著甚至可能性不大的情况下，它仍然可以产生和发展。但在事实上，当代资本主义文化既导致了前一类危机，也形成了这一类即内在性危机。这两类危机都是同一文化体的必然性结果，不过在相对性上，后一类危机能更雄辩地证明当代资本主义文化是一种时段性的文化。

当代资本主义文化体系的内在结构、内在矛盾这两者之间的联系达到了水乳交融、血肉难分的地步，以至我们只有简明地说：其结构贯通和体现着矛盾，因而是一种矛盾性的结构；其内在矛盾以无形的力量统摄着结构，因而是形成结构的矛盾或矛盾体。这种情况，当代资本主义文化在我们头脑中的这种强烈反映，确实表明它是大大超越了既往所有文化体的因而其能量不能低估的文化形态。但正是因为这样，它的危机和危机的深刻性与复杂状态，也是既往文化根本不可比的或者不可能具备的。这也就是说，当代资本主义的文化危机是深重难测的危机，因而这一点也是不能低估的。

就其内在结构来说，当代资本主义文化体中的物质文化、精神文化、制度文化、行为与交往文化的共同基础，就是资本主义私有制和资本主义生产方式。因此，这些文化构成部分虽然按照资本的本性和资产阶级的意愿保持着结构上的有机联系，但它们的发展变动却不是这样的。就是说，前者即有机联系主要是人为的、刻意的、强制性的，这源于资本的权力与统治；后者即发展变动则主要是自发的、不可控的、难以料想的，而且必然是无力协调和矛盾重重的，这源于每一方面的文化行为与活动都具有多种意义、多种向度、多种结果、多种可能性。因此，当代资本主义文化结构的有机联系和发展变动这两方面之间，始终存在着控制与去控制的对抗、相互脱离与分离的趋势。而这种对抗与趋势发展加强到一定时候和程度，原有的有机联系就会松弛、改变以至被破坏，因而文化结构失去原有平衡，文化危机随之而来。

当代资本主义文化的结构具有不可克服的多重矛盾与冲突，实际上是一种与生俱来的矛盾冲突类型结构。其主要表现如下：

首先，物质文化统治和压抑精神文化。在当代资本主义文化世界，物质文化在其一般性上不表现为精神文化发展的自觉基础和有利条件，而是直接支配和主宰精神文化发展的力量，因而使精神文化发展的空间、可能性与持续性遭受限制和压抑。这与表象化理解的情况正好相反。为此提供了最有力证明的，一方面是当代资本主义的物化日益严重，另一方面是其文化发展的浅薄、乏力、平面化、空洞化、相互消解状态。这一切都不过是资本的力量与统治更为强大而全面的结果。

其次，精神文化的狭隘与偏执同人的全面发展的要求相冲突。受制于前一矛盾，精神文化中：最强劲部分即科学技术，一方面成了对抗自然界的物质凭借，另一方面充当了各种物化与异化的催化剂；其余的精神文化大体上围绕着物化和异化而生死明灭，成了无什么建设性可言的悲叹、抗议、迷乱、解构性的骚动。这种现实状态无力照亮反而消解了人的全面发展，只是表现着精神文化本身的狭隘与贫困。

再次，制度文化与交往行为文化之间存在深层矛盾。当代资本主义的经济、政治、法律等基本制度都源于资本并维护资本统治，它们在这个前提下以法律设定人们形式上的广泛自由，而其他用于维护社会生活秩序的次级制度和规则，实质上是基本制度的补充。因此，交往行为文化总是没有精神深度和实质上的自由，缺乏互助共荣的养料和超越性的追求，从而为私利、“个人自由”、“个性解放”、种种自我放纵所主导。在它们发展演化中，制度文化不断僵化和游戏规则化，交往行为文化则日益固化、狭隘化、放纵化和零乱化，一向难以相互促进的两者愈加失去生机和真实的联系。

就我们在本章第二部分提出并分析论证过的当代资本主义文化特质来说，它们实际地以一个结构起来的体系浓缩着当代资本主义文化世界的重重矛盾。这里提示性地分析如下：

关于商品、科技、世界市场“三位一体”。它作为资本主义文化的基础和主体部分，具有磅礴的气势和无边的力量。它一方面确证着资本主义的创造性能量，主要通过科技展示了精神文化价值；另一方面，它把人变为商品、货币、市场机制、工具理性的奴仆，成为异化和物化持续不已的莫大力量，因而给文化的本体——人的生命存在——造成巨大的冲击、压抑、扭曲和伤害。

关于私人财产权利体系。这个体系始终标示并确保整个文化世界的本质属性，即资产阶级的利益、思想意识、价值目标、文化趣味的统治。它一方面维系着文化世界的秩序和生态，另一方面造成文化世界的分裂、不平衡、摩擦对抗和种种矛盾。它以先天的保守性客观地限制文化发展的全面性、联系协调性、活力生机。

关于个人主义。作为资本主义社会的根本观念和核心价值观，个人主义渗透到其文化世界的一切方面和角落。它为文化创造和文化发展提供着某种活力，然而更多的是导致利己主义，引发怀疑主义、孤立主义的思想云雾，以至于造成一切人反对一切人的战争，从而破坏文化的有机联系，使文化离心化、极端化和颗粒化。

关于实力与强权。这一点说到底，是资本的专横霸道的本性在文化上的要求和体现，因而它给文化本身造成的问题与伤害也许是最大的。它在维护当代资本主义物质文化的强势方面，所释放的基本上是正能量；但也会在资本主义国家之间引起冲撞和麻烦。在精神文化方面，它的消极影响与后果是剧烈的，而且终归是自伤自残的。它使精神文化逃不脱这样的命运：傲慢自大而失去真正的理性，独断狭隘而缺失宽容，与人为敌、相互攻击而不能和谐，既不尊重真理又解构主义丛生迭起，既易出现裂痕又易失掉有价值有生命的多样性；也许只有宗教文化才能例外。在制度文化和行为文化方面，它的基本恶果就是杀伤和消除真正的和深度的自由。

当代资本主义文化的内在结构与矛盾，是其文化危机的类型化的根源和文化危机的总根源。而它们几十年的渐进性变化，已把当代资本主义文化置于危机之中。

3. 当代资本主义文化危机的原因分析

造成当代资本主义文化危机的原因多种多样而且复杂。每一原因都因条件关系而处于不断的变化之中，因而在一定阶段或一定情况下会形成或大或小的结果。因此，在发展变化过程中的原因和结果：一方面相互作用而结成因果链，另一方面并存杂处而交织成复杂状态。我们这里只确认基本原因并加以简要分析。

（1）根本原因：资本主义生产方式。

资本主义生产方式决定着资本主义社会的物质生活、政治生活、精神生活和社会的基本面貌，其发展变化决定着资本主义社会形态的实际的命运。因此，资本主义生产方式和它包含的或者由它产生的一系列剥削性、压迫性、对抗性、扭曲性的关系与矛盾，既遍布于资本主义文化世界的一切方面，又是造成文化危机的总根源或说最深刻而内在的原因。在导致和造成资本主义文化危机的一切原因中，资本主义生产方式是最根本的原因。

依照其本身的性质，资本主义生产方式是创造和拓展资本主义文化世界的最强大力量和保证。它使资本主义的物质文化、精神文化、制度文化、交往文化都打上资本的个性和烙印，都符合资产阶级的利益和基本要求，从而使文化发展保持着特定的品质和风貌。它力求把不断发展生长的物质生产力和精神生产力，置于资本主义生产关系的范围之内和控制之下，使之始终成为推动和促进资本主义文化发展的力量。实际上，正是由于资本主义生产方式的这种特殊性质和强大支配力量，资本主义文化才能够沿超越既往文化世界的方向不断发展丰富，以至在当代人类世界依然是难以被冲破的统治性文化。

但是，资本主义生产方式是建立在资本主义私有制上面的、以利益和阶级矛盾生生不息为突出特点的剥削类型的生产方式。因此，它统治下的创造与发展在深广度和丰富性方面始终受到限制，而且它包容着引发和促进文化危机由可能不断转化为现实的所有矛盾和原因。

以雇佣劳动为基础的资本主义生产方式，不仅一开始就是血腥残暴的，表现出特有的强制性、压抑性、非人道性，而且始终不能丧失而必须保持贬低人的本性，即把雇佣劳动者变为机器的奴隶、工厂制度的奴隶、科学技术的奴隶，一句话，资本的奴隶。所以，雇佣劳动制度本身就是人类近代以来对文化本体——人的自为的生命存在——的最深刻持久的亵渎与伤害。这一点从根本上决定了，资本主义文化即使在高度发达和丰富多彩的时候，也具有深刻内在的非人道和反人道的性质，而所谓自由、民主、人权、平等、法治等不仅不能消除这种性质和基色，反而始终是以此为基础的。因此，资本主义文化世界无论怎样发展以及发展到何种地步，都摆不脱精神文化的天然分裂以及难以弥合的裂痕，都充满内容与形式、实质与表象、资本与劳动、道德与私利、个人与社会的矛盾冲突以及特定形式的对抗，因而总是存在着危机的可能性以及可能性向现实性的转化。简而言之，资本主义文化危机的一切原因、各种因素以及多种多样的可能性都蕴藏于资本主义生产方式之中，而危机的到来只是一个时间问题。

资本主义生产方式必然导致与自然界的尖锐矛盾与冲突，从外部自然条件方面引发和加深文化的危机。因为一切物质生产归根结底表现为借助一定的生产资料和劳动力而对自然物质的占有，而资本主义生产方式则依靠雇佣劳动制度和不断发展的科学技术，把这种目的性和实际的占有推到极端，从而引来了其他任何生产方式所不可能形成的文化危机，即我们前面述及的第一类文化危机。这类文化危机决不能归于所谓人类的贪婪本性，只能合理地理解为资本主义生产方式的必然结果。

资本主义生产方式，始终具有基于剩余价值生产的狭隘性。这种狭隘性决定了资本主义文化世界的有限性，而且为文化危机的来临不自觉地准备着多种多样的现实条件。让我们对此略加分析。

首先，资本主义生产方式必然把物质文化的创造开拓作为其文化活动的主体和根本点，因而客观上使精神文化等其他文化受到排挤、漠视和不合理的制约，并使其文化世界存在的发展状态不可解脱地永远处于这种格局之中。由此造成的文化世界内部的不平衡或失调，绝不是文化本身的内在要求，而是资本获取剩余价值的需要和必然。因此，资本主义文化世界的结构只有分类或名目上的完整，而不可能有真正的健全以及各部分之间的互补和相得益彰。

其次，为了掩盖与雇佣劳动相伴随的经济剥削、阶级对立、社会分化，从而维护资产阶级的统治，精神文化便具有了虚伪的性质和成分，而其核心部分必须担当起撒谎欺骗、颠倒黑白、篡改事实、扭曲真理、消解革命的使命。这样一来，本身具有天然狭隘性的精神文化就被降格了，其可能的生机遭抑制，其丰富发展的真正途径无形之中被堵塞，从而只有沿着资产阶级意识形态规定的道路，在重重矛盾冲突和逻辑混乱中循环运动，近乎封闭式地存在和演化。因此，资本主义的精神文化本质上不仅历来是狭隘的，而且实际发展中又总是可怜的。但是，资本主义生产方式并没有因此而降低或减弱它走向危机的可能性，反而不断为危机的出现积累着条件。

再次，本性依旧野心不改的资本主义生产方式，在当代条件下力图最大限度地把极大地发展起来的社会生产力——特别是科学技术和作为生产力的工人阶级等劳动者——置于旧的生产关系的支配和利用之中，但这不过是在营造最为深刻尖锐的历史性矛盾冲突。根源于这种矛盾冲突的当代资本主义经济危机和金融危机，已空前严重地威胁到整个资本主义经济体系，而且也严重地威胁到资本主义文化世界。就文化上的意义和作用来说，这种矛盾冲突在目前的结果，使资本主义物质文化遭到空前的重创，失去了以往的傲慢和光彩，使资产阶级的意识形态特别是资本和利润意识形态遭受到颠覆性的打击，深深动摇了人们的资本主义信念，而其制度文化和行为文化也显出前所未有的乏力、无效、紧张甚至荒谬。

我们把派生于资本主义生产方式的资本主义文化危机的其他原因，另行分析于下。

（2）文化进步机制退化。

所谓文化进步，简明地说就是，随着时间的延伸和文化活动的持续，人或社会的文化越来越具有更高的质量和水平，越来越具有现实关系和观念关系的全面性。而文化进步的衡量尺度和终极表现，只能是人的生命存在状态的优化。文化进步作为人的创造性活动过程，自人的能动性和主体意识明显表现出来的时候起，虽然仍具有自然历史过程的性质，然而更重要的则是主体意识指引、主体活动支配的过程，因而是文化进步机制发挥作用的过程。

资本主义文化进步机制，是资本和资产阶级统治下的充满矛盾的机制。资本主义的有其独特功能的各部分文化，依照它们产生发展过程中固有的、自然的关系结合为一个有机整体，从而在资本和资产阶级的驱动与控制中存在发展。这就是资本主义的文化机制和文化进步机制。

在这种机制的作用下，资本主义文化进步的独特之点和最一般表现如下：其一，物质文化或物质财富的增长优先于人本身的发展，因而文化进步以牺牲大多数人即雇佣劳动者的自由发展为代价。其二，文化发展进步的动力和根本性结果，不是参加劳动创造的人的个性发展，而是资本的果实的发展，即剩余价值的持续积累或物质财富的发展。其三，精神文化对物质文化主要地、更多地表现为奴仆和屈从；科学技术作为精神文化的一部分不断得到快速高效的发展，但始终是作为资本增殖的工具而得到发展的，因而表现为另一种形式的对物质文化的屈从。其四，资产阶级的意识形态、思维方式、价值观念、道德规范、审美情趣等主导和规范着资本主义精神文化的发展过程与发展动向。其五，整个文化或文化世界的进步，遍布和贯通着劳动异化、社会关系异化、人的异化、社会的持续物化，因而是资本强制下的、充满矛盾冲突的畸形的进步。

资本主义文化进步机制曾十分强劲地发挥作用和释放能量，推动着资本主义文化世界的扩张发展。然而，到当代资本主义条件下，这种进步机制在新旧矛盾的不断冲击中已大为退化，就是说，已经越来越不可能像以往那样促进符合资本要求和资产阶级欲望的文化进步了。这种文化进步机制的退化，作为资本主义文化世界的各种矛盾冲突长期存在和作用的结果，表明资本主义文化及其构成同当代资本主义的社会历史条件存在严重的对抗，因而成了文化危机的十分重要的原因。

我们把当代资本主义的文化进步机制退化的主要表现或原因略说于下：

首先，自我反省与批判的文化意识日趋衰落。与自然界的演化或物种进化完全不同，文化进步是源于对文化现状、特别是对人的生命存在的现实状况的批判性思考和由此产生的优化人的文化活动和人自身的意向。也就是说，只有经过对现实的文化状况的反省、检查、思考、评价等而产生改变现状的意向，自觉地把优化人的生命存在看作根本和核心任务，从而以精细合理的安排来不断完成这个任务，文化的进步才能真正实现。但是，当代资本主义文化中的自我省思与批判意识已经日益残破衰微。当代资本主义，当代资产阶级和国际垄断资产阶级，以为其文化全部处于当代人类文化的高端而充满文化上的优越感、傲慢和种种偏见，因而愈加丧失文化批判意识。雇佣劳动者和普通公众，虽对自己的生命存在状态时有不满之感，却无力改变既存文化机制；加以惯常的异化性生活带来的精神疲惫与磨损，文化批判意识也就离他们远去，甚至形成一种文化上的无意识。至于一些学者们的反省与批判，虽有助于人们认识当代资本主义文化，但总是不通透不彻底的，而且很快就在他们置身的文化世界中消散了。从根本上说，当代资本主义的文化反思与批评意识的衰落是不可逆转的，因为深刻彻底的批判必然导致资本主义生产方式和文化世界的颠覆和解体。这样看来，当代资本主义文化进步机制的退化和文化危机的到来，就没有什么不可理解的了。

其次，文化进步的合理目标不断丧失。文化进步机制功能的正常发挥，从而文化的进步，总是表现为对既定目标的实现。但这对当代资本主义来说，是一件困难重重、麻烦不已的事情。就目标的确定来说，怎样最有效地论证或通过实验来确认目标的优越性呢？这种实验与自然科学中的实验完全不同，要涉及无数人的生命存在。假定某种目标为实验所证明或实现，它就会成为新的文化事实而无法更改，但无数人的命运则必定被更改。可见，按照资本主义的科学精神通常具有的要求，目标的确定具有深深的冒险意味，而在没有社会革命威胁的情况下，有谁会去冒险呢？实际上，在需要确定目标之前，即在关于目标的多种不同方案由人们论证和讨论之时，困难和麻烦就先期出现了：由于人们的生命存在的现实状况不同乃至悬殊，因而价值观念和对文化价值的理解与追求不同，共同的意志和理想就难以甚至不可能形成，而个人私利、个人主义、自由主义则加剧矛盾、冲突和混乱。正是由于上述自然而又必然的情形，文化进步的合理目标实际上就不存在了，或者说一再丧失掉了。这样，文化进步机制怎能不退化，而文化危机又怎能不来临呢？

再次，文化全面进步越发不能实现。文化进步的最高标准和最深刻要求，就是人们的生命存在状态与生命活动的全面优化。因此，文化进步应当是全面的进步，即文化的各部分互为条件、互相促进的协同进步，而不使任何一部分出现下陷或付出不合理的牺牲。只有如此，文化的进步才能是最真实、最有力和最健全的。但是，正如我们在前面一些地方分析的，资本主义文化进步从来不是这样，从来没有达到过全面进步的局面。原因十分简单明了，资本主义生产方式一开始就把文化全面进步的任何可能性都封堵了。由于这样，加以实际表现出来的前两种退化，当代资本主义文化的全面进步已没有任何可能。但可以肯定而且不难理喻的是，全面进步的无法实现，无疑反过来加速加剧其固有文化进步机制的退化。这一点尤其可以使人理解，当代资本主义的文化危机不仅是必然的，而且终归是无法解脱的。

（3）其他一些基本原因。

当代资本主义文化危机的原因错综复杂，相互关联，但它们本身在原因系列中的地位和作用方式又不相同。为了尽可能明晰系统地阐述问题，我们把其他一些不可忽视的原因归入一起论说。

首先，文化发展的主要目标固定化。当代资本主义文化的发展进步，不论是否得到科学合理的处理，客观上存在一个由主要目标和其他子目标构成的目标系统。而在主客观合理的统一上来说，主要目标应当甚至必须是随文化世界的发展变化和新问题的出现而变换的。然而事实上，物质文化的发展、资本主义基本制度的维护和巩固，一直是其文化发展进步的主要目标，因而本应有所变换的主要目标却被人为地常态化和固定化了。这对资本和资产阶级是最正常不过的，但由此引发的问题却是严重的。一方面，不少子目标因其必要条件被破坏而不能实现，从而对总目标的实现产生不利影响；而当大多数子目标的实现条件被破坏的时候，文化危机就会严重起来。另一方面，主要目标如此恒常化和固定化，不仅必然使资产阶级，而且一定程度地也使普通民众失去对文化最终目标的真正关注，即失去对人的生命存在及其优化的真正关注，因而形成一种趋于稳定化的行为或心理上的文化偏执，从而造成文化危机。

其次，私有财产制度、市场竞争制度以及与之相适的道德规范被美化和绝对化。在资本主义直到今天的历程中：私有财产一直被视为自由、权利乃至生命的源泉；市场制度被当作人人在其中追逐个人利益，而能自然地达到增进社会财富和福利的完美制度；道德则确认这些是理性的表现，因而合乎道德理性，而人人尽情追逐个人利益是一种道德上的正当性和道德权利。所有这些，在它们从封建土壤里破土而生之时所具有的优越价值和意义，一开始就被夸大和美化了，因而一开始即具有了虚幻性质。而当代资本主义的发展，则把这一切都强化和绝对化了。但这也强化了其文化的危机：物质文化上的利益冲突和贫富对立生生不息，市场愈加成为实现剩余价值、促进财富转移和两极分化的无尽头的战场与强劲工具，道德使自利观念和行为无孔不入，遍地横溢不已；而在这之上展开的文化全景看起来颇为宏大繁富，其实则贫乏、狭隘、单调甚至粗鄙。这本身就是一种危机形态的文化或文化的危机状态。其中的灵魂除了私利还是私利，发展的推力和目标都是私利，差别只是统治性的私利和非统治性的私利而已。这种状态的文化存在与发展，已深深地与人的生命存在这一文化本位既相脱离又相抵触。而发展则成为对人的文化现状的部分乃至全面的破坏，并使人的生命存在状况越来越深地陷入一种结构性的危机之中。也就是说，在这样的发展中，人的生命存在状况不能得以优化，反而持续劣化，因而已没有什么真正意义上的文化进步可言。

再次，个人主义、自由主义、权利平等、政治竞争等被神化和固化。所有这些在资本主义文化世界中，特别是在其精神和制度文化中具有举足轻重的意义和影响的方面，已经历史地成为其文化存在与发展的偏好和依赖。而且，它们经过长期不断的神化，即被奉为人类文化的典范、最高境界和完美品质之所在，到当代资本主义条件下已经凝固为文化圣物。而实际上，它们正在走向自己的反面，曾有的积极作用和意义在转化为消极，曾经的对人的生命存在状况的有益越来越明显地变为有害。个人主义、自由主义固有的社会离心效能与趋向，已全面化为文化上的、从来没有真正实现过的权利平等日益借助于法律规定而空心化，政治竞争完全沦为利益分赃的轻薄游戏。而它们的神化和凝固化：一方面掩饰其固有的弊病，加剧文化世界中的矛盾冲突和变异；另一方面排除了对一切真善美的文化价值的探索，窒息了某种可能的文化生机。假定没有其他原因引起的文化危机，单是这一点就足以使文化危机来临。

最后，物质财富—科学技术—物质财富这种文化趋势不断增强。为资产阶级的物质财富，以推动科技革命与进步而达到物质财富不断增长，这既是资本主义胜过既往一切时代的最突出的地方，也是其文化创造由此延续、文化世界不断扩展的根本逻辑。这种必然而不可扭动的逻辑所聚集的钢铁般的力量，强韧地推动资本主义文化世界的发展进步，同时也使之受到深刻的局限和各种有形无形的损伤，尤其是雇佣劳动者的生命存在的意义被否定和掏空。在当代资本主义时代，先前不断获得单向度性质的这种文化，已经成为显赫的、实足的、凝聚着击毁力的单向度文化。在其最一般性上，这种单向度文化不仅令资产阶级，而且迫使所有生命个体以占有财富为生命价值的最高标准，使炽燃的物欲吞掉人的良知和纯净心灵，从而使人堕落为仅对物质生存加以本能追求的动物。就其造成的根本而显著的事实来说：一方面是物质文化世界的分化与对立空前深刻与浩瀚，因而进一步造成精神文化世界里的分裂和冲突；另一方面是科学技术走上了使物化和各种异化高歌猛进的王位，愈益显露出资本驯养起来的劣化人的生命存在状态的性质。而更恐怖的还在于，这种单向度文化的发展势头如此强大无比，以致没有什么人间力量能够遏制。在它的面前，个人主义、自由主义、宗教、道德、人权、民主、法治、各种后现代主义等，已经越来越无足轻重，算不得什么。但是，正像这种单向度文化之于当代资本主义是不可避免的一样，由它所引发和加重的文化危机也就具有无法移除的必然性，而且表现出水到渠成的那种自然状态。

五 当代资本主义文化危机的基本表现

从我们前面对当代资本主义文化危机及其原因的论说分析中，可以某种程度地领悟和认识到危机的一些表现。实际上，危机的原因与表现是不能截然分开的，而且原因本身在一定意义上或从某种角度看来，就是危机的表现，就是危机的特定形式或可以由之而想见的危机。因此，我们就不必去巨细无遗地找寻和论说危机的所有表现，而把眼光和思维指向危机的基本表现。

1. “资本主义精神”的崩溃

这里所说的“资本主义精神”，是资产阶级社会学大师马克斯·韦伯研究西欧和北美资本主义发展历史所得到的一种发现或见解。依照韦伯的研究和见解，资本主义精神产生于新教伦理，而新教伦理（主要是加尔文教教义）和它的实践化的结果即清教精神，则是资本主义精神的两个要点。如果狭义地理解，由新教伦理转化而来的清教精神，就是韦伯所称的资本主义精神。韦伯提出他并未加以严格定义的“资本主义精神”在于强调：严谨勤奋地工作和对财富的合法追求，是促使西方文明兴起的基本原则；而这同时也是资本主义文化的基本内容和传统精神。韦伯的这种见解和发现，根本上是不符合马克思主义观点的，但在二战后的资本主义世界却被作为权威而普遍接受，因为它全然无视雇佣劳动和剩余价值而美化了资产阶级和资本主义。

韦伯对于资本主义精神的研究和论述，从西方宗教文化演变渐渐引导出资本主义关系的意义上说，确实有历史的和文化上的根据，也确实有独到的发现。而关于“资本主义精神”这个概念或用语，他也认为“我们却很难说与资本主义精神有关的一切均已包含其间了”①。根据韦伯的研究，新教伦理原本宣扬苦行禁欲，一味消极地迫使教徒对原罪进行终生忏

---

① ［德］马克斯·韦伯：《新教伦理与资本主义精神》，李建修、张云江译，中国社会科学出版社 2009 年版，第 30 页。

悔和洗刷，使之盲目崇拜命运说，并对奢侈懒惰之风严加惩戒。路德兴起的宗教改革之后，加尔文教派把苦行僧式的世俗劳动和克己赎罪，同上帝选民重建理想世界的“天职”结合起来，进而强调通过劳动致富以到达到灵魂获救。这样一来，过去那种把财富等同于罪恶的观念便被拆除了，因而构成为天主教观念的重大变革。之后，新教伦理便由“出世”的纯理想境界转向“入世”的俗化心态与行为，清教徒们把能使上帝高兴的克己、勤奋、致富当作求得再生的可靠途径，于是逐渐形成了清教精神。这样，新教伦理和资本主义精神便紧密地、相得益彰地结合起来了：禁欲苦行主义造就了资产阶级的精打细算和苦心经营的作风；追求财富的经济冲动，则培养了他们征服自然、开发新疆界、冒险探索的精神和雄心壮志。正是这种结合或资本主义精神，所到之处都促进着资本主义经济和文化的发展。

从某种意义上说，从资本主义历史文化的长河来看，新教伦理和清教精神曾是资本主义核心价值的概括，它们都强调工作、清醒、俭省、节欲和严肃的人生态度，规定了人的道德行为和社会责任。同样地，“资本主义精神”是资本主义赖以前进发展的一种动力，是资本主义曾有的荣耀和应当加以发扬的文化传统。如果站到资产阶级和资本主义的立场上，那就完全应当这样说。然而不幸的是，当代资本主义的发展已经使清教精神或“资本主义精神”荡然无存，代替它的，是高消费、超前消费、放纵消费和对这些的普遍追求，是消费主义和享乐欲望的统治。物欲已经成为当代资本主义的时代性欲望和普遍意识。发财的欲望，占有的欲望，挥霍的欲望，消费的欲望，差不多成了文化的基本内容，似乎代表着文化的发展方向。一句话，“资本主义精神”已无可挽回地崩解和消亡。这对于当代资本主义文化绝不是一般性的危机，而是极其深刻的自我颠覆和自我毁灭的危机。

关于“资本主义精神”的崩溃，美国当代著名学者和思想家丹尼尔·贝尔有过切身观察、体验和认识。他写道：“新教伦理和清教精神作为社会事实，早已被侵蚀蛀空了。它们仅仅作为苍白无力的意识形态蹒跚拖延至今。与其说它是现实的行为规范，不如说是道德家用来劝世喻人，或者是社会学家用来编织神话的材料。事实上，正是资产阶级经济体系——更精确地说是自由市场——酿成了传统资产阶级价值体系的崩溃。”由于“新教伦理和清教精神的崩溃”，“目前缺乏任何一种根深蒂固的新道德观念，当今公众情绪中普遍存在着迷惘感和沮丧感”。[①] 有了贝尔的这些文字，我们可以不做更多的分析了。

“资本主义精神”的崩溃，决不会形成它作为精神的自我更新。因为，当代资本主义不具备这种更新的机制；相反地，它所有的社会的或文化的机制，必然造成这种精神的崩溃。所以，“资本主义精神”的崩溃也就是它的死亡。其实，这种情况与西方文化文明演进的固有模式，即相互否定的断裂型演化是相吻合的。由此愈加可以明确，“资本主义精神”的崩溃和灭亡是注定的。

2. 理性主义的危机

在资本主义至今的历史中始终具有崇高地位和导航意义的理性主义，对于资本主义物质文明和整个文化世界的崛起与发展，所立下的功劳是那样巨大而不可计量，以至可以说几乎没有他者能够与之相提并论。理性主义，是资本主义文化世界里的太阳，是资本主义文化血脉中的精华，是资本主义精神文化中的精神。

在极其深刻和广阔的意义上，可以说，没有理性主义，就没有资本主义的一切，或者资本主义将会逐渐失去它所有的。但正是在当代资本主义现今的条件下，理性主义深处危机之中。而理性主义危机本身，既是资本主义文化世界危机的代表，又足以诱发或加剧其他方面和形式的文化危机。这里，我们只着重于危机的主要方面来略谈理性主义危机。

首先，自然科学和技术的严重后果带来的理性主义危机。我们知道，资本主义文化中的理性主义与自然科学有这样一种不解之缘：一方面，自然科学是理性的基本内容和表现，前者的发展则证明或者意味后者能量的进一步扩展和实现；另一方面，通过理性而让自然界服务于人，则是近代以来自然科学及其发展的真正意义和根本导向，因而形成了“工具理性”。在资产阶级和资本主义创造的这种关系的发展中，以往限制人并与人的意愿相对立的自然界，居然越来越服从于人的利益与需要了，因而自然科学越发显得重要，以至于被相当程度地绝对化了。而到当代资本主义时代，就是说，一个以科学技术为基本文化素质和第一生产力的时代，自然科学与技术发展的各种消极后果空前严重起来。其中最为显赫而突出的

① ［美］丹尼尔·贝尔：《资本主义文化矛盾》，赵一凡等译，生活·读书·新知三联书店1989年版，第102页。

是：人与自然的分裂和对抗日益生发毁灭人类的各种效应；物质欲望日益膨胀而炽烈，对物的强烈意向充斥于整个文化世界，而这绝不是依靠科技进一步发展就能够平衡和满足的；由于这样，人关于自身的自我意识、主体意识已经受到致命的打击，甚至开始了一定意义上的瓦解。可见，资本主义文化中的理性主义，使自然科学与技术越来越释放出危害自然、社会和人的能量与效应，从而在由此形成的各种后果与威胁中陷入以往无法比拟的危机。

其次，非理性主义的扩张泛滥直接造成的理性主义危机。在资本主义文化的发展过程中，理性主义实际上总是与非理性主义并存的，但只是到当代资本主义时代，非理性主义才达到全面扩张和泛滥的地步。这一点的最突出证明，就是我们前面述说过的后现代主义。我们知道，理性主义的要义和特征之一，就是强调在研究探索自然、社会和人类发展的过程中去寻求知识、真理和理性，以建立和完善合理性的社会。然而，非理性主义的扩张，在其有限的积极意义之外，广泛地发挥着对抗、破坏、消解理性主义的作用。例如：无视外部客观存在而强调自我意识的决定性作用；把人的感觉、欲望、情绪、本能夸大以致绝对化，以之为个人存在的根本；崇尚意志自由和选择自由，否认道德规范的作用；拒绝承认或者轻蔑人类历史的客观规律和生产方式的决定性意义；宣扬或助长人生苦难说，酿造或增添人类前途无望感。所有这些等等，都实际地冲击消解着理性主义，造成或加剧了理性主义的危机。此外，大众文化也具有销蚀理性主义的作用。以非理性因素和色彩见长的各种各样的大众文化，在生命价值的浅层次上，可以使人释放郁闷和获得快感，而且对科学与理性的弊端造成的精神呆痴或亢奋有暂时的自我疗效。但这恰好是非理性因素的功效。由于大众文化缺乏健全的理性基础，因而由它呈现的生命存在主要是一种漂浮的非确定性存在。所以，大众文化越是发展，处于其中的个体或生命存在也越是非理性化。在这种意义上，理性主义之被销蚀，不仅具有广泛性，而且是无形的和自然而然的。

再次，关联的理性主义危机。由于理性主义同甚至成为世界观的人文主义、科学主义血肉相连，同它本身的最直接和最显赫的成果即资本主义工业文明具有血缘般的联系，因而人文主义、科学主义、工业文明遭遇的危机必然波及理性主义，甚至就是理性主义的危机。同样地，理性主义的危机之于后三种危机也具有相同的意义和作用，可以说也是它们的危机。

这就是理性主义的关联性危机的由来。由于理性主义的这种危机很容易理解或不难想见，也为了不致重复，我们撇开它而去论说其他文化危机。

3. 人文主义的危机

人文主义，作为取代神学世界观而形成的以人为中心的世界观，是西方文化与文明演进中的伟大思想成果，而且具有深远的人类历史意义。它的最基本而伟大的功绩可以概括如下：唤醒了人的自我意识，从而把人变成文化世界的主动者和活动者；直接打破了神和神学对人间事务强制干预的传统，从而把人和社会从“先定论”的神学束缚中解放出来；把对神的信仰转变为对人本身的信仰，把对宗教的信仰转变为自我革命的信念；强调人可以通过自我教育而使自己更有文化和教养，而不必靠祈祷和对神的膜拜来提高修养与精神境界，就是说，人可以给自己进行精神“立法”；肯定人在自然物面前的主体地位，从而引导人辞去上帝仆人的角色，转而去做自然界的主人。由此可见，在欧洲乃至人类历史文化的长河中，人文主义的形成犹如一次壮丽的日出，照亮了欧洲文化与文明发展的前景。

正是借助人文主义的光照以及它指引的方向，欧洲进入了一个世俗化的时代。这个时代，同时也是一个人文的时代，即人道主义张扬的时代，又是一个理性的时代。人文主义、理性主义、世俗化的携手共进，逐步打开了以人为中心的现实世界的图景。这幅暂时还简约粗略的图景，随着后来的不断描绘与填充，终于定格为资本主义及其文明的图景。因此，假定没有人文主义世界观的出世，也就没有在世俗化历程中逐渐形成的资本主义制度和文明。而事实上，资本主义文化世界的不断创造与发展，也给人文主义增添着新的内容和新的时代精神，以至使它成为资本主义时代和资产阶级的人文主义，成为资本主义文化中的深厚传统和崇高价值。

但是，到当代资本主义时代，如同其他各种文化危机来临一样，人文主义的危机也已到来。导致人文主义危机的文化背景或现实条件，归结起来就是：资本主义世界中的人与自然、人与社会、人与人的矛盾、冲突与对抗达到了空前严重的程度，以致威胁到人类的可持续发展。而人文主义危机的实质则是精神、观念以至心理上的危机，即严峻的文化世界状况迫使人们反思、追问和怀疑人文主义。可见，人文主义危机是当代资本主义文化危机中的深刻而重大的危机。

给人文主义带来强烈冲击，或者说直接造成人文主义危机的问题，概括起来有如下：首先，人是不是世界的中心。这一点对文艺复兴以来的“人类中心论”构成了尖锐的、颠覆性的动摇和打击。因为，一直自视为“万物的尺度”的人类，使自己创造的文化世界不断扩展的结果，竟然危及自身的生存。但是，如果否认人是世界的中心，也许意味着为神学世界观的再度来临打开了某种缺口。其次，自由是不是最高的价值。自由，资本主义自始就奉为最高价值的自由，在引领资本主义五百余年发展之后，却奇怪地造成了文化辉煌与文化灾难并存。因此，作为最高价值的自由，成了遭受深刻质疑的自由。再次，理性是否可靠。一方面，资本主义文化世界的形成与扩展充分证明了理性可靠；另一方面，与此相伴随的各种灾难的出现和积累，尤其是当代面临的“文明过度”的大灾难，则十分有力地证明了理性的不可靠。因此，理性和理性主义便成了一个不可解的巨大疑团。而这个疑团的存在，可以说直接威胁到当代资本主义的整个精神文化。最后，自由、平等、博爱是否可以实现。作为人文主义的重要内容，作为资产阶级的著名口号，作为资本主义文化中的基本价值，自由、平等、博爱从来不失理想的光芒，而应当与之相适应的人们间的关系却从来没有真正出现或实现。这种状况，与这种理想不符合的种种社会现实：在过去，曾遭到许多人文主义者和思想家的批判；在今天，越发令人不堪细想和难以面对，甚至以往那种批判的勇气也消失殆尽。于是，不仅自由、平等、博爱能否真正实现愈加成为大问题，而且它们是否适宜于继续作为理想也成了折磨人的问题。

当代资本主义的人文主义的危机，本质上是资产阶级的或资本主义化了的人文主义的危机。这种危机不仅蕴藏着杀伤当代资本主义精神文化的能量，而且发展下去将致使资本主义主体性的颠覆。

4. 科学主义的危机

科学主义作为世界观，与人文主义世界观不仅历来密不可分，相辅相成，而且它们由此生发的时空和历史文化条件是共同的或同一的，那就是文艺复兴时代。为理性激发和引导的人，把自己认识外部世界而得到的知识系统化为科学知识，并把科学知识与技术实践结合起来，以达到改造外部世界，因而形成了人与自然物质世界的基本关系。这种基本关系，无论在人的理性思维中确定，还是在世俗生活中建立，都给了科学知识崇高而不可动摇的地位，都使人敬重科学的权威和灵光，从而以尊重、服从和崇拜科学及其逻辑为本质特征的科学主义世界观形成了。随着这种基本关系的不断实现和扩展，科学主义世界观也就越被证实和越发稳固。

科学主义的出现和形成，如同理性主义和人文主义一样，是欧洲和人类文化文明史中的伟大进步和成果。科学主义世界观，就是用“科学”的眼光看待人类文化世界而形成的根本观点，是由此而来的一种世界观。它坚持通过科学技术而形成的人认识和改造物质世界的这种根本关系，坚持用科学、科学理性来把握和创造人类文化世界，并对此充满不容置疑的信念和乐观。在科学主义看来，运用必将日趋丰富系统的科学知识，掌握并发展这些科学，就能不断使周围的自然物质为人所利用，可以解决人类生活和生命存在的全部问题。正是在本身包容着正确逻辑、深宏智慧和实践理性的科学主义的引领下，形成于人类近代的科学与技术几乎是不停顿地发展，科技革命的浪潮一起再起，长驱直入当今的高新科学技术时代。而与此相适应相伴随的，是资本主义物质文明的不断积累与发展，以及以此为基础的资本主义文化世界的崛起和扩展。

但是，科学主义一开始就把自然科学绝对化和功利化了，以至于使科学技术逐渐沦为“工具理性”的奴仆。同时，随着资产阶级的日渐强大，科学技术被意识形态化了，科学主义成了资产阶级的科学主义。这样，科学技术以后的大发展：一方面不由己地带上了资产阶级的浪漫主义；另一方面由于资本利益空间的扩展而出现了放纵、畸形、失衡和异化，伤害劳动者和无辜的大自然，以致给整个文化世界带来日趋增大的压力和威胁。这种情况或局面一直延伸到当代资本主义时代。于是，科学主义的危机也就轰隆隆地来临了。

威胁科学主义从而使之陷入危机的，首先是科学技术引发的诸多消极严重的后果。这些后果预示着人类发展不可持续的险境，而且强有力地证明科学主义并不真正科学和可靠。有关这些，我们前面多处已谈过或涉及。其次是人们对科学主义的反思，这种反思汇成一种怀疑和否定科学主义的精神力量和社会心理。

对科学主义的反思，涉及诸多深刻、宏大而又细致的问题，涉及漫长的文化与文明进程，涉及人作为主体的理性。这里只就反思必然碰到而绕不过去的问题做些提示。首先，关于公理或定理。自然科学理论赖以成立的基础是它的最高定理或公理。因此，它总是由某些或某个基本原理出发，运用基本概念和基本范畴，建立自己的论证系统和陈述系统，从而形成一套思想逻辑体系。但是，最高公理或定理，无论通过感性经验、知性范畴还是两者综合去发现和确立，都是人的意识的产物，并不是绝对真理；而科学的发展，正好是怀疑和批判它们的结果。这样，科学真理的客观性就是相对的和有限的，崇拜这样的真理就难免迷信味道了。其次，关于认识性活动和理性的限度。以感性经验和知性范畴为内容的认识性思想活动无疑十分重要，但它们并不是全部的意识活动和精神活动。因此，科学不能达到哲学或形而上学，这也就是经验和理性的限度。再次，关于纠正问题。显而易知，科学理性并不是最高的绝对价值，也不是人的生命存在的最高文化内涵，反而带有或者可以产生弊病和偏执。但是，应当而且必须的纠正偏弊却很难实现，甚至自觉纠正意识在科学主义的统治下已经残缺。所以，即使仅仅从这些方面来看，科学主义遭到的质疑和否定已经是至深的了。

科学主义陷入的危机，也显现出理性主义的挣扎与无奈。这种危机的延续和发展，将会击倒当代资本主义物质文化或物质文明的守护神，由此使之黯然失色。这样，当代资本主义赖以自豪和霸道的根本条件即其物质基础，也将渐渐失掉以往的支撑力。

5. 工业文明的危机

当代资本主义，无论站到了工业文明顶端的发达国家，还是在这条路上蹒跚呻吟的发展中的和不发达的国家，都无例外地面临着工业文明的危机。这种情形只有量的或具体表现形式的不同，而没有实质性差别。工业文明的危机，是其文化世界的基础性危机，但也渗透和折射着理性主义、科学主义、人文主义的危机。这样来看，工业文明危机是当代资本主义的物质文化与精神文化步调一致的综合性危机。

由资产主义开拓和不断推动的工业文明，使人类世界进到了以往一切时代都不能相比、不曾想象的高度，因而在人类文化文明史上创下了永不磨灭的功劳。但是，工业文明的创始及其所经历的发展，都是资产阶级化了的理性主义、科学主义、人文主义引导之下的，都是资本统控和资本主义生产方式架构之中的，因而始终交织着文明与野蛮、创造与破坏、进步与倒退、富裕与贫困、收获与丢失以及它们之间的冲突与对抗。因此，正如工业文明在一般意义上高于农业文明一样，它造成的、因而陷入其中的危机也就成倍地深刻巨大，而许多方面则是农业文明根本不会有的。

工业文明危机的内在逻辑是朴素而强硬的。注满人的利益、承载着人的希望与理想的工业文明，以自然界为其存在和发展的对象，其每一进展终归表现为对自然的征服和改造，而这种活动和进展致使自然界不堪承受的时候，它就陷入了自然界的反抗形成的危机。这种危机，是工业文明的最可怕的危机和危机的根本表现。假如工业文明一如既往地向前高歌猛进，结果注定是它自身的灭亡。需要提一下，这里说的人，就是发展到今天的资产者，或者至多包括被资本主义工业文明感染了的人。这里如果有一个人性问题，那也是与资本主义私有制相联系的人性，或者是这种人性的泛滥问题。

工业文明的危机，对资本主义的主体性、自由观念、种种自我意识造成了致命的打击。在至今的资本主义精神文化中，主体性是绝对化的。它致使主体不断处于同客体的对抗之中，使人以完全主宰者的姿态对自然客体采取彻底的实用主义态度，从而使工业文明获得了这种单向度性质：一味对自然开战，征服自然而使之服从人的利益。在科学技术日益显出其独立性和无比强大能量的时代，绝对主体性、工具理性、技术能力成了文化更为强大的支持力，而固有的自由观念、其他种种带有虚幻性的自我意识也随之恶性膨胀。但由此引来的和与之相适应的图景则是：人与物质世界的分裂和对抗日趋尖锐；过度工业化和发达的科学技术带来的危害和严重后果趋于普遍化；人在自由地征服物质世界的过程中和同时，也为自己戴上了工业文明的锁链；威力不断增强的物性，凶猛地扭曲和贬损着人性。如此等等的事态和现象，使得主体性、自由观念、自我意识等顿失既往的风采，变得残破和可怜。

关于工业文明的危机，这里只想再指出一点：如果工业文明的逻辑和内在动力不被改变，或者说如果任由工业文明一如既往地发展，那将不仅是资本主义文明的毁灭，也会是人类文明的巨大灾难。

6. 简短结语

我们前面所谈论的，以明确的形式表现出来的当代资本主义文化的危机，除了工业文明的危机，其余的都不是外显的，因而不属于直观形式的危急。它们不仅相互联系，而且有着差不多同样长的历史，曾经作为人类文化的光华与方向逐渐地扩展与升腾，给人类历史留下了深刻影响和烙印。但是，就像我们前面所论，它们的危机终于不可阻挡地到来了，这就正如它们的问世和它们曾经释放积极能量一样自然。这也许可以称为人类文化过程中的辩证法。所以，我们就要再度提到这句话：辩证法是客观、公正和无情的。

上述各危机，是当代资本主义文化深刻的、重大的和具有实质意义的危机。本身属于精神文化的理性主义、人文主义、科学主义，都可以单独作为资本主义精神文化的代表。没有它们，就不会有发展至今的资本主义物质文化和文化世界；而它们的危机则无疑会危及整个资本主义文化世界。工业文明，作为资本主义创造出来的、人类物质文明至今的最高形态和系统，虽然本质上是物质的，但已经全面渗透和综合了精神文明特别是科技文化的成果，所以准确地说，工业文明是物质文明与精神文明兼容的文明形态。因此，这些危机对当代资本主义及其文化世界将产生极为深刻巨大的破坏，以致可以引发资本主义社会形态的全面危机。

当代资本主义文化危机的总根源和实质，是资本主义生产方式和这个生产方式的危机。这一点，是资产阶级从来理解不了或不愿理解的。他们的世界观、历史观和人生价值观使他们必然如此，只能这样。但在客观上，只要资本主义生产方式不拆除或不加以根本改造，其文化世界的危机就不能止息而愈演愈烈。十分自然，其结果将是资产阶级不忍看到但又不得不接受的，那就是资本主义生产方式的灭亡。

参考文献

[1] 马克思:《资本论》, 1—3 卷, 人民出版社 1975 年版。

[2]《马克思恩格斯全集》, 第 26 卷 (1、2、3 册), 人民出版社 1972—1974 年版。

[3]《马克思恩格斯全集》, 第 46—49 卷, 人民出版社 1979—1982 年版。

[4] 张彤玉、邱海平主编:《当代资本主义经济的新发展》, 经济科学出版社 2005 年版。

[5] 王璐、柳欣:《马克思经济学与古典一般均衡理论》, 人民出版社 2006 年版。

[6] 吴易风:《马克思主义经济学和西方经济学》, 经济科学出版社 2001 年版。

[7] 梅荣政、张晓红:《新自由主义思潮》, 高等教育出版社 2004 年版。

[8] 许宝强:《资本主义不是什么》, 上海人民出版社 2007 年版。

[9] 张世鹏:《二十世纪末西欧资本主义研究》, 中国国际广播出版社 2003 年版。

[10] 李琮主编:《当代资本主义论》, 社会科学文献出版社 2007 年版。

[11] 靳辉明、罗文东主编: 《当代资本主义新论》, 四川人民出版社 2005 年版。

[12] 徐崇温:《当代资本主义新变化》, 重庆出版社 2004 年版。

[13] 李惠斌、李朝晖主编:《后资本主义》, 中央编译出版社 2007 年版。

[14] 曹义恒、曹荣湘主编:《后帝国主义》, 中央编译出版社 2007 年版。

[15] [美] 伊曼努尔·华勒斯坦:《历史资本主义》, 路爱国、丁浩金译, 社会科学文献出版社 1999 年版。

[16] [巴西] 特奥托尼奥·多斯桑托斯:《帝国主义与依附》, 杨衍永等译, 社会科学文献出版社 1999 年版。

[17] [英] 约翰·基恩:《公共生活与晚期资本主义》, 马音等译, 社会科学文献出版社 1999 年版。

[18] [法] 米歇尔·阿尔贝尔：《资本主义反对资本主义》，杨祖功等译，社会科学文献出版社 1999 年版。

[19] [英] 苏珊·斯特兰奇：《赌场资本主义》，李红梅译，社会科学文献出版社 2000 年版。

[20] [美] 威廉·哈拉尔：《新资本主义》，冯韵文等译，社会科学文献出版社 2001 年版。

[21] [英] 罗纳德·多尔：《股票资本主义：福利资本主义》，李岩等译，社会科学文献出版社 2002 年版。

[22] [英] 大卫·雷斯曼：《保守资本主义》，吴敏译，社会科学文献出版社 2002 年版。

[23] [德] 罗伯特·库尔茨：《资本主义黑皮书》，钱敏汝译，社会科学文献出版社 2003 年版。

[24] [埃及] 萨米尔·阿明：《资本主义的危机》，彭姝祎、贾瑞坤译，社会科学文献出版社 2003 年版。

[25] [德] 格罗·詹纳：《资本主义的未来》，宋玮、黄婧、张丽娟译，社会科学文献出版社 2004 年版。

[26] [法] 皮埃尔·罗桑瓦隆：《乌托邦资本主义》，杨祖功译，社会科学文献出版社 2004 年版。

[27] [德] 乌韦·让·豪斯：《信息时代的资本主义》，许红燕、张渝译，社会科学文献出版社 2004 年版。

[28] [美] 大卫·施韦卡特：《超越资本主义》，宋萌荣译，社会科学文献出版社 2006 年版。

[29] [日] 大野耐一：《丰田生产方式》，李长信等译，北京出版社 1979 年版。

[30] [日] 门田安弘：《新丰田生产方式》，王瑞珠、李莹译，河北大学出版社 2001 年版。

[31] [美] 亨利·福特：《向前进》，张扬译，当代中国出版社 2002 年版。

[32] [美] 詹姆斯·沃克麦等：《精益思想》，沈希瑾等译，商务印书馆 2002 年版。

[33] [英] 理查德·拉明：《精益供应》，高文海译，商务印书馆 2003 年版。

[34] [美] 罗伯特·布伦纳：《繁荣与泡沫》，王生升译，经济科学出版社 2003 年版。
[35] [英] 理查德·惠特利：《多样化的资本主义》，公茂松译，新华出版社 2004 年版。
[36] [英] 戴维·柯茨：《资本主义的模式》，耿修林、宗兆昌译，江苏人民出版社 2001 年版。
[37] 李鹏程：《当代文化哲学沉思》，人民出版社 1994 年版。
[38] [美] 丹尼尔·贝尔：《资本主义文化矛盾》，赵一凡等译，生活·读书·新知三联书店 1989 年版。
[39] [德] 马克斯·韦伯：《新教伦理与资本主义精神》，李建修、张云江译，中国社会科学出版社 2009 年版。
[40] [古希腊] 亚里士多德：《政治学》，吴寿彭译，商务印书馆 1981 年版。
[41] [法] 卢梭：《论人类不平等的起源和基础》，李常山译，商务印书馆 1962 年版。
[42] [美] 汉密尔顿等著：《联邦党人文集》，程逢如等译，商务印书馆 1982 年版。
[43] [法] 孟德斯鸠：《论法的精神》，张雁深译，商务印书馆 1982 年版。
[44] [英] 洛克：《政府论》，下篇，叶启芳、瞿菊农译，商务印书馆 1997 年版。
[45] [法] 托克维尔：《论美国的民主》，董果良译，商务印书馆 1988 年版。

后记

当代资本主义作为历史上的资本主义的延续和发展，在当代人类世界是一种具有统治性的社会制度和世界性的制度体系。自苏联解体和东欧剧变以来，这个体系被空前扩大，经历了在发达资本主义国家主导下的种种发展。但是，当代资本主义发展的另一方面或者说并存情形，就是其危机。而正是发展与危机这两个方面的并存与不可分割，才是当代资本主义的真实面目。我不会用玫瑰色彩叙说当代资本主义，也不想背离客观史实而对它随意贬低，只愿客观、公正、理性地对它进行论说。而且我认为，无论人们的研究和论述多么详尽，如果不能抓住发展与危机，就总是有些不得要领，就总是不能真正呈现当代资本主义的真相。

这部著作的基础，是我先前的博士学位论文《当代资本主义经济发展与危机》。武汉大学张晓红教授作为导师，对论文研究与写作给予的严格要求和悉心指导，她对马克思主义的忠诚，对学科的使命感和高度敬业精神，是我不会忘怀的。中国科学社会主义学会前会长、中央党校赵曜教授，作为论文评阅人和答辩委员会主席，对论文给予的高度评价，使我深感荣幸，备受鼓舞。武汉大学梅荣政教授、夏建国教授、张乾元教授、袁银传教授、杨军教授，在论文写作的不同阶段提出过中肯意见，佘双好教授对论文完成给予了可贵的支持。我对上述各位教授表示我的敬意和谢忱！

本书的完成，也得益于我所申报获准的武汉大学自主研究项目“社会主义与资本主义比较研究”的支持。就其内容实质而言，本书构成该项目研究的部分成果。

系统研究和论述当代资本主义的发展和它的危机，是一项异常艰难的工作。也许正因为如此，目前国内外还没出现过将发展与危机统一起来论述当代资本主义的著作。我在一种学术理论使命感的驱使下，自主地这样做，力图在我的研究的基础上展现当代资本主义各基本方面的发展与危机，以使人们全面正确地认识当代资本主义，同时也表明我的观点和见解。原本计划要写的还有当代资本主义社会的发展与危机这一章，由于我要忙于更紧迫的工作，只好把它舍弃。但缺少这一章，对人们认识理解当代资本主义不致造成实质性妨碍，而由于有了政治、经济和文化方面的内容，也无妨全书的完整性。如果有可能，将来再予增写。

自从社会主义在人间诞生以来，它与资本主义的关系归结起来就是以下两点：取代资本主义制度；继承资本主义创下的优秀文明成果。从这一观点来看，无论当代资本主义的发展还是它的危机，都可以给中国特色社会主义的健康发展提供诸多启示和理性思考，这甚至是单就自身而无法得获的。

刘俊奇

2013 年 8 月

于武汉大学马克思主义学院

武汉大学马克思主义理论系列学术丛书

第一批

《知识经济与马克思主义劳动价值论》 / 曹亚雄著
《列宁的马克思主义理论教育思想研究》 / 孙来斌著
《中国共产党的价值观研究》 / 李斌雄著
《思想政治教育价值论》 / 项久雨著
《现代德育课程论》 / 佘双好著
《建国后中国共产党政党外交理论研究》 / 许月梅著

第二批

《马克思主义经济理论中国化基本问题》 / 孙居涛著
《新中国成立以来中国共产党思想理论教育历史研究》 / 石云霞著
《马克思主义中国化史》 / 梅荣政主编
《中国古代德育思想史论》 / 黄钊著

第三批

《马克思主义与中国实际“第二次结合”的开篇（1949—1966 年）研究》 / 张乾元著
《从十六大到十七大：马克思主义基本原理在当代中国的运用和发展》 / 袁银传著
《邓小平社会主义观再探》 / 杨军著
《“三个代表”思想源流和理论创新》 / 丁俊萍著
《当代中国共产党人的发展观研究》 / 金伟著
《中国共产党的历史方位与党的先进性建设研究》 / 吴向伟著
《思想政治教育发生论》 / 杨威著
《思想政治教育内容结构论》 / 熊建生著
《青少年思想道德现状及健全措施研究》 / 佘双好著
《走向信仰间的和谐》 / 杨乐强著

第四批

《马克思主义理论教育思想发展史研究》 / 石云霞主编
《中国社会正义论》 / 周志刚著
《先秦平民阶层的道德理想——墨家伦理研究》 / 杨建兵著
《中共高校党建作用研究（1921—1949年）》 / 李向勇著
《〈共产党宣言〉国际战略思想研究》 / 向德忠著
《和谐思维论》 / 左亚文著
《党的重要人物与早期马克思主义中国化》 / 宋镜明 吴向伟著

第五批

《科学发展观视野下的当代中国经济追赶战略》 / 孙来斌主编
《高校思想政治理论课程的国际视野》 / 倪愫襄主编
《自由职业者群体与新时期统一战线工作研究》 / 卢勇著
《共产国际与广州国民政府关系史》 / 罗重一主编
《哈贝马斯的话语民主理论研究——以公共领域为视点》 / 杨礼银著
《马克思主义与社会科学方法论集》 / 黄瑞祺著

第六批

《理论是非辨——用社会主义核心价值体系引领多样化社会思潮》 / 梅荣政 杨军主编
《增强党执政的理论基础》 / 梅荣政主编
《牢牢掌握领导权、管理权、话语权》 / 梅荣政主编
《当代资本主义的发展与危机》 / 刘俊奇著
《从科学社会主义到中国特色社会主义——中国共产党对社会主义的认识历程和理论成果》 / 丁俊萍著
《农民工的身份转换与我党阶级基础的增强》 / 曹亚雄著
《思想政治教育元问题研究》 / 倪愫襄主编
《思想政治教育的社会学研究》 / 杨威著